P9-EDG-679

International Bibliography of Comics Literature

Bibliographie der internationalen Literatur über Comics

Edited by / Herausgegeben von
Wolfgang Kempkes

R. R. Bowker Company, New York 1971
Verlag Dokumentation, München-Pullach · Berlin

Druck: Julius Beltz oHG, Hemsbach

Distributed in USA and Canada by R.R. Bowker Company, New York
ISBN 3-7940-3393-0

Vorwort

Seit fast achtzig Jahren sind die gezeichneten Bildgeschichten oder "Comics" in der in- und ausländischen Presse zu finden. "Comics" sind (schwarz-weiße oder farbige) Bildersequenzen mit zwei oder mehreren Bildern, die mit filmischen Darstellungstechniken eine handlungsreiche Geschichte in Bildern erzählen. Sie können in einer Bildfolge abgeschlossen oder Teil einer breit angelegten Erzählung lustigen oder abenteuerlichen Inhalts sein. Es ist ihr Grundprinzip, den Ablauf eines Geschehens durch eine Reihe von Bildern darzustellen.

Neben den Bildern werden die Geschichten durch Erklärungs- und Sprechtexte der Handlungspersonen verdeutlicht. Diese Texte werden im allgemeinen in sogenannte "Sprech-Blasen" eingeschlossen, die sich innerhalb der Bilder befinden. Die Bilder der Comics dominieren jedoch über diesen Text.

Weitere charakteristische Elemente der Comics sind die feststehenden und immer wiederkehrenden Hauptfiguren sowie die periodische Erscheinungsweise der Serien.

Einer der ersten Comic-Strips ist "Yellow Kid" von Richard F. Outcault. Er erschien zum ersten Male am 16.2.1896 in New York und stellt den Beginn eines Unterhaltungsmediums dar, das sich sich bis zur heutigen Zeit einen festen Platz in der Presse erobert hat und eine Leserschaft von mehreren Hunderten von Millionen auf der ganzen Erde zählt.

In der geschichtlichen Entwicklung der Comics sind fünf Stadien zu unterscheiden:

1. Die Zeitspanne zwischen 1896 - 1910: Schon vor dieser Zeit sind in Europa und Amerika Vorformen der Comics zu finden; sie stellen jedoch eher Illustrationen und politische Karikaturenblätter dar.

Die Comics der obigen Definition (und heutigen Darstellungsform) treten seit 1896 in den USA auf und werden in dem damaligen Zeitungskrieg zwischen Hearst und Pulitzer als auflagensteigerndes Moment erkannt. Sie sind primär ein Verkaufsfaktor für die Zeitungen und sind bis zur heutigen Zeit mehr vom Konsum als von der Kunst bestimmt.

Nach "Yellow Kid" folgt eine Reihe weiterer berühmter Comic-Strips wie

"Katzenjammer Kids", "Happy Hooligan", "Little Nemo" und "Mutt and Jeff". Sie wirken stilbildend für alle Comics dieser Zeitspanne. Diese Comics sind durchweg lustig mit einem ausgeprägten Sinn für Situationskomik und "Slap-Stick"-Humor.

2. Die Zeitspanne zwischen 1910 - 1929: Die "Gag-Strips" der Anfangszeit werden in der zweiten Entwicklungsspanne durch Tier- und Familiengeschichten ergänzt. Der klamaukartige Humor der ersten Comic-Serien wird verfeinert und intellektualisiert. Als neues "topos" der Handlung tritt der Familienalltag mit seinen Freuden und Problemen auf.

Die wichtigsten Comic-Serien dieser Zeitspanne sind: "Krazy Kat", "Bringing Up Father", "Felix the Cat", "The Captain and the Kids", "Gasoline Alley", "Little Orphan Annie" und "Blondie".

3. Die Zeitspanne zwischen 1929 - 1941: Mit dem erstmaligen Auftreten des berühmten "Tarzan" tritt eine neue Comic-Art in den Vordergrund, die in den folgenden Jahrzehnten stil- und wertbestimmend für die Comics wird.

Mit "Tarzan" verlassen die Comics ihre vorwiegend humoristischen Inhalte und wenden sich abenteuerlichen Geschichten zu. Es entstehen in rascher Folge "Abenteuer-Comics", "Spionage-Comics", "Dschungel-Comics" und "Science-Fiction-Comics"; die "Supermänner" werden geboren.

Diese ernsten Comics erlangen einen großen Marktanteil, können die lustigen Comics jedoch nicht aus ihrer beherrschenden Position vertreiben.

Die wichtigsten Serien sind: "Tarzan", "Buck Rogers", "Flash Gordon", "Dick Tracy", "Phantom", "Li'l Abner", "Mickey Mouse", "Mandrake" und "The Superman".

4. Die Zeitspanne zwischen 1941 - 1946: Der zweite Weltkrieg führt zu der Einführung neuer Comic-Arten. Es treten die "Kriegs-Comics" auf, deren Helden mit patriotischem Eifer auf allen Kriegsschauplätzen kämpfen. Die Comic-Geschichten werden in ihrem Ausdruck brutaler und geben Perversionen Raum.

Daneben treten zum ersten Male Comics auf, die zu propagandistischen und erzieherischen Zwecken geschaffen werden.

Die bemerkenswertesten Vertreter dieser Zeit sind: "Terry and the Pirates", "RADAR", "Henry" und "Alley Oop".

5. Die Zeitspanne zwischen 1945 - 1970: Die Nachkriegszeit erlebt eine Renaissance der "alten" Helden und eine Verstärkung der "Horror"-Geschich-

ten. Die "Supermänner" werden zu Monstrositäten gesteigert und zu Begriffsstereotypen reduziert und mit Symbolcharakter beladen.

Die komischen Comic-Strips werden wieder beliebter. Es bilden sich die neuen Arten des "Black Humour" und "sophisticated Humour" heraus; letzterer führt in feiner, subtiler Weise zur Witzpointe, während der "schwarze Humor" mit dem Abscheu und Entsetzen Spaß treibt. Daneben kommen karikaturistische Comic-Serien auf, deren Aufgabe die Persiflierung menschlicher und gesellschaftlicher Merkmale ist.

Einige wichtige Serien sind: "Steve Canyon", "Rip Kirby", "Lucky Luke", "Pogo", "The Magic Four", "The Hawkman", "Peanuts", "Beetle Bailey", "Astérix" und "Buz Sawyer".

Die Comics sind zu einem Unterhaltungsmedium geworden, das in Heftform und in Form von Zeitungs-Bildstreifen aus der heutigen "Presse-Landschaft" nicht mehr wegzudenken ist. Ihre Bedeutung liegt zum einen in der auflagensteigernden Wirkung für die Zeitungen, zum anderen aber darin, daß sie als Vermittler von Wertvorstellungen und sozialen Normen auf den Leser einwirken. Sie sind eine bevorzugte Lektüre für Kinder und Jugendliche.

Es soll mit der vorliegenden Bibliographie der Versuch unternommen werden, die in- und ausländische Literatur über die Comics und ihre soziologischen, psychologischen, pädagogischen und strukturellen Aspekte in einem umfassenden Überblick aufzuzeigen. Diese Literatur über die Comics besteht zum großen Teil aus Zeitschriften- und Zeitungsartikeln; Bücher sind im Gesamtangebot nur geringfügig vertreten.

Bei der Zusammenstellung der Titel wurde einerseits Wert darauf gelegt, möglichst alle im deutschsprachigen Raum erschienenen Publikationen zu erfassen, andererseits möglichst viele Titel aus dem Ursprungsland der Comics – den USA – zusammenzustellen, sowie andere Bibliographien auszuwerten. Daneben erfolgte eine Titelaufnahme von Publikationen anderer europäischer und außereuropäischer Länder.

Um dem interessierten Leser einen schnellen Überblick über die vielfältigen Aspekte der Comics zu geben, sind alle Titel der Bibliographie nach acht Gesichtspunkten sortiert. Innerhalb dieser Punkte erfolgt eine Aufteilung nach den Ländern, in denen die Artikel publiziert wurden. Die interne Aufteilung in diesen Abteilungen ist alphabetisch vorgenommen.

Die acht Hauptgesichtspunkte sind:

1. Vorläufer und Entwicklungsgeschichte der Comic-Serien: Unter diesen Titel werden alle diejenigen Artikel gestellt, die sich mit den Vorläufern der heutigen

Comics, der Entwicklungsgeschichte der Comics, einzelnen alten und neuen Serien sowie mit einer Veränderung dieser Serien (z.B. Einführung einer neuen Hauptfigur) beschäftigen.

2. Die Struktur der Comics: Unter diesen Gesichtspunkt fallen alle diejenigen Artikel, die über den Aufbau der Comics Aufschluß geben. Insbesondere die Aspekte der Bild- und Sprachgestaltung (z.B. Onomatopoeta wie Quietsch, Krach, Bumm), der Persönlichkeitsformung der Akteure und der inhaltlichen und dramaturgischen Gestaltung werden berücksichtigt.

3. Technische Aspekte der Comics: Unter diesem Gesichtspunkt werden diejenigen Aspekte verstanden, die sich mit Produktion, Auflage, Vertrieb und Verkauf der Comics beschäftigen. Außerdem sollen Zeichner-Portraits, bestehende Vereinigungen (z.B. Comic-Syndikate), Veranstaltungen und Kongresse über Comics miteinbezogen werden.

Beispielsweise wird einer der erfolgreichen Comic-Strips des King Features Syndikates, "Blondie", von insgesamt 1634 Zeitungen in aller Welt abgedruckt. Die Gesamtauflage der Zeitungen beträgt rund 56 Millionen Exemplare. Da erfahrungsgemäß mit drei Lesern pro Zeitungsexemplar gerechnet werden muß, so ergibt sich allein für den Comic-Strip "Blondie" ein Leserkreis von rund 167 Millionen.

4. Die Leserschaft der Comics und ihre Meinung über die Comics: Dieser Gliederungspunkt will zum einen alle diejenigen Artikel zusammenfassen, die sich mit der soziologischen Schichtung und Aufteilung der Comic-Leser beschäftigen, sowie über Bevorzugung und Ablehnung von Comic-Serien Aufschluß geben. Zum anderen sollen hier die Artikel eingeordnet werden, in denen die Vorstellungen und Meinungen von Comic-Lesern (Laien und Fachleuten) über diese Literaturart zum Ausdruck kommen.

5. Die Verwendung der Comics in verwandten Aussageformen: Unter dieser Überschrift werden alle diejenigen Artikel eingeordnet, die auf die Verbindung von Comics und Film, die Verwendung von Comics oder comic-artigen Darstellungstechniken im Fernsehen, Literatur, Werbung, den bildenden und darstellenden Künsten eingehen, und außerdem über Comic-Ausstellungen berichten.

6. Die Verwendung der Comics für erzieherische Zwecke: "Erziehung" soll hierbei im weitesten Sinne verstanden werden. Unter diesen Begriff fallen somit alle Versuche, Menschen zu beeinflussen, in gezielter Weise über etwas zu informieren und sie im schulischen Sinne zu "erziehen".

Die unter dieser Überschrift zusammengefaßten Artikel befassen sich daher mit der Verwendung der Comics zu propagandistischen Zwecken, ihrer Einbeziehung in den Unterricht und als Hilfsmittel für medizinisch-psychologische Therapien.

7. Die Wirkungen der Comics: Dieser Gesichtspunkt enthält Artikel über die beabsichtigten und erzielten Wirkungen der Comics auf ihr Leserpublikum. (Z.B. kulturverändernde Bedeutung, kriminogene Wirkungen bei Jugendlichen, Sprach- und Attitüdenveränderung).

8. Juristische und sonstige einschränkende Maßnahmen gegen die Comics: Unter diesem letzten Gesichtspunkt sollen alle diejenigen Artikel zusammengefaßt werden, die sich mit Maßnahmen gegen die Comics befassen. Als "Maßnahmen" sind z.B. Gesetze (z.B. das bundesrepublikanische "Gesetz über die Verbreitung jugendgefährdender Schriften"), Umtauschaktionen, Selbstzensur der Verlage ("Codes"), Ablehnung durch Grossisten usw. zu verstehen.

Diese Einteilung berücksichtigt die hauptsächlichsten Aspekte der Comics. Die Aufteilung der Titel auf diese Gesichtspunkte muß dabei nach der Maßgabe erfolgen, daß der in einem Artikel am stärksten vertretene Aspekt der Comics als Einteilungskriterium fungiert. Eine treffendere Einteilung ließ sich nicht finden, da im Regelfalle die Artikel mehrere der obigen Aspekte enthalten.

Mit dieser Aufteilung wird dem Leser die Gelegenheit gegeben, sich schnell über die Literatur zu einem bestimmten Hauptgesichtspunkt der Comics zu informieren.

Die Titelaufnahme für die Bibliographie wurde am 31.12.1969 abgeschlossen. Es bleibt dem Interessenten vorbehalten, diese Zusammenfassung von Literaturtiteln über die Comics durch neu erscheinende Beiträge zu ergänzen. Für diesbezügliche Hinweise wäre der Herausgeber sehr dankbar.

W. Kempkes

Foreword

For nearly eighty years, illustrated picture-stories, or "Comics," have appeared in both the domestic and the foreign press. "Comics" (black-and-white or in color) are sequences consisting of two or more illustrations which, by means of movie film techniques, tell an actionpacked story in pictures. They can be complete stories within themselves within a pictorial time interval, or they can be part of a more broadly constructed narrative of humorous or adventurous content. But their basic principle lies in representing the course of an event through a series of drawings.

The story is clarified, in addition to the pictures, by explanatory texts, as well as by the conversations of the characters. These texts are generally enclosed in so-called "word balloons, " which are found inside the pictures. Nevertheless, the pictures of the comics take precedence over the text.

Other characteristic elements of comics are the constant main characters, and the periodic reappearance of the series.

One of the first comic strips is "Yellow Kid," by Richard F. Outcault. It appeared for the first time on February 16, 1896 in New York, and represents the beginning of an entertaiment medium which has since won a secure place in the press to the present day, enjoying a readership of several hundred million people around the world.

In the historical development of comics, five stages can be differentiated:

1. The Period From 1896 to 1910: Even before this time, prototypes of comics appeared in Europe and America; they represented primarily, however, illustrations and political caricatures.

Comics of the above definition (and present-day representational form) have appeared in the USA since 1896, when they were recognized as a circulation-booster in the newspaper war then raging between Hearst and Pulitzer. They were primarily a sales factor for the papers and, then as now, were determined more by demand than by art.

After "Yellow Kid," a series of more widely-known comic strips followed, such as "Katzenjammer Kids," "Happy Hooligan." "Little Nemo," and "Mutt and

Jeff." They act as stylistic examples for all comics of this period. These comics are consistently humorous, with a distinctly marked sense for situation comedy and slapstick humor.

2. The Period From 1910 to 1929: The "gag strips" of the initial period were supplemented, in the second development span, with animal and family stories. The brash humor of the comic series is refined and intellectualized. The new theme of action becomes the everyday life of the family, with its joys and problems.

The most important comic series of this period are: "Krazy Kat," "Bringing Up Father," "Felix the Cat," "The Captain and the Kids," "Gasoline Alley," "Little Orphan Annie," and "Blondie."

3. The Period From 1929 to 1941: With the first appearance of the famed "Tarzan," a new comic type enters the foreground, determining the value and style of comics in the following decades.

With "Tarzan," comics abandoned their predominantly humorous content and turned to adventure stories. In quick succession, the "Adventure-Comics," "Espionage-Comics," "Jungle-Comics," and "Science-Fiction Comics" emerge: the "supermen" are born.

These serious comics achieved a large market dividend, but were nevertheless unable to push the humorous comics out of their controlling position.

The most important series are: "Tarzan," "Buck Rogers," "Flash Gordon," "Dick Tracy," "Phantom," "Li'l Abner," "Mickey Mouse," "Mandrake," and "Superman."

4. The Period From 1941 to 1946: World War II led to the introduction of a new type of comics. The "War Comics" made their appearance, with heroes who fight with patriotic zeal in all theaters of battle.

At the same time, other comics arose which were created solely for propagandistic and educational ends.

The most noteworthy representations of this period are: "Terry and the Pirates," "RADAR," "Henry," and "Alley Oop."

5. The Period From 1945 to 1970: The post-war era underwent a renaissance of the "old" heroes and a strengthening of the "Horror" stories. The "supermen" are blown up into monstrosities, reduced to stereotypes, and burdened with symbolic character.

Humorous comic strips again became more popular. The new types of "Black Humor" and "sophisticated humor" were created: the latter leads finely, subtly to the point of a joke, while "black humor" uses disgust and terror to provoke amusement. Caricature comic series make a parallel appearance; their task is to make light of human and societal attributes.

A few important series are: "Steve Canyon," "Rip Kirby," "Lucky Luke," "Pogo," "The Magic Four," "The Hawkmen," "Peanuts," "Beetle Bailey," "Asterix," and "Buz Sawyer."

The entertainment medium which comics have become is no longer separable, whether in notebook form or the form of newspaper illustration strips, from the landscape of today's press. Their meaning lies partly in their circulation-boosting effect for newspapers, but also in their capacity to act as intermediary between the reader and various social norms and values. They are a preferred literature among children and young people.

The attempt is made, in this bibliography, to give a comprehensive overview of the domestic and foreign literature concerning comics, and their sociological, psychological, pedagogical, and structural aspects. This literature on comics consists for the most part of newspaper and magazine articles; books represent only a minor part of the total literature available.

In organizing the titles, it was thought important to include as many as possible of those publications which appear in the German-language area, on the other hand to compile as many titles as possible from the country of origin of comics – the USA –, and to utilize other available bibliographies. In addition, a master list of titles was consequently made up of publications of other European countries and countries outside Europe.

In order to give the interested reader a quick overview of the varied aspects of comics, all the titles in the bibliography are sorted according to eight features. Within these points, is a division according to the countries in which the articles were published. The division within these sections proceeds alphabetically.

The eight main features are:

1. Forerunners and history of development of comic series: Under this title are placed all those articles which concern themselves with the forerunners of present-day comics, with the development of comics, with individual old and new series, and with any variation of these series – for example, the introduction of a new main character.

2. The Structure of Comics: The articles which fall into this category are those which pertain to the construction of comics. Special consideration is given to the aspects of visual and conversational design (e.g. onomatopoetics such as Squeak, Crash, Bang), the personality formation of the characters, and the design of contents and dramaturgics.

3. Technical Aspects of Comics: This title is understood to include those aspects which have to do with production, layout, distribution, and sales of comics. In addition, this title should take into account draftsmen's portraits, established associations (e.g. Comic-Syndicate), events, and congresses about comics.

For example, "Blondie," one of the successful King Features Syndicate comic strips, is printed by a total of 1,634 papers around the world. The total circulation of the newspapers is over 56 million copies. Since one must estimate, according to experience, three readers per copy, this results in a readership, for the comic strip "Blondie" alone, of 167 million.

4. The readership of comics, and readers' opinions: This division intends first of all to collect the articles which pertain to the sociological stratification and distribution of comic readers, and to give information as to their preferences and dislikes. Also included here are articles in which the attitudes and opinions of comic readers, both lay and professional, find expression.

5. The use of comics in related forms of expression: This title is comprised of those articles which deal with the connection between comics and film, the use of comics or comic-type techniques in television, literature, advertising, and the fine and lively arts, and which report on comic exhibitions.

6. The use of comics for educational purposes: "Education" should be understood here in its broadest sense. This concept takes into account all attempts to influence people, to inform with a specific intent, and to educate people, in the sense in which schools educate.

The articles collected under this heading pertain to the use of comics for propagandistic purposes, their use in teaching, and their capacity as a resource for medical-psychological therapy.

7. The effects of comics: This feature contains articles on the intended and achieved effect of comics on their reading public (e.g. culture-altering significance, crime-producing effect on youth, changes in speech and attitude).

8. Judicial and other limiting measures against comics: This last feature collects all those articles which relate to measures taken against comics. "Measure" means here laws (e.g. the federal republic's "Law on the distribution of literature dangerous to youth"), exchange actions, self-censorship by publishers ("Code"), rejection through wholesalers, etc.

This division considers the chief aspects of comics. The organization of the titles according to these features should proceed so that the aspect which is most strongly represented in an article is the criterion for organization. A more appropriate method could not be found, since as a rule the articles contain most of the above aspects.

The reader is given the opportunity, with this method, to find information quickly about literature on the main features of comics.

The title index for the bibliography was completed on December 31, 1969. It remains for those interested to supplement this compilation of literature on comics with newly-published contributions to the field. The editor would be grateful for any guidance on this subject.

W. Kempkes

Inhaltsverzeichnis

Contents

Vorläufer und Entwicklungsgeschichte der Comic-Serien
Forerunners and Developmental History of Comic Series

ALGERIEN

AFRICAINE, Jeune: Seraphina: reportage ou fiction? 15.12.66, S. 55, Algier 0001

ARGENTINIEN

ADAN: Barbarella, No.15, Sept.1967, S.94-97, Buenos Aires 0002

Brun, Noelle: Héroes de libros maravillosos, Editorial El Ateneo, Buenos Aires, 1964 (Mitautor: Lionel Scanteié) 0003

Caniff, Milton: Asínació Steve Canyon, in:Dibujantes, No. 30, Mai 1959, S. 30-31, Buenos Aires 0004

DIBUJANTES: Un cowboy dibujanté, No.4, Dez.-Jan.1954, S.12-13, Buenos Aires 0005

DIBUJANTES: Historietas argentinas en publicaciones del exterior, No.5, Jan.-Feb.1954, S.29-31, Buenos Aires 0006

DIBUJANTES: El retocador de historietas, No.6, Mai 1954, S.8-10, Buenos Aires 0007

DIBUJANTES: El mundo maravilloso de Walt Disney, No.6, Mai 1954, S.24-27, Buenos Aires 0008

DIBUJANTES: Domingo pace triunfa en Brasil, No.9, Okt.1954, S.22 Buenos Aires 0009

DIBUJANTES: Otto Soglow, No.13, Mai 1955, S.23, Buenos Aires 0010

DIBUJANTES: Milton Caniff, No.15, Juli-August 1955, S.31, Buenos Aires 0011

DIBUJANTES: Quien es quien en el dibujo: Chic Young, No.16, Oktober 1955, S.25, Buenos Aires 0012

DIBUJANTES: Así nacieron: Bólido, No. 17, November-Dezember 1955, S.13, Buenos Aires 0013

DIBUJANTES: Brandon Walsh, No.17, November-Dezember 1955, S.29, Buenos Aires 0014

DIBUJANTES: Así nacieron: Avivato, No. 18, Jan.1956, S.3, Buenos Aires 0015

DIBUJANTES: Ruth Carroll, No.18, Januar 1956, S.25, Buenos Aires 0016

DIBUJANTES: Así opina: Landrú, No.29, 1956, S.6, Buenos Aires 0017

DIBUJANTES: Como nacieron los grandes personajes, No.29, 1959, S.30, Buenos Aires 0018

DIBUJANTES: Ed Dodd y Mark Trail, No.30, Mai 1959, S.4-6, Buenos Aires 0019

DIBUJANTES: Trayectoria y destino de la historieta cómica, No.30, Mai 1959, S.35-37, Buenos Aires 0020

Divito, Guillermo: Como nacieron y como se hacen las chicas de Divito, in:Dibujantes, No.15, Juli-August 1955, S.26-27, Buenos Aires 0021

Gallo, Antonio: Bromas y veras de James Thurber, Suplemento de la Prensa, 29.7.58, Buenos Aires 0022

Lipszyck, Enrique: El dibujo a través del temperamento de 150 famosas artistas, in: Lipszyck, Buenos Aires, 1953 0023

Lipszyçk, Enrique: La historieta mundial, Editorial Lipszyck, 1958, 186 S., Buenos Aires 0024

PANORAMA: Barbarella: la historieta en carne y plastico, No. 66, 30. 7. 68-5. 8. 68, S. 67-69, Buenos Aires 0025

PLANA, Primera: Plastica: los nietos de Mutt y Jeff, No. 287, 25. 6. 68, S. 70, Buenos Aires 0026

Petrucci, Noberto P.: El dibujo animado en la URSS, in: Dibujantes, No. 16, Oktober 1955, S. 4-6, Buenos Aires 0027

Sagrera, J. A.: Vic Martin: conquistó Nueva York con su gracia criolla, in: Dibujantes, No. 3, November 1953, S. 11-13, Buenos Aires 0028

2001: Ciencia-ficción en la historieta, No. 1, 4. 10. 68, S. 48-49, Buenos Aires 0029

BELGIEN

Bertran, Serge Fedor: Illustrés oublies: Wonderland, in: Rantanplan, No. 12, Oktober 1968, S. 10-12, Brüssel 0030

CINE-REVUE: Strip érotique de l' An 4000 pour Jane Fonda, in: Cine-Revue, 20. 7. 67, S. 9, Brüssel 0031

De Seraulx, Jacqueline: Un semestre de MAD, in: Vo n' polez nin comprind, No. 4-5, August-September 1967, Hannut 0032

Guichard-Meili, Jean: Les loisirs d' Illico in: Rantanplan, No. 6, Juli 1967, S. 4-6, Brüssel 0033

INTRODUCTION à la bande dessinée belge, 80 S., 1968, Brüssel 0034

Leborgne, André: Monstres et antropomorphes de notre enfance. Flash Gordon por Alex Raymond, in: Rantanplan, No. 4, November-Dezember 1966-Januar 1967, S. 14-15, Brüssel 0035

Leborgne, André: Monstres et antropomorphes de notre enfance. Flash Gordon le Tournoi de Mongo, in: Rantanplan, No. 5, S. 6-7, 1967, Brüssel 0036

Lefevre, Gaston: Edgar Rice Burroughs et son oeuvre, in: Rantanplan, No. 3, September-Oktober 1966, S. 2-3, Brüssel 0037

Lefevre, Gaston: Edgar Rice Burroughs ouevres, in: Rantanplan, No. 4, November Dezember 1966-Januar 1967, S. 11-13, Brüssel 0038

Lefevre, Gaston: Neutron di Guido Crepax, in: Rantanplan, No. 6, Juli 1967, S. 7-9, Brüssel 0039

Lefevre, Gaston: Phoebe Zeit-Geist: strictement pour adultes, in: Rantanplan No. 12, Oktober 1968, S. 30-32, Brüssel 0040

Martens, Thierry: Cheneval: de Bimbo aux Heroic-Albums, in: Rantanplan, No. 12, Oktober 1968, S. 7-8, Brüssel 0041

Martens, Thierry: En taillant un crayon avec... Hubuc, in: Rantanplan, No. 5, 1967, S. 8-10, Brüssel 0042

Martens, Thierry: En taillant un crayon avec... Mazel, in: Rantanplan, No. 6, Juli 1967, S. 12-14, Brüssel 0043

Martens, Thierry: En taillant un crayon avec... Robert de Groot, in: Rantanplan, No. 7, Oktober 1967, S. 12-13, Brüssel 0044

Martens,Thierry: Le jardin des curiosités: Jonny Viking,in: Rantanplan,No. 12,Oktober 1968,S.9-10, Brüssel 0045

Martens,Thierry: Maurice Tillieux, une époque,un ouevre,in: Rantanplan, No.8-9,Januar 1968,S.16-21, Brüssel (Mitautor:A.Van Passen) 0046

Ponzi,Jacques: Cuvelier,in: Rantanplan, No.12,Oktober 1968,S.3, Brüssel 0047

RANTANPLAN: Bibliographie de Maurice Tillieux,No.8-9,Januar 1968,S. 22-30, Brüssel 0048

Van Herp,Jacques: Les bandes dessinées de science-fiction,in: Rantanplan,No.4, November-Dezember 1966-Januar 1967, S.6-9, Brüssel 0049

Van Herp,Jacques: Les bandes dessinées de science-fiction. Robida: Saturnin Farandoul,in: Rantanplan,No.5,S.3-5, 1967, Brüssel 0050

Van Herp,Jacques: Science-fiction et bande dessinée, in: Rantanplan,No.6, Juli 1967,S.18-19, Brüssel 0051

Van Herp,Jacques: Science-fiction et bande dessinée, in: Rantanplan,No.7, Oktober 1967,S.18-20, Brüssel 0052

Van Herp,Jacques: Tillieux et Harry Dickson,in: Rantanplan,No.8-9,Januar 1968,S.3-4, Brüssel 0053

Vankeer,Pierre: Chronique de l'âge d'or,in: Rantanplan,No.2,April-Juni 1966,S.4, Brüssel 0054

Vankeer,Pierre: Chronique de l'âge d'or,in: Rantanplan,No.3,September-Oktober 1966,S.4, Brüssel 0055

Vankeer,Pierre: Chronique de l'âge d'or,c'était il y a 30 ans...,in: Rantanplan,No.4,November-Dezember 1966-Januar 1967,S.2-3, Brüssel 0056

Vankeer,Pierre: Chronique de l'âge d'or,in: Rantanplan,No.5,1967,S. 11, Brüssel 0057

Vankeer,Pierre: Chronique de l'âge d'or...an 30 ans avant,in: Rantanplan No.6,Juli 1967,S.15-17, Brüssel 0058

Vankeer,Pierre: Chronique de l'âge d'or... ou 30 ans avant'in: Rantanplan,No.7,Oktober 1967,S.14-16, Brüssel 0059

Vankeer,Pierre: Chronique de l'âge d'or, in: Rantanplan, No.12,Oktober 1968,S.4, Brüssel 0060

Vankeer,Pierre: A la rencontre de Maurice Tillieux,in: Rantanplan, No.8-9,Januar 1968,S.3-4, Brüssel 0061

Vankeer,Pierre: Spirou,in: Rantanplan, No.12,Oktober 1968,S.5, Brüssel 0062

Vankeer,Pierre: Le supplement aux voyages de Zig et Puce,in: Rantanplan,No.6,Juli 1967,S.10-11,17, Brüssel 0063

Vankeer,Pierre: Le supplement aux voyages de Zig et Puce,in: Rantanplan,No.7,Oktober 1967,S.10-11,17, Brüssel 0064

Van Passen,Alain: Maurice Tillieux, une époque, une ouevre,in: Rantanplan,No.8-9,Januar 1968,S.16-21, Brüssel 0065

Van Passen,Alain: L'univers de Maurice Tillieux,in: Rantanplan,No.8-9, Januar 1968,S.5-12, Brüssel 0066

Watrin,Edith: 25 ans d'évolution de la

presse enfantine,in: Etudes et Recherches, Technique de diffusion collective,Bd.9-10,1963,S.25-175,Brüssel 0067

BRASILIEN

Augusto,Sergio: Uma antologia que nao e obra-prima,in: Jornal do Brasil,7.7.67, Rio de Janeiro 0068

Augusto,Sergio: Astérix,o Popeye de Bela Galia,in: Jornal do Brasil, 15.9.67, Rio de Janeiro 0069

Augusto,Sergio: As bandas francesas,in: Jornal do Brasil,3.3.67, Rio de Janeiro 0070

Augusto, Sergio: Os demonios de Milao, in: Jornal do Brasil,8.3.68, Rio de Janeiro 0071

Augusto,Sergio: Os dois fantasmas rondam a Carlota de Mandrake,in: Jornal do Brasil,18.8.67, Rio de Janeiro 0072

Augusto,Sergio: A evolucao da historia em quadrinhos,Museo de Arte Moderno do Rio de Janeiro, 1967 0073

Augusto,Sergio: Jodelle veio,viu e vencen,in: Jornal do Brasil,29.9.67, Rio de Janeiro 0074

Augusto,Sergio: A moda de multos anos,in: Jornal do Brasil,17.3.67, Rio de Janeiro 0075

Augusto,Sergio: Peanuts no sofá,in: Jornal do Brasil,31.3.67, Rio de Janeiro 0076

Augusto,Sergio: A revolucao de Guido Crepax,in: Jornal do Brasil,25.8.67, Rio de Janeiro 0077

Augusto,Sergio: A solidao de Charlie Brown,in: Jornal do Brasil, 7.4.67, Rio de Janeiro 0078

Augusto,Sergio: Tres autores à procura de Charlie Brown,in: Jornal do Brasil, 1.9.67, Rio de Janeiro 0079

Augusto,Sergio: O velho toque de Max Yantok,in: Jornal do Brasil,9.2.68, Rio de Janeiro 0080

De Moya,Alvaro: O satirico Al Capp, um genio americano,in: O Tempo, 10.12.50, Sao Paulo(Mitautor:S.Roberg) 0081

Freyre,Gilberto: A proposito de historias em quadrinhos,in: O Cruzeiro, 1967, Sao Paulo 0082

Freyre,Gilberto: Ainda as historias em quadrinhos,in: O Cruzeiro,1967, Sao Paulo 0083

Freyre,Gilberto: Historias em quadrinhos,in: O Cruzeiro,1967, Sao Paulo 0084

IMPRENSA,A: Bamba: as mais belas historias de heroismo,No.22,Juni 1951, S.2, Sao Paulo 0085

Lewin,Willy: Steinbeck and Li'l Abner, Supplemento literario de"O Estado de Sao Paulo", 15.12.62,Sao Paulo 0086

Roberg,Syllas: O satirico Al Capp, um genio americano,in: O Tempo,10.12.50, Sao Paulo(Mitautor:A.De Moya) 0087

Silveira de Queiroz,Dinah: Aizen, o pequeno imperador,in: Jornal do Comercio,5.1.55, Rio de Janeiro 0088

O TEMPO: Como se faz historia em

quadrinhos,Supplemento, 23. 3. 52, Sao Paulo 0089

DEUTSCHLAND

Abendecho,Hamburger: Muse,ganz frech;19. 3. 66 0090

Abendblatt,Hamburger: Cisco ging in den Ruhestand,10. 6. 69,S.18 0091

Abendblatt,Hamburger: Es wird bös' enden. So sieht der Satiriker des "Wekker" die"liberale Schule",28./29.12. 68,S.22 0092

Abendblatt,Hamburger: Nun sollen die Fahrgäste "Verkehrsfüchse" werden,20. 10. 67 0093

Abendecho,Hamburger: Mainzelmännchen Kapriolen;Beilage:RTV-radio und television,das illustrierte Programm, 17. Woche 1966, 24.4.66 0094

Baumgärtner,Alfred Clemens: Die Bildergeschichte damals und heute,in: Jugend und Buch,15. Jhg.,1966,No.1,S.11-15 0095

Berton,P.: Das Geheimnis der grünen Leute(The secret world of OG),1963 0096

Bittdorf,W.: Al Capps menschliche Komödie,in:Süddeutsche Zeitung,München,5./6.September 1953 0097

BRIGITTE: Artikel über den Comic-Zeichner Aagaard,Hamburg,No.7,29. 3.66 0098

Comics: Stichwortartikel in: Brockhaus-Enzyklopädie,Wiesbaden,Bd.4, 1968,S.125 0099

Comics: Artikel in: Das Amerikabuch für die Jugend,Verl.:S.HeuftKG, Köln,1953,S.428-431 0100

Buch,Hans Christoph: Sex-Revolte im Comic-Strip,in: Pardon,Dezember 1966,No.12,S.15ff 0101

Buresch,Roman Armin: Warten auf Steinberg,in: Die Zeit,No.31,4.8.67, S.16 0102

CONSTANZE: Geschichte vom Julchen, No.51,15.12.64 0103

CONSTANZE: Jetzt bin ich da:Conny, No.42,14.10.68 0104

Cordt,Willy K.: Zur Geschichte der Comics,in: Jugendschriftenwarte,No.1, 1955,S.3-4 0105

Cordt,Willy K.: Zur Geschichte der Comics,in:Die Schwarzburg,Hrsg.: Schwarzburgbund,Hamburg,64.Jg., 1955,H.1,S.1-3 0106

Cordt,Willy K.: Zur Geschichte und Problematik der modernen Bildserienhefte,in:Praxis der Volksschule,11.Jg., 1954 0107

Dynamics: Artikel in: Theologie in Karikaturen,Hrsg. SMD,Marburg, No. 0,20. 6. 67 0108

Ebmeyer,Klaus U.: Cartoons, in:Civis, No.7,1967,S.24-26 0109

Ellmar,Paul: Der Eiffelturm verlässt seinen Platz...ein französischer Walt Disney,in:DIE ZEIT,No.29,16.7.53 0110

EPOCA: Den liebevollen Einfall,No.3, März 1966 0111

FUNK-UHR: Mini-Männchen suchen

Mini-Mädchen, No. 29, 18.-25.7.69 0112

FUNK-UHR: Star mit 15, No. 34, 1967, S. 27 0113

Gerteis, Klaus: Charlie Brown und die Seinen, in: Die Welt, 7.12.68, S. 11 (Die geistige Welt) 0114

Giehrl, Hans E.: Comic-Books, Eigenart und Geschichte, in: Jugendschriftenwarte, 6. Jg., 1954, H. 1, S. 3, H. 2, S. 12, H. 3, S. 20, H. 4, S. 30 0115

Hespe, Rainer: Die Belle Epoque der Comics, in: Frankfurter Hefte, 1968, H. 6, S. 437-438 0116

HÖR-ZU: Cartoons, No. 12, 20.3.69 0117

Hürlimann, Bettina: Die Seifenblasensprache. Zur Entwicklung der Bildgeschichten und ihre positiven und negativen Auswirkungen von Wilhelm Busch bis Walt Disney., in: Europäische Kinderbücher in drei Jahrhunderten, 2. erw. Aufl., Zürich 1963, S. 119-132 0118

JUGENDLITERATUR: Comics, 1. Jg., 1955, H. 8, S. 349-350 0119

JUGENDLITERATUR: Gegenwärtiger Stand der Heftreihen in der Bundesrepublik, 1955, H. 10, 30.6.55, S. 489-491 0120

K., A.: Die Comics, in: Deutsche Tagespost, Würzburg, No. 115, 6.10.54 0121

Karrer-Kharberg, Rolf: Umgang mit Steinberg, in: DIE ZEIT, No. 10, 7.3.69, S. 13 0122

Klein, Hans: Eine Witzfigur erobert Frankreich, in: Südanzeiger, 15.8.67 0123

Knilli, Friedrich: "Der wahre Jakob" ein linker Supermann? Versuch über die Bildsprache der revolutionären deutschen Sozialdemokratie, in: Comic-Strips: Geschichte, Struktur, Wirkung und Verbreitung der Bildergeschichten, Ausstellungskatalog der Berliner Akademie der Künste, 13.12.69-25.1.70, S. 12-20 0124

Köhler, Otto: Mächtig stark, in: DER SPIEGEL, No. 38, 15.9.69, S. 214 0125

Köhlert, A.: Bilderhefte in Schweden und Deutschland, in: Jugendschriftenwarte, 1. Jg., No. 6, 1.6.55, S. 47 0126

Köhlert, A.: Bilderhefte in Schweden und Deutschland, in: Verlags-Praxis, Monatshefte für erfolgreiches Verlagsschaffen, Darmstadt, 2. Jg., 1955, S. 241-242 0127

Künnemann, Horst: Ein großer Fabulierer der Zeichenfeder-Zum Tode Josef Hegenbarths, in: Jugendschriften-Warte, No. 10, Oktober 1963, S. 60-61 0128

Künnemann, Horst: Witz ohne Worte-der Zeichner Saul Steinberg, in: Hamburger Lehrerzeitung, No. 4, 1964, S. 141-143 0129

Künnemann, Horst: L'Imagérie populaire, Epinal, die französische Stadt der Bilderbogen, in: Zschr. f. Jugendliteratur, 1. Jg., 1967, H. 2, S. 415-418 0130

Künnemann, Horst: Walt Disney oder: die demolierte künstlerische Bildform, in: Jugendschriftenwarte, 19. Jg., 1967, H. 3, S. 10-11 0131

Lachner, Johann: Münchener Bilderbogen-die Comic-strips von anno dazumal, in: Lebendige Erziehung, 4. Jg.,

H.15,1954/55,S.354-355 0132

Ladd-Smith,Henry: Die Comics: Wesen, Herkunft und Entwicklung in den USA,in: Handbuch der Publizistik,2. Bd.,Teil 1,1969,S.116-126 0133

Längsfeld,Wolfgang: Die schöne Jodelle, in:Süddeutsche Zeitung,Literaturbeilage, 7.12.67,S.6 0134

Lankheit,Klaus: Aus der Frühzeit der Weissenburger Bilderfabrik,in:Kölner Zschr.f.Soziologie und Sozialpsychologie,21.Jg.,H.3,September 1969,S. 585-600 0135

LEHRERZEITUNG, Allgemeine deutsche: Comic-Books:Eigenart und Geschichte, Beilage,6.Jg.,1954,No.3 0136

Metken,Günter: Weltgeschichte für zwei Sous."Imagerie populaire",bunte Bilderbogen-Illustrierte der guten alten Zeit,in: Die Welt,3.9.66 0137

Metken,Günter: Le cris de Paris-lebendige Bilderbogen,in: Die Welt,7.4.67 0138

Metken,Günter: Astérix der Gallier,in: Frankfurter Allgemeine Zeitung,6.12. 68,S.32 0139

MORGENPOST,Hamburger: Ab heute jedes Wochenende: Feuerauge, 12.4.69 0140

MORGENPOST,Hamburger: So wurde Peggy geboren,No.110,13.5.65,S.14 0141

Nafziger,Ralph O.: Die Entwicklung der Comic-strips,in:Publizistik,10.Jg., H.3,1956,S.158-164 0142

Paetel,Karl O.: Die amerikanischen Comics,in:Deutsche Rundschau,Baden-Baden,80.Jg.,H.6,1954,S.564-566 0143

PETRA: Comic Strips,No.12,Dezember 1969,S.153 0144

Pfeffer,Gottfried: Barbarella: Comics für die Großen-Parodie oder Pornographie?,in:Rheinischer Merkur,10.2.67 0145

Pforte,Dietger: Deutschsprachige Comics,in: Comic Strips: Geschichte, Struktur, Wirkung und Verbreitung der Bildergeschichten,Ausstellungskatalog der Berliner Akademie der Künste, 13.12.69 - 25.1.70,S.22-27 0146

POST,Offenbach-Post: Ein Gruß an Willi Wacker,22.12.67 0147

Pross,Harry: Von Wilhelm Busch zu Al Capp.Notizen über Bilderbogen und Comic-books,in:Deutsche Rundschau, H.8,1956,S.877-881 0148

R.,v.: So wurden Max und Moritz geboren,in: Das Neue Blatt,14.11.64 0149

Raddatz,Fritz J.: Die neuen Heldinnen der westlichen Welt,in: DIE ZEIT,No. 11,17.3.67,S.17-18 0150

Razumovsky,Andreas: Im Ringe mit der Macht,in: Frankfurter Allgemeine Zeitung,No.52,1.3.68,S.32 0151

Reding,Josef: Geschichte und Wirkkraft der Comic-Strips,in: Welt und Wort,9.Jg.,1954,H.8,S.257-258 0152

Renner,M.: Deutsche Comics,in: Der neue Vertrieb,Flensburg,5.Jg.,No.108, 20.10.53,S.432 0153

Riha,Karl: "Lend me a nickel",Versuch über Comic-Strips,in: Diskus, Frankfurt am Main,14.Jg.,1964,H.6, S.9/10 0154

Riha,Karl: Groteske,Kommerz,Revolte-Zur Geschichte der Comics-Literatur, in: Comic-Strips: Geschichte,Struktur, Wirkung und Verbreitung der Bildergeschichten,Ausstellungskatalog der Berliner Akademie der Künste, 13.12.69-25.1.70, S.7-10 0155

Rost,Alexander: Am Anfang war Mickey Mouse,Das Abenteuer einer Zeichenfeder ging zu Ende(Zum Tode von W. Disney),in: DIE ZEIT,No.52,23.12.66 0156

Rous,Guido: Herr Sartre liebt die Vampire (Astérix,der Gallier oder die Comic-Strips der Franzosen),in: Christ und Welt,21.Jg.,No.7,16.2.68,S.15 0157

Schober,Siegfried: Pravda,in: DIE ZEIT, No.11,14.3.69,S.31 0158

Schöler,Franz: Mischung aus Schneewittchen und Gesellschaftsbiene(Phoebe-Zeitgeist),in: Die Welt der Literatur, No.1,2.1.69 0159

Salmony,G.: Witzlos ("Unser Thema"), in: Süddeutsche Zeitung,2./3.4.66 0160

Simeth,Franz: Die Katzenjammer Kids, in: Deutsche Tagespost,1956 0161

SPIEGEL,Der: Steinberg-Gestrichelte Pointen,No.18,25.4.66 0161a

SPIEGEL,Der: Gnom von Gallien,No. 47,1966,S.154 0162

SPIEGEL,Der: Zum Tode von Walt Disney,No.52,Dezember 1966 0162a

SPIEGEL,Der: Zipzip-zipzip,No.52, Dezember 1966,S.98-99 0163

SPIEGEL,Der: Yves Saint Laurent-Comic Zeichner,No.7,6.2.67 0163a

SPIEGEL,Der: Comic-Zeitschrift"Tina" No.24,5.6.67 0164

SPIEGEL,Der: Satire: Spaß mit Mutter, No.5,1963,S.67-69 0164a

SPIEGEL,Der: Als Held eines Comic-Strip (Ernst Jünger), No.44, 28.10.68, S.180 0165

SPIEGEL,Der: Comic strips: Pow,Wap, Bang;No.18,29.4.68,S.157f 0165a

SPIEGEL,Der: Disney: Hang zur Brutalität,No.33,1968,S.92 0166

SPIEGEL,Der: Edelmann: Garten der Lüste,No.31,1968,S.86 0166a

SPIEGEL,Der: Buzzati: Strip von Orfi, No.49,1.12.69,S.192-194 0167

STERN,Der: Übungen mit Charles: Britischer Prinz als liebestolle Strip-Figur,No.12,19.3.67 0167a

STERN,Der: Ein Hund gegen Richthoven,No.24,11.6.67 0168

STERN,Der: Neue Filmfigur von Disney,No.12,24.3.68 0168a

STERN,Der: In Bonn tickt eine Bombe, No.14,7.4.68 0169

STREIT-Zeitschrift: Schüler wollen Liebe in Turnhalle,H.7/1,1969 0169a

Strelow,Hans: Ein Klassiker des Comic,in: DIE ZEIT,No.47,24.11.67, S.19 0170

Styx: Zym jagt Dr.Fu,in: DIE ZEIT, No.45,10.11.67,S.16 0170a

Sybille: Ein Unterseeboot namens

Liebe,in: DER STERN,No.12,23.3.69, S.15 0171

Tank,Kurt Lothar: Es begann mit dem Mehlsack des Mr.Outcault,in: Die Welt,9.Jg.,No.134,12.6.54 0172

Theile,Harold: Naturgeschichte der Comics,in: Deutsche Rundschau,77.Jg., H.5,1951,S.447-452 0173

UNESCO-Kurier: Sophie und Bruno im Lande des Atoms,9.Jg.,No.8,August 1968,S.28-34 0174

Verg,Erik: Gallier im Vormarsch-eine Comic-Strip-Figur begeistert ganz Frank reich,in:KRISTALL,30.12.66 0175

Verg,Erik: Bei Langeweile: Asterix,in: Hamburger Abendblatt,18./19.3.67 0176

VERTRIEB, der neue: Deutsche Comics, 5.Jg.,No.110,20.11.53,S.464 0177

VERTRIEB, der neue: Bilder-Hefte mit bunten Aufstellfiguren,5.Jg.,No.109, 5.11.53,S.459 0178

VERTRIEB, der neue: Wild-West-Bilderserie,5.Jg.,No.107,5.10.53,S.420 0179

VERTRIEB, der neue: Bambino-Bilderhefte,5.Jg.,No.106,20.9.53,S.394 0180

VERTRIEB, der neue: "Till Eulenspiegel" eine deutsche Bilderzeitschrift,5.Jg., No.98,20.5.53,S.177 0181

VERTRIEB, der neue: Nun auch "Pecos Bill",5.Jg.,No.98,20.5.53,S.176-177 0182

Weissert,Elisabeth: Bildergeschichten, in: Erziehungskunst,18.Jg.,H.11,S.326 0183

WELT,Die: Der Zeichner R.Dircks, 23.4.68 0184

WELT,am Sonntag: Machen Sie mit beim Fragespiel des HVV,5.11.67 0185

Wiegand,Wilfried: Vom Bilderbogen zum Comic-Strip,in: Die Welt, 26.4. 68,S.15 0186

Wolf,Ursula: Jeder ein Pilot,in: Publik,No.15,11.4.69,S.23 0187

ZEIT,Die: Tarzan verschwindet,No.3, 20.1.67 0188

ZEIT,Die: Quick und Quack,No.4, 27.1.67 0189

ZEITUNG, Neue Ruhr: Comic-Strips jetzt auch auf Russisch,1.9.54 0190

ZEITUNG, Süddeutsche: Meldung über R.Töpffer,Literaturbeilage,7.12.67, S.2 0191

ENGLAND

Aldridge,Alan: The Penguin Book of Comics,Penguin,London,1967,256 S., (Mitautor:G.Perry) 0192

Ball,Ian: Once upon a monstruous time...the man who drew Fester,in: The Daily Telegraph Magazine,No. 157,6.10.67,S.24-35,London 0193

Brelner,M.A.: American Comics,in: Library Association Record,Bd.54,No. 12,1952,S.410,London 0194

Capp,Al: Capps Column,in:Time and Tide,1.-8.11.62, London 0195

Capp, Al: Mort Sahl or Joe Phillips, in: Time and Tide, 11.-18.10.62, S.14, London 0196

Capp, Al: The raw recruit, in: Time and Tide, 20.-27.9.62, London 0197

CONTINENTAL: Barbarella, Oktober 1967, London 0198

Cudlipp, Hugh: Publish and be damned, 1959, London 0199

Davies, Randall: Caricature of to-day, Geoffrem Holme, London 1928 0200

ENCYCLOPAEDIA BRITTANNICA: Comic-Strips, Bd.4, 1961, S.870B.-872, London 0201

EPIC: Thunderbirds are Go, Lion summer spectacular, 1967, London 0202

Haigh, Peter S.: Blaise, Batman, Blondie and Co., in: Film in Review, April 1966, London 0203

Lacassin, Francis: Dick Tracy meets Muriel, in: Sight and Sound, Frühling 1967, London 0204

Laing, A.: Children´s Comics, in: Researches and Studies, The University of Leeds, Institute of Education, Mai 1955, S.5-17, Leeds 0205

Perry, George: The Penguin Book of Comics, Penguin, 1967, London, (Mitautor: A. Aldridge) 0206

Stonier, G. W.: Girls, girls!, Penguin Book, 1963, London 0207

Wagner, Geoffrey: Parade of Pleasure, Derek Verschoyle, 1954, London 0208

Webb, Kaye: Once upon a time, Prolog zu "The Saint Trinian´s Story", Penguin Book, 1963, London 0209

FRANKREICH

Adhemar, Jean: Cinq siècles de bandes dessinées, in: Les lettres francaises, No. 1138, 30.6.-6.7.66, Paris 0210

Albertarelli, Rino: Antonio Rubino, in: Phénix, No.3, 1967, S.34-36, Paris 0211

Amadieu, G.: Jim la Jungle, in: Phénix, No.3, 1967, S.21-24, Paris 0212

Benayoun, R.: La tragédie américaine de (Gulp!) Al Capp, in: Giff-Wiff, No. 23, März 1967, S.2-7, Paris 0213

Billard, Pierre: Modesty Blaise-la Super Femme, in: L`Express, 2.-8. Mai 1966, S.66-68, 75, Paris 0214

Bonnemaison, Guy C.: Histoire du Journal de Mickey (1934-1941), in: Giff-Wiff, No.5-6, April-Mai 1963, Paris 0215

Bostel, Honoré: Ses dessins de Match que Chaval préferait, in: Paris-Match, No.982, 3.2.68, Paris 0216

Bouyxou, Jean-Pierre: Le fantôme de Bengale, in: Mercury, No.6, 1967, Paris 0217

Brault, Colette: Tintin, L'enchanteur, in: Tele-Magazin, No.571, 1.10.-7.10.66, Paris 0218

Bretagne, Christian: La Barbarella du tiers monde, in: Candide, No.292, 28.11.66, Paris 0219

Bretagne, Christian: Il y a du Michel-Ange dans Tarzan, in: Le nouveau Candide, No.348, 25.12.-31.12.67, S.

25, Paris 0220

Brion, Marcel: Felix le chat ou la poésie créatrice, in: Le rouge et le noir, Juli 1928, Paris 0221

BULLETIN DU LIVRE: Astérix en fleche, 15.11.66, S. 13-14, Paris 0222

Burguet, Franz-André: Jodelle mon amour, in: Arts, 29.6.66, Paris 0223

Caen, Michel: La villaine Lulu, in: Plexus, No. 9, S. 154-157, 1967, Paris 0224

Caen, Michel: Popeye, in: Plexus, No. 10, 1967, S. 148-151, Paris 0225

Caen, Michel: Le fantôme du Bengale, in: Plexus, No. 12, 1967, S. 150-152, Paris 0226

Caen, Michel: Les chefs-d'ouevres de la bande dessinée, Anthologie Planete, Editions Planete, 1967, Paris (Mitautoren: J. Sternberg, J. Lob). 0227

CANDIDE: Arabelle la Sirène, No. 305, 27.2.-5.3.67, S. 20, Paris 0228

CANDIDE, NOUVEAU: Le Hit-Parade des stars de papier, No. 312, 17.4.-23.4.66, S. 24, Paris 0229

Caradec, Francoise: Genèse et métamorphose des ouevres de Christophe, in: Les faceties du Sapeur Camember, 1958, Paris 0230

Cartier, E.: Rip Kirby, in: Phénix, No. 3, 1967, S. 28, Paris 0231

Cassen, Bernard: Superman et Batman ont trente ans. L'âge d'or de la bande dessinée en Amérique, in: Le Monde, 11.10.67, S. 7, Paris 0232

Chambon, Jaques: Saga de Xam, in: Fiction, No. 175, Juni 1968, S. 138-140, Paris 0233

Chambon, Jacques: Un delire barroque: Les aventures de Jodelle, in: Mercury No. 11, Juli-September 1966, S. 85-87, Paris 0234

Champigny, Robert: Un comic américain, in: Critique, Februar 1957, S. 124-135, Paris 0235

Charlier, Jean-Michel: Les revoici !... Treize nouveaux épisodes des Chevaliers du Ciel, in: Pilote, No. 440, 28.3.68, S. 36-39, Paris 0236

Chateau, René: Bath Batman, in: Lui, November 1966, Paris 0237

Chery, Christian: Avec Paul Colin et Gen Paul, in: Les lettres francaises, No. 1138, 30.6.-6.7.66, Paris 0238

Colini, Serge: Histoire des bandes dessinées, in: Minou, 5.8.65, Paris 0239

Colini, Serge: Guy L'Eclair, in: Plexus, No. 8, 1967, S. 169-171, Paris 0240

Couperie, Pierre: Roy Crane, in: Phénix, No. 2, Januar 1967, S. 5-14, Paris 0241

Couperie, Pierre: Franck sauvage revient, in: Phénix, No. 5, 4. Trimester. 1967, S. 16-19, Paris 0242

Couperie, Pierre: Flash Gordon, in: Phénix, No. 3, 1967, S. 2-7, Paris (Mitautor: E. Francois) 0243

Corunot, Michel: Satanik, ou la métamorphose des amants, in: Le Nouvel Observateur, 19.4.67, S. 34-35, Paris 0244

Deguerry, Francoise: Astérix Batailleur, in: Cahiers universitaires, No. 29, November-Dezember 1966, S. 44-46, Paris (Mitautor: R. Goscinny) 0245

De Turris, Gianfranco: Les bandes dessinées de science-fiction en Italie, in: Mercury, No. 13, 1967, S. 67-74, Paris (Mitautor: S. Fusco) 0246

De Turris, Gianfranco: Les bandes dessinées de science-fiction en Italie, in: Mercury, No. 14, 1967, Mai-Juni 1967, S. 65-73, Paris, (Mitautor: S. Fusco) 0247

Della Corte, Carlos: Agent Secret X-9, d'hier à aujour d'hui, in: Les Héros du mysthère, No. 2, April 1967, S. 25-32, Lyon 0248

Dimpre, Henry: Les héros egyptiens s' exprimaient déjà dans les ballons, in: Pilote, No. 283, 1967, S. 23, Paris 0249

Dubois, R.: Walt Disney, poète ou marchand d' illusions?, in: Littérature de jeunesse, August-September 1956, No. 78, Paris 0250

ELLERY: Saga de Xam, Queen Mystère Magazine, No. 242, März 1962, S. 113, Paris 0251

L'EXPRESS: Kinky-I love you et la prima donna, No. 843, 14. 8. -20. 8. 67, S. 60, Paris 0252

Fermigier, André: Satanik, Barbarella et Cie, in: Le Nouvel Observateur, 19. 4. 67, S. 31-33, Paris 0253

Forest, Jean-Claude: Popeye et les harpies, in: CELEG, 1964, Paris 0254

Forlani, Remo: Made in Paris, in: Plexus, No. 14, Mai 1968, S. 148-149, Paris 0255

FORMIDABLE: Superman, Batman, Bond et Cie, Supplement, No. 26, November 1967, S. 6-7, Paris 0256

FORMIDABLE: Batman, No. 26, November 1967, S. 36-39, Paris 0257

Francois, Edouard: Alley Oop, in: Phénix, No. 2, Januar 1967, S. 35, Paris 0258

Francois, Edouard: Flash Gordon, in: Phénix, No. 3, 1967, S. 2-7, Paris (Mitautor: Pierre Couperie) 0259

Francois, Edouard: La planète Mongo, in: Phénix, No. 3, 1967, S. 17-20, Paris 0260

Francois, Edouard: A propos de la Castafiore, in: Phénix, No. 2, Januar 1967, S. 27-28, Paris 0261

Francois, Edouard: Raymond Macherot, in: Phénix, No. 5, 4. Trimester 1967, S. 1-15, Paris 0262

Franso, Pierre: Un poète imagier: Raymond Poivet, in: Miroir du fantastique, No. 4, Juli-August 1968, S. 182-185, Paris 0263

Fronval, George: La dynastie des Offenstadt, in: Phénix, No. 3, 1967, S. 40-43, Paris 0264

Fronval, George: La dynastie des Offenstadt, in: Phénix, No. 5, 4. Trimester 1967, S. 21-26, Paris 0265

Fronval, George: La dynastie des Offenstadt, in: Phénix, No. 7, 3. Timester 1968, S. 13-16, Paris 0266

Fusco, Sebastiano: Les bandes dessinées de science-fiction en Italie, in: Mercury, No. 13, 1967, S. 67-74, Paris (Mitautor: G. De Turris) 0267

Fusco, Sebastiano: Les bandes dessinées de science-fiction en Italie, in: Mercury, No. 14, Mai-Juni 1967, S. 65-73, Paris 0268

Gauthier, Patrice: Nadal, l'ironique imagier, in: Giff-Wiff, No. 16, Dezember 1965, S. 23, Paris 0269

Goimard, Jacques: Danger, Diabolik, in: Fiction, No. 175, Juni 1968, S. 143-144, Paris 0270

Goimard, Jacques: Lone Sloane, in: Fiction, No. 162, Mai 1967, S. 129-131, Paris 0271

Gurgand, Jean-Noel: Le phénomène Astérix, in: L' Express, No. 796, 19. 9. -25. 9. 66, S. 24-26, Paris 0272

Hegerfors, Sture: La première bande dessinée suédoise, in: Phénix, No. 7, 3. Trimester 1968, S. 2-5, Paris 0273

Herve, J.: Walt Disney, l' homme qui a fait d' une souris une montagne, in: Jeune Afrique, No. 312, 1. 1. 67, S. 56-57, Paris 0274

Heymann, Danièle: Barbarella inspire les paroliers, in: L'Express, No. 849, 25. 9. -1. 10. 67, S. 114, Paris 0275

Horn, Maurice: Agent Secret X-9, in: Phénix, No. 3, 1967, S. 25-27, Paris 0276

Horn, Maurice: Charlie Chan, in: Phénix, No. 2, Januar 1967, S. 1-4, Paris 0277

Horn, Maurice: Histoire de la bande dessinée, in: Informations et Documents, No. 243, 1. 5. 67, S. 20-27, Paris 0278

Horn, Maurice: Miss Peach, ou le chemin des écoliers, in: Phénix, No. 5, 4. Trimester 1967, S. 2-4, Paris 0279

Juin, Hubert: Lone Sloane, in: Les lettres francaises, No. 1160, 19. 1. 67, S. 10, 0280 Paris

Lacassin, Francis: Tarzan à cinquante ans, in: Cinéma 62, No. 65, April 1962, Paris 0281

Lacassin, Francis: L'Age d'or devant nous, in: Giff-Wiff, No. 23, März 1967, S. 1, Paris 0282

Lacassin, Francis: De Forton à Pellos, in: Azur, 1965, Paris 0283

Lacassin, Francis: Bicot, ou les charmes de l' imposture, in: Azur, 1965, Paris (Vorwort zu "Bicot") 0284

Lacassin, Francis: Lucky Luke, in: Giff-Wiff, No. 5, 1965, S. 22, Paris 0285

Lacassin, Francis: Notes sur les apparitions de Félix le chat, dans les bandes dessinées, in: Giff-Wiff, No. 15, 1965, S. 5, Paris 0286

Lacassin, Francis: Un héritier du chat Botté: Félix le chat, in: Giff-Wiff, No. 17, 1966, S. 9, Paris 0287

Lacassin, Francis: Rider Haggard ou le juste en proie aux fantômes, Vorwort zu "Elle", J. J. Pauvert, Paris, 1965 0288

Lacassin, Francis: Introducing Hogarth: Hogarth entre le merveilleux et la démence, in: Giff-Wiff, No. 18, 1966, Paris 0289

Lacassin, Francis: Tarzan, le seigneur de la jungle bien que septuagénaire, reste toujours très vert, in: V-magazine, 1967, Paris 0290

Lacassin, Francis: Tarzan, mythe triomphant, mythe humilié, in: Bizarre, No. 29-30, 1963, Paris 0291

Lacassin, Francis: Du temps que Mandrake n' avait pas peur de la magie, in: CELEG, 1964, Paris, Vorwort zu "Mandrake, roi de la magie" 0292

Lacassin, Francis: Walt Disney, de Rupert le cheval a Mickey la souris, in: Giff-Wiff, No. 19, April 1966, S. 3-7, Paris 0293

Lacassin, Francis: Naissance et influence du journal de Mickey, in: Giff-Wiff, No. 19, April 1966, S. 21-27, Paris 0294

Lacassin, Francis: Bibliographie francaise de Mickey, in: Giff-Wiff, No. 19, April 1966, S. 8-13, Paris 0295

Lacassin, Francis: Bicot, ou les charmes de l'imposture, in: Informations et Documents, No. 221, November 1965, Paris 0296

Lacassin, Francis: Charlie Chan, ou le sage aux sept fleurs, in: Club du livre policier, Editions Opta, Februar 1966, Paris 0297

Lacassin, Francis: Histoire de la littérature populaire, in: Magazine littéraire, No. 9, Juli-August 1967, S. 10-15, Paris 0298

Lacassin, Francis: Mickey et compagnie, in: Les nouvelles littéraires, No. 2051, 22.1.67, S. 3, Paris 0299

Lacassin, Francis: La résurrection du Fantôme, in: Midi-Minuit Fantastique, No. 6, Juni 1963, S. 88, Paris 0300

Lacassin, Francis: Walt Disney et la naissance de Mickey, in: Les nouvelles littéraires, November 1966, Paris 0301

Lapierre, Marcel: Après Astérix Le Gaulois, deux Romains en Gaule, in: La semaine Radio-Tele, No. 9, 25.2.-3.3.67, Paris 0302

Le Gallo, Claude: Blake, Mortimer et la Science-Fiction, in: Phénix, No. 4, 3. Trimester 1967, S. 23-26, Paris 0303

Le Gallo, Claude: Lucky Luke, a poor lonesome cow-boy, in: Phénix, No. 3, 1967, S. 31-32, Paris 0304

Le Gallo, Claude: Le rayon U, in: Phénix, No. 5, 4. Trimester 1967, S. 50, Paris 0305

Le Gallo, Claude: Tintin héros du XXe siècle, in: Phénix, No. 4, 3. Trimester 1967 S. 3-17, Paris 0306

Legrand, Gerard: Barbarella, nouvelle vamp des comics est francaise, in: Arts, 24.2.65, Paris 0307

Leguebe, Eric: Burne Hogarth, in: Phénix No. 7, 3. Trimester 1968, S. 6-8, Paris 0308

Lentz, Serge: La folie Astérix, in: Le nouveau candide, No, 348, 25.12.-31.12.67, S. 4-9, Paris 0309

Lob, Jacques: Les chefs-d'oeuvres de la bande dessinée, Anthologie Planète, Editions Planète, 1967, Paris (Mitautoren: M. Caen, J. Sternberg) 0310

Lob, Jacques: Marie Math, in: Giff-Wiff, No. 22, Dezember 1966, Paris 0311

L'OBI: La collection des bandes dessinées, No. 13, Februar 1967, S. 10-22, Paris 0312

MARIE CLAIRE: Une bande dessinée pour l'amour de Régine Crespin, No. 181, September 1967, Paris 0313

Mauriac, Claude: De Modesty Blaise à Polly Moggoo, in: Le Figaro littéraire, 27.10.66, Paris 0314

Mistler, Jean: Epinal et l'imagerie populaire, Paris 1961 0315

Moliterni, Claude: Vers une définition de la bande dessinée policière, in: Giff-Wiff, No. 10, 1965, S. 9, Paris 0316

MONGO: Burne Hogarth, No. 0, 1967, Paris 0317

MONGO: Entretien avec Sylvan Byck, No. 0, 1967, Paris 0318

Pagnol, Marcel: La famille Fenouillard, Vorwort zum Buch gleichen Titels, Le Livre de poche, Librairie Armand Colin, Paris, 1965 0319

Parinaud, André: Modesty Blaise: une monte religieuse snob, in: Arts, 19. 10. 66, Paris 0320

Perrout, R.: Les images d' Epinal, Paris 1910 0321

Pottar, O.: Astérix, le druide, le guide et la potion magique, in: Arts, 23. 2. 66, Paris 0322

Pottar, O.: Diabolik et Satanik, ou le conformisme du sexe, in: Arts, 10. 8. 66, Paris 0323

Ragón, Michel: Le dessin d' humor, Arthème Fayard, Paris, 1960 0324

Regnier, Michel: Le roi de la police montée, in: Giff-Wiff, No. 9, 1965, Paris 0325

Resnais, Alain: Bibliographie de Dick Tracy, in: Giff-Wiff, No. 21, 1966, Paris, (Mitautor: A. Tercinet) 0326

Romer, Jean-Claude: Superman, in: Giff-Wiff, No. 3, 1965, S. 5, Paris 0327

Romer, Jean-Claude: La petite Annie, in Giff-Wiff, No. 5, 1965, S. 2, Paris 0328

Romer, Jean-Claude: Barbarella, mon amour, in: Giff-Wiff, No. 11, 1965, S. 4, Paris 0329

Romer, Jean-Claude: Batman, in: Midi-Minuit Fantastique, No. 18-19, Dezember 1967, S. 101, Paris 0330

Roy, Claude: Mickey Mouse et Babitt, in: Action, No. 130, 28. 3. 65, Paris 0331

Saint-Laurent, Ives: La villaine Lulu, Edition Tchou, Paris, 1966 0332

Santelli, Claude: Bicot, ou la révanche du naturel, in: Azur, 1965, Vorwort zum Buch gleichen Titels, Paris 0333

Scott, Kenneth W.: Batman et la camp in: Midi-Minuit Fantastique, No. 14, Juni 1966, Paris 0334

Scott, Kenneth W.: A propos de Flash Gordon, in: Midi-Minuit Fantastique, No. 9, Juli 1964, S. 53-55, Paris 0335

Siclier, Jacques: Bonne année, Popeye, in: Giff-Wiff, No, 17, Januar 1966, S. 11, Paris 0336

SOCERLID: Catalogue Burne Hogarth, 1966, Paris 0337

Soumille, Gabriel: Tarzan, l' homme-singe, in: Educateurs, No. 48, November-Dezember 1953, S. 299-301, Paris 0338

Sternberg, Jacques: Les aventures de Jodelle, Vorwort zum Buch gleichen Titels, Le Terrain Vague, 1966, Paris 0339

Sternberg, Jacques: Les Chefs-d' oeuvres de la bande dessinée, Anthologie Planète, Editions Planète, 1967, Paris (Mitautoren: M. Caen und J. Lob) 0340

STOP: Les fils de Fantomas, No. 70,

1967, Paris 0341

Tchernia, Pierre: Un vieux copain tout jeune, in: Giff-Wiff, No. 19, April 1966, S. 28-29, Paris 0342

Teisseire, Guy: Illico, Blondie, Le Fantôme, les héros des bandes dessinées ont désormais une histoire... et des historiens, in: L' Aurore, 15. 3. 66, Paris 0343

Tercinet, Alain: Bronc Peeler, in: Giff-Wiff, No. 20, 1966, S. 21, Paris 0344

Tercinet, Alain: Bibliographie de Dick Tracy, in: Giff-Wiff, No. 21, 1966, Paris (Mitautor: A. Resnais) 0345

Theroux, Paul: Tarzan: un affreux au pays des merveilles, in: Jeune Afrique, 14. 1. 68, Paris 0346

Turquetit, Andréa: De Barbarella à Forest, in: Miroir du Fantastique, Bd. 1, No. 8, Dezember 1968, S. 388-395, Paris 0347

Ugeux, William: Introduction à la bande dessinée belge, in: Phénix, No. 7, 3. Trimester 1968, S. 63-68, Paris 0348

Vankeer, Pierre: L' as: histoire d' un illustré entre la tradition et le modernisme, in: Giff-Wiff, No. 22, Dezember 1966, Paris 0349

Vielle, Henri: Un cousin de Tarzan, Drago, in: Giff-Wiff, No. 18, 1966, Paris 0350

ITALIEN

Abbà, A.: I fumetti. Indagine comparativa sulle letture dei ragazzi, in: Società umanitaria, lettura giovanile e cultura popolare in Italia, Florenz 1962 (Mitautor: F. Rossi) 0361

Ajello, Nello: Gli album d' avventura, in: Il Mulino, April 1953, Bologna 0362

Albertarelli, Rino: Antonio Rubino, in: Linus, No. 1, 1965, Mailand 0363

Angeli, Lisa: 007, antenati e pronipoti, in: BIG, No. 1, 1965, Rom 0364

Banas, Pietro: Il gattogatto Felix, in: Linus, No. 36, März 1968, S. 1-19, Mailand 0365

Barilla, Guiseppe: Il fumetto sta conquistando la nuova generazione di narratori, in: Il Messaggero, 16. 1. 67, Rom 0366

Baruzzi, A.: Dal mondo de Topolino al mondo di Paperino. Un' importante svolta del fumetto disneyano, in: Quaderni di communicazioni di massa, No. 1, 1965, Rom 0367

Bernazzali, Nino: Dick Tracy in Italia, in: Comics World, Sondernummer, September 1967, Genua (Mitautor: G. Bono) 0368

Bernazzali, Nino: Artisti italiani Aurelio Galleppini, in: Comics World, No. 1, Januar 1968, Genua 0369

Bertieri, Claudio: L' universo dimenticato di Antonio Rubino, in: Il Lavoro Nuovo, 14. 3. 65, Genua 0370

Bertieri, Claudio: Linus, anno primo, numero uno, in: Il Lavoro Nuovo, 1. 5. 65 Genua 0371

Bertieri, Claudio: Barbarella disinvolta cosmonauta, in: Il Lavoro Nuovo, 8. 5. 65 Genua 0372

Bertieri, Claudio: Un principe spericolato alla corte di re Artú, in: Il Lavoro Nuovo, 24. 7. 65, Genua 0373

Bertieri, Claudio: Le aventure di Pogo e di Albert, in: Il Lavoro Nuovo, 10. 3. 66 Genua 0374

Bertieri, Claudio: I comics nello spettaculo USA, in: Quaderni di communicazioni di massa, No. 1, 1965, Rom 0375

Bertieri, Claudio: Il delatore degli anni 60, in: Il Lavoro Nuovo, 24. 6. 65, Genua 0376

Bertieri, Claudio: Gli Addams, in: Cinema 60, No. 58, April 1956, Rom 0377

Bertieri, Claudio: Alley Oop candido cavernicolo, in: Il Lavoro, 4. 8. 66, Genua 0378

Bertieri, Claudio: Banda stagnata e banda disegnata, in: Finsider, No. 6, Oktober 1967, Rom 0379

Bertieri, Claudio: Barbarella: licenza di uccidere mostri, in: Il Lavoro, 21. 9. 66, Genua 0380

Bertieri, Claudio: Batman: eroe disnezzato, in: Il Lavoro, 22. 5. 66, Genua 0381

Bertieri, Claudio: B. C. e Barbarella, in: Cinema 60, No. 57, März 1966, Rom 0382

Bertieri, Claudio: Il bravo cittadino Yokum, in: Il Lavoro, 12. 9. 66, Genua 0383

Bertieri, Claudio: Doolittle e Diabolik, in: Il Lavoro, 23. 2. 68, S. 3, Genua 0384

Bertieri, Claudio: Flipper tutto Beat, in: Il Lavoro, 16. 6. 67, Genua 0385

Bertieri, Claudio: Un giannino Albionico di Ronald Searle, in: Il Lavoro, 31. 3. 67, Genua 0386

Bertieri, Claudio: L' invasione degli ultracorpi, in: Il Lavoro, 22. 6. 63, Genua 0387

Bertieri, Claudio: I normalissimi Addams in: Il Lavoro, 7. 5. 66, Genua 0388

Bertieri, Claudio: Novità per l' estate, in: Il Lavoro, 1966, Genua 0389

Bertieri, Claudio: I quadretti della rivoluzione d' ottobre, in: Il Lavoro, 3. 11. 67, Genua 0390

Bertieri, Claudio: Un Radar per i giovanni, in: Il Lavoro, 12. 1. 68, Genua 0391

Bertieri, Claudio: Il ritorno di Topolino, in: Il Lavoro Nuovo, 10. 2. 67, Genua 0392

Bertieri, Claudio: Il semper giovanne Tex, in: Il Lavoro, 22. 9. 67, S. 3, Genua 0393

Bertieri, Claudio: Il sergente Kirk di Hugo Pratt, in: Il Lavoro, 14. 7. 67, Genua 0394

Bertieri, Claudio: La squadra Tumo, in: Il Lavoro, 14. 4. 67, Genua 0395

Bertieri, Claudio: Un tempio per il cavernicolo Uup, in: Comics Almanacco Salone Internazionale dei Comics, Juni 1967, S. 60, Rom 0396

Bertieri, Claudio: Tempo di Posters, in: Il Lavoro, 26. 1. 68, Genua 0397

Bertieri, Claudio: Trent' anni dopo: il "Bertoldo", in: Il Lavoro, 25. 8. 67, Genua 0398

Bertieri, Claudio: L' uomo vestito di grigio, in: Il Lavoro, 11. 8. 67, Genua 0399

Bertieri,Claudio: Valiant i un principe coraggioso con ré Artu,in:Il Lavoro, 24.7.65, Genua 0400

Bertieri,Claudio: Walt Disney,mito americano,in:Cinema 60,No.61,Juli 1967,Rom 0401

Bertieri,Claudio: Walt Disney: un "mago" saggio e intraprendent,in:Civilta dell' Imagine,No.1,April 1967,S.14-15, Florenz 0402

Bertoluzzi,Attilio: Bonaventura,Garzanti,1964, Mailand 0403

Biamonte,S.G.: Gordon,Uomo mascherato,Superman,l' evasione in pantofole, in:Il Giornale d' Italia,12.2.65, Rom 0404

Biamonte,S.G.: La folk cronaca dei cantastorie,in:Linus,No.37,April 1968, S.69-72, Mailand 0405

Biamonte,S.G.: Che ne è di Diana Palmesi?,in:Linus,No.25,April 1966,S. 1-9, Mailand 0406

Biamonte,S.G.: Moby Dick,in:Sgt. Kirk,No.3,September 1967,S.63-64, Mailand 0407

Biamonte,S.G.: I fumetti cantano,in: Sgt.Kirk,No.11-12,Mai-Juni 1968,S. 14-18, Mailand 0408

Biamonte,S.G.: S.O.S. Svalbard,in: Kirk,No.5,November 1967,S.1-3, Genua 0409

Biamonte,S.G.: Terry and the Pirates, un fumetto per faldi,in:Sgt.Kirk,No. 15,September 1968,S.72-73, Genua 0410

Bono,Giani: Bibi e Bibó,in:Sgt.Kirk, No.15,September 1968,S.66,Genua 0411

Bono,Giani: Blondie,in:Sgt.Kirk,No. 15,September 1968,S.66,Genua 0412

Bono,Giani: Bob Star il poliziotto dai capelli rossi,in:Comics World,No.1, Juni 1968,Genua(Mitautor:E.Ferraro) 0413

Bono,Giani: Chester Gould,in:Comics World,Sondernummer,September 1967, Genua 0414

Bono,Giani: Dick Tracy in Italia,in: Comics World,Sondernummer, September 1967,Genua(Mitautor:N.Bernazzali) 0415

Bono,Giani: Oopo Roy Crane...,in: Comics World,No.3,Juni 1968, S.11-12, Genua 0416

Bono,Giani: Due parole su...l' Ispettore Wade,in:Comics World,No.2, März 1968,S.1,Genua 0417

Bono,Giani: The Great Comic Book Heroes,in:Comics World,No.1,Januar 1968, Genua 0418

Bono,Giani: Henry,in:Sgt.Kirk,No.15, September 1968,S.66, Genua 0419

Bono,Giani: Piccolo Re,in:Sgt.Kirk, No.15,September 1968,S.67, Genua 0420

Bono,Giani: Pubblicazione italiana di Red Barry,in:Comics World,No.1, Januar 1968,Genua(Mitautor:E.Ferraro) 0421

Caldiron,Orio: Buster Brown,in:Sgt. Kirk,No.15,September 1968,S.44-46, Genua 0422

Caldiron,Orio: Rubino Liberty,in:Sgt. Kirk,No.16,Oktober 1968,S.72-75, Genua 0423

Calisi,Romano: L' avventurosa storia dei fumetti brasiliani,in:Comics,Archivio italiano della stampa a fumetti,September 1966,S.15-21, Rom 0424

Calzavara,Elisa: Ancora sui comics USA,in:Comics,Archivio italiano della stampa a fumetti,September 1966,S.27 28, Rom 0425

Calzavara,Elisa: Ancora sui comics USA,in:Fantascienza Minore,Sondernummer,1967,S.52-54, Mailand 0426

Calzavara,Elisa: The Spirit,in:Comics Almanacco,Salone Internazionale dei Comics,Juni 1967,S.90, Rom 0427

Caniff,Milton: Male Call,in:Sgt.Kirk, No.9,März 1968,S.93, Genua 0428

Carano,Ranieri: I nipotini di Busch,in: Linus,No.7,1965, Mailand 0429

Carano,Ranieri: L' escalation di Jules Feiffer,in:Linus,No.30,September 1967, S.1-7, Mailand 0430

Carano,Ranieri: Gé Bé,l' incubo buono, in:Linus,No.41,August 1968,S.1-9, Mailand 0431

Carano,Ranieri: Hara Kiri per Wolinski, in:Linus,No.35,Februar 1968,S.1-7, Mailand 0432

Carano,Ranieri: Prologo a:Il cittadino Yokum,Libri Edizioni,1967,S.5-9,Mailand 0433

Carano,Ranieri: Little Orphan Nixon,in: Linus,No.38,Mai 1968,S.63-64, Mailand 0434

Carano,Ranieri: A propos de Lucques, in:Linus,No.29,August 1967,S.1-3, Mailand 0435

Carpi,P.: Un eroe degli anni trenta, 1967, Italien(Mitautor:M.Gazzarri) 0436

Carpi,P.: In Sicilia vogliono Batman, 1967, Italien,(Mitautor:M.Gazzarri) 0437

Carpi,P.: Mad,in:Comics Club,No.1, April-Mai 1967,S.76-81, Mailand (Mitautor:A.Castelli) 0438

Castelli,Alfredo: Amok,il gigante mascherato,in:L' asso di Picche,Sondernummer,Juni 1966,S.15,Mailand, (Mitautor:P.Sala) 0439

Castelli,Alfredo: L' avventuroso,in: Eureka,No.6,April 1968,S.53-54,Mailand 0440

Castelli,Alfredo: Bibliografia di Flash Gordon negli Stati Uniti,in: Comics,No.4,Dezember 1966,S.13-14, Mailand 0441

Castelli,Alfredo: Bibliografia di Steve Canyon,in:Comics Club,No.1,April-Mai 1967,S.70,Mailand,(Mitautor:R. Francchini) 0442

Castelli,Alfredo: Bibliografia di Tarzan,in:Comics Club,No.1,April-Mai 1967,S.39-40,Mailand,(Mitautor:R. Francchini) 0443

Castelli,Alfredo: Bibliografia di Terry, in:Comics Club,No.1,April-Mai 1967, S.65,Mailand,(Mitautor:R.Francchini) 0444

Castelli,Alfredo: Bibliografia di The Spirit,in:Comics,No.4,Dezember 1966, S.24, Mailand 0445

Castelli, Alfredo: Bibliografia italiana di Gordon, in:Comics, No. 4, Dezember 1966, S. 15-16, Mailand, (Mitautor:S. Trinchero) 0446

Castelli, Alfredo: Bibliografia orientativa di Walt Disney in USA, in:Guida a Topolino, November 1966, S. 34-36, Mailand 0447

Castelli, Alfredo: Cronologia di Tarzan, in:Comics Club, No. 1, April-Mai 1967, S. 35-38, Mailand 0448

Castelli, Alfredo: Gli E. C. Horroc Comics, in:Comics Club, No. 1, April-Mai 1967, S. 73-75, Mailand 0449

Castelli, Alfredo: I giganti del fumetto Topolino, in:Eureka, No. 5, März 1968, S. 53-54, Mailand 0450

Castelli, Alfredo: Il gruppo Marvel, in: Linus, No. 14, Juli 1966, S. 1-7, Mailand, (Mitautor:P. Sala) 0451

Castelli, Alfredo: La historieta argentina, in:Comics, Sondernummer, April 1966, S. 3-5, Mailand 0452

Castelli, Alfredo: Mad, in:Comics Club, No. 1, April-Mai 1967, S. 76-79, Mailand, (Mitautor:P. Carpi) 0453

Castelli, Alfredo: Il nuovo Gordon degli albi King, in:Comics, No. 4, Dezember 1966, S. 3-4, Mailand 0454

Castelli, Alfredo: Phantom made in Italy, L' Asso di Picche, in:Comics, Sondernummer, April 1956, S. 14-15, Mailand 0455

Castelli, Alfredo: The Spirit, in:Comics, No. 4, Dezember 1966, S. 18, 23, Mailand 0456

Castelli, Alfredo: Storia del fumetto americano, in:Comics-Bolletino dei Comics Club 104, 1. 4. 66, Mailand, (Mitautor:P. Sala) 0457

Castelli, Alfredo: Tarzan nei comic books, in:Comics Club, No. 1, April-Mai 1967, S. 33-34, Mailand 0458

Castelli, Alfredo: Terry and the Pirates, in:Comics Club, No. 1, April-Mai 1967, S. 61-64, Mailand, (Mitautor:G. De Gaetani) 0459

Castelli, Alfredo: Walt Disney Cartoonists, in:Eureka, No. 4, Februar 1968, S. 25-26, Mailand 0460

Castelli, Alfredo: I Walt Disney italiani, in:Guida a Topolino, November 1966, S. 35-39, Mailand 0461

Cavallone, Bruno: Alla scoperta dei Peanuts, in:Linus, No. 1, 1965, Mailand 0462

Cavallone, Bruno: Pogo e la contea di Okefenokee, in:Linus, No. 4, 1965, Mailand 0463

Cavallone, Bruno: Krazy Kat, in:Linus, No. 6, 1965, Mailand 0464

Cavallone, Bruno: Ronald Searle, in:Linus, No. 20, November 1966, Mailand 0465

Cavallone, Bruno: Uno specchio per Alice, in:Linus, No. 33, Dezember 1967, S. 1-7, Mailand 0466

COMICS CLUB: Guida a Topolino, November 1966, 42. S., Mailand 0467

COMICS CLUB: Bibliografia di Tarzan in:No. 1, April-Mai 1967, S. 22, Mailand 0468

COMICS CLUB: L' Ispettore Wade,

Vorwort zu "La chiave d'argento", Supplement zur No.1,1967,Mailand 0469

COMICS CLUB: John Carter of Mars, No.1,April-Mai 1967,S.23, Mailand 0470

COMICS WORLD: Publicazione italiana de L'Ispettore Wade,No.2,Sondernummer,März 1968,S.2, Genua 0471

COMICS WORLD: Steve Canyon in Italia,No.0,1966, Genua 0472

Couperie,Pierre: Roy Crane,un artista, due eroi,in:Comics World,No.3,Juni 1968,S.4-10, Genua 0473

De Gaetani,Giovanni: Milton Caniff,in: Comics Club,No.1,April-Mai 1967,S. 60, Mailand 0474

De Gaetani,Giovanni: Steve Canyon,in: Comics Club,No.1,April-Mai 1967,S. 67-69, Mailand 0475

De Gaetani,Giovanni: Terry and the Pirates,in:Comics Club,No.1,April-Mai 1967,S.61-64,Mailand,(Mitautor: A.Castelli) 0476

De Giacomo,Franco: Topolino,in:Linus, No.9,1965, Mailand 0477

De Giacomo,Franco: L'Audace,in:Linus,No.15,1966,S.1-7,Mailand,(Mitautor:E.Ferraro,G.Salvucci) 0478

De Giacomo,Franco: Il caso Robinson, in:Linus,No.32,November 1967,S.1-5, Mailand 0479

De Giacomo,Franco: I fumetti inglesi dagli inizi al' 30,in:I fumetti,Instituto della Pedagogia dell' università di Roma,No.9,Juni 1967,S.127-134, Rom 0480

Del Buono,Oreste: Caro vecchio Flash Gordon,in:Corriere d'Informazione, 1964, Mailand 0481

Del Buono,Oreste: Flash Gordon,in: Linus,No.4,1965, Mailand 0482

Del Buono,Oreste: Dick Tracy comics al cappone,in:Linus,No.3,1965, Mailand 0483

Del Buono,Oreste: Felix mio mao, Garzanti,1965, Mailand 0484

• Del Buono,Oreste: Arcibaldo e Petronilla,Garzanti,1966, Mailand 0485

Del Buono,Oreste: Ma chi era Gordon?,in:Linus,No.44,November 1968, S.30, Mailand 0486

Del Buono,Oreste: Il ritorno del primi eroi della nostra infanzia,in: L'Europeo,No.58,1967, Mailand 0487

Della Corte,Carlo: I comics in Italia, oggi,in:Almanacco letterario Bompiani,1963, Mailand 0488

Della Corte,Carlo: Nuovi eroi del fumetto,in:Avanti,23.8.55, Mailand 0489

Della Corte,Carlo: Mickey Mouse aggiornato,in:Il Contemporaneo,13.7.57, Mailand 0490

Della Corte,Carlo: Da Gulliver a Superman,in:Il Caffe,Mai 1957, Mailand 0491

Della Corte,Carlo: I generosi eroi chifanno amare la vita,in:Oggi illustrato,30.8.64, Mailand 0492

Della Corte,Carlo: Anche gli eroi (gualche volta)muoiono,in:Eureka,No. 5,März 1968,S.1-4, Mailand 0493

Della Corte, Carlo: Dall' Avventuroso a Eureka, in:Eureka, No. 1, November 1967, S. 1-2, Mailand 0494

Della Corte, Carlo: Una bella coppia, in:Eureka, No. 2, Dezember 1967, S. 1-4, Mailand 0495

Della Corte, Carlo: Ernie Pike, in:Sgt. Kirk, No. 4, Oktober 1967, S. 26-27, Genua 0496

Della Corte, Carlo: Il favoloso Dick Fulmine, in:Collana Anni Trenta, No. 1, 6. 6. 67, S. 4, Mailand 0497

Della Corte, Carlo: Jonny Hazzard: divertire, non convertire, in:Smack, No. 2, März 1968, S. 1-2, Mailand 0498

Della Corte, Carlo: Sergent Kirk, in: Sgt. Kirk, No. 1, Juli 1967, S. 70, Genua 0499

Della Corte, Carlo: Terry e i pirati, in: Sgt. Kirk, No. 1, Juli 1967, S. 70, Genua 0500

Della Corte, Carlo: Walt Disney, un anno doppo, in:Eureka, No. 4, Februar 1968, S. 1-7, Mailand 0501

De Turris, Gianfranco: Barbarella/Jane, in:Sgt. Kirk, No. 7, Januar 1968, S. 1-5, Genua, (Mitautor:S. Fusco) 0502

De Turris, Gianfranco: Gli anni di Dick Fulmine, in:Linus, No. 26, Mai 1967, S. 1-5, Mailand, (Mitautor:S. Fusco) 0503

De Turris, Gianfranco: The stupid New Orleans Jac Band, in:Linus, No. 27, Juni 1967, S. 63-66, Mailand, (Mitautor:S. Fusco) 0504

Eco, Umberto: Charlie Brown e i fumetti, in:Linus, No. 1, 1965, Mailand 0505

EPOCA: Ecco el famoso Astérix, 11. 12. 66, S. 140-141, Mailand 0506

L' ESPRESSO: Mandrake sale in cattedra, 17. 7. 64, Mailand 0507

Eudes, Dominique: René Goscinny, in: Linus, No. 13, 1966, S. 1, Mailand 0508

L' EUROPEO: Romanità, sesso e fumetto, in:L' Europeo, No. 1005, 27. 1. 66, Rom 0509

L' EUROPEO: Il riorno di Dick Fulmine, 13. 7. 67, S. 82, Mailand 0510

Fabrizzi, Paolo: Arcibaldo e Petronilla, in:Mondo Domani, 22. 9. 68, Mailand, (Mitautoren:S. Trinchero und R. Traini) 0511

Fabrizzi, Paolo: Bibí é Bibò, in:Mondo Domani, No. 22, 2. 6. 68, Mailand, (Mitautoren:S. Trinchero und R. Traini) 0512

Fabrizzi, Paolo: Buster Brown, in:Mondo Domani, Supplement Mondo Ragazzi, 28. 7. 68, Mailand, (Mitautoren:S. Trinchero und R. Traini) 0513

Fabrizzi, Paolo: Cirillino, in:Mondo Domani, 25. 8. 68, Mailand, (Mitautoren: S. Trinchero und R. Traini) 0514

Fabrizzi, Paolo: Fortunello, in:Mondo Domani, 30. 6. 68, Mailand, (Mitautoren: S. Trinchero und R. Traini) 0515

Fabrizzi, Paolo: Il gatto Felix, in:Mondo Domani, 17. 11. 68, Mailand, (Mitautoren:S. Trinchero und R. Traini) 0516

Fabrizzi, Paolo: Il Signor Bonaventura, in:Mondo Domani, 20. 10. 68, Mailand, (Mitautoren:S. Trinchero und R. Traini) 0517

Facchini, G. M.: Dal mondo di Topolino al mondo di Paperino. Un' importante svolta del fumetto disneyano, in: Quaderni di communicazioni di massa No. 1, 1965, Rom, (Mitautor: A. Baruzzi) 0518

Fenzo, Stellio: Kiwi il figlio della Jungla, in: Sgt. Kirk, No. 5, November 1967, S. 104-105, Genua 0519

Ferraro, Ezio: L' Audace, in: Linus, No. 15, 1966, S. 1-7, Mailand, (Mitautoren: F. De Giacomo, G. Salvucci) 0520

Ferraro, Ezio: Bob Star il poliziotto dai capelli rossi, in: Comics World, No. 1, Januar 1968, Genua, (Mitautor: G. Bono) 0521

Ferraro, Ezio: Buck il primo, in: Sgt. Kirk, No. 8, Februar 1968, S. 26-31, Genua 0522

Ferraro, Ezio: Pubblicazione italiana di Red Barry, in: Comics World, No. 1, Januar 1968, Genua, (Mitautor: G. Bono) 0523

Ferraro, Ezio: Sergente Fury riposa in pace, in: Sgt. Kirk, No. 16, Oktober 1968, S. 58-65, Genua, (Mitautor: G. Brunoro) 0524

Ferraro, Ezio: 7 volti per X-9, in: Sgt. Kirk, No. 10, April 1968, Genua 0525

Ferraro, Ezio: La storia del giornalismo italiano, in: Sgt. Kirk, No. 11-12, Mai-Juni 1968, S. 53-67, Mailand 0526

FILM-TV-Spettacolo: Esplode in Sicilia il mito di Fenomenal, No. 65, 10. 5. 68, Mailand 0527

Fini, Luciano: Alex Raymond, in: Sagittarius, Mai 1965, S. 3, Mailand, (Mitautor: A. Massarelli) 0528

Fini, Luciano: Il giustiziere della jungla: The Phantom, in: Sagittarius, Juli 1965, S. 3, Mailand, (Mitautor: A. Massarelli) 0529

Fini: Luciano: Harold Foster, in: Sagittarius, August 1965, S. 3, Mailand, (Mitautor: A. Massarelli) 0530

Fini: Luciano: Un personaggio della fantasia: Mandrake, l' uomo del misterio, in: Sagittarius, Juni 1965, S. 3, Mailand, (Mitautor: A. Massarelli) 0531

Fossati, Franco: Batman, in: SF Francese, April 1966, Mailand 0532

Fossati, Franco: Batman, in: Fantascienza Minore, Sondernummer, 1967, S. 19-21, Mailand 0533

Fossati, Franco: B. C., in: Fantapolitica, Februar 1966, Rom 0534

Fossati, Franco: Brick Bradford, in: Special SF, August-Oktober 1966, Mailand 0535

Fossati, Franco: Incontro con Ugo Pratt, in: Comics World, No. 1, Januar 1968, Genua 0536

Fossati, Franco: Magnas, in: Fantasy, November-Dezember 1966, Mailand 0537

Fossati, Franco: Mandrake, in: Vega SF, März 1966, Mailand 0538

Fossati, Franco: Nembo Kid, in: Arlecchinata, in: Fantascienza, Januar, 1966, Rom 0539

Fossati, Franco: Superman, in: Fantascienza Minore, Sondernummer, 1967, S. 45-47, Mailand 0540

Fossati, Franco: Superman, in: Sgt. Kirk,

No.13,Juli 1968,S.53-68,Genua 0541

Fossati,Franco: Superman:un discutible campione degli oppressi,in: Corriere mercantile,5.8.68, Mailand 0542

Fossati,Franco: Wonder Woman,in:Siderea,Mai 1966, Mailand 0543

Franchini,Rolando: Bibliografia di Steve Canyon,in:Comics Club,No.1,April-Mai 1967,S.70,Mailand,(Mitautor:A. Castelli) 0544

Franchini,Rolando: Bibliografia di Tarzan,in:Comics Club,No.1,April-Mai 1967,S.39-40,Mailand,(Mitautor:A. Castelli) 0545

Franchini,Rolando: Bibliographia di Terry,in:Comics Club,No.1,April-Mai, 1967,S.65,Mailand,(Mitautor:A. Castelli) 0546

Frascati,Gianpaolo: Il più vecchio bambino del mondo: Walt Disney,in: Eureka,No.4,Februar 1968,S.9-10,Mailand 0547

Fusco,Sebastiano: Gli anni di Dick Fulmine,in:Linus,No.26,Mai 1967,S.1-5,Mailand,(Mitautor:G. De Turris) 0548

Fusco,Sebastiano: Barbarella/Jane,in: Sgt.Kirk,No.7,Januar 1968,S.1-5,Genua,(Mitautor:G. De Turris) 0549

Fusco,Sebastiano: The Stupid New Orleans Jac Band,in:Linus,No.27,Juni 1967,S.63-66,Mailand,(Mitautor:G. De Turris) 0550

Gasca,Luis: Storia dei fumetti alla Spagna,in:Quaderni di communicazioni di massa,No.6,1965, Rom 0551

Gasca,Luis: Guilietta degli fumetti,in: Film Ideal,No.186,1965, Rom 0552

Gazzarri,Michele:Un eroe degli anni trenta,in:Mailand,1967,(Mitautor:P. Carpi) 0553

Gazzarri,Michele: In Sicilia vogliono Batman,Mailand,1967,(Mitautor:P. Carpi) 0554

Gazzarri,Michele: Pinocchio rivisto da Manca,Mailand,1967,(Mitautor:P. Carpi) 0555

Gerosa,Guido: Disney: nella sua favola,la morte non c' era,in:Epoca, No.848,25.12.66,S.72-79,Mailand 0556

Gerosa,Guido: Diventerano tutti Nembo Kid?,in:ABC,28.6.64, Mailand 0557

Giacomo,Franco de: I "fumetti"inglesi dagli inizi al' 30,in:I fumetti,Juni 1967,S.127-134, Rom 0558

Giuffredi,E.: Mandato d' arresto per Barbarella,in:Novella,No.20,16.5.65, Mailand 0559

Griego,Guiseppe: Assolti con formula piena Pecos Bill e compagni,in:Il Corriere d' Informazione,30.6.55, Mailand 0560

Heimer,Mel: Milton Caniff,in:Comics World,No.0,1966, Genua 0561

Lacassin,Francis: Foster,o la serenità. Hogarth,o l' inquietudine,in:Comics Club,No.1,April-Mai 1967,S.27-28, Mailand 0562

Laura,Ernesto G.: Il Disney stampato, in:Blanco e nero,Juli-September 1967, S.42-62, Rom 0563

Laura,Ernesto G.: Topolino negli anni trenta,in:Comics Almanacco,Juni 1967, S.52, Rom 0564

Lavezzolo,Andrea: Petrosino,il grande poliziotto italo-americano,in:Sgt.Kirk, No.15,September 1968,S.59-61, Genua 0565

LE ORE: Gli eroi del nostro tempo,in: Le Ore,6.1.66,S.36, Mailand 0566

Leydi,Roberto: Il ritorno di Gordon Flash,in:L' Europeo,10.8.64, Mailand 0567

LINUS: Theo,di Ralph Steadman,No.29, August 1967,S.37, Mailand 0568

LINUS: Jean Claude Forest. Un intervista con l' autore di Barbarella,No.31, Oktober 1967,S.1-4, Mailand 0569

LINUS: The Spirit,No.43,Oktober 1968, S.60, Mailand 0570

LINUS: L' Eleganza di Sto,No.42,September 1968,S.1-5, Mailand 0571

Longatti,Alberto: Fumetti di Guido Crepax,in:Ausstellungskatalog,La Colonna,1968, Como 0572

Mariani,Enzo: Gordon,in:Fantascienza Minore,Sondernummer,1967,S.61-62, Mailand 0573

Mariani,Enzo: Thunder Agents,in:Fantascienza Minore,Sondernummer,1967, S.55-56, Mailand 0574

Marini,A.: ...che cosa avete contro Diabolik?,in:Linus,No.15,Juni 1966, Mailand 0575

Martinori,Nato: Fumetti che passione! I vecchi fumetti degli Anni Trenta tornano nelle edicole in una serie de ristampe,in:Vita,No.442,4.10.67,S. 36-37, Rom 0576

Mc Geehan,John and Tom: Index to Walt Disney's Comics and Stories,in: Guida a Topolino, November 1966, S.30-33, Mailand 0577

Mc Greal,Dorothy: Il Burroughs sconosciuto,in:Comics Club,No.1,April-Mai 1967,S.19-20, Mailand 0578

Millo,Stelio: I fumetti in Jugoslavia, in:Comics World,Juni 1968,S.27-29, Genua 0579

Mosca,Benedetto: Anche i fumetti hanno la loro storia,in:L' Europeo, 10.3.-24.3.57, Mailand 0580

Muscio,L.: Omaggio a Raymond,in: Comic Art,No.4,Januar 1967,Mailand 0581

Natoli,Dario: Arriva Uup,in:L' Unità, 11.9.65, Mailand 0582

Natoli,Dario: Fascismo e antifascismo in IO anni di fumetto italiano:L' Unità,28.9.66, Mailand 0583

Natoli,Dario: Fra' Salmastro di Lenari ed i Pirati Spaziali di Crepax,in:L' Unità,9.2.67, Mailand 0584

Natoli,Dario: Fra' Salmastro di Lenari ed i Pirati Spaziali di Crepax,in: Fantascienza Minore,Sondernummer, 1967,S.22-24, Mailand 0585

Natoli,Dario: Guido Bazzelli si rivolta,in:Sgt.Kirk,No.7,Januar 1968,S.29-31, Genua 0586

Naviglio,L.: Selene,in:Nuovi Orizzanti,No.4,1967, Mailand 0587

Oppo,Cipriano E.: Origine di Topolino,in:L' Ore,3.9.44, Mailand 0588

PAESE SERA: Feiffer,uno spione argento che è uno stimolo per tutti,20.1.68 Mailand 0589

Pascal,David: Burne Hogarth,il Michelangolo dei fumetti,in:Comics,Archivio italiano della stampa a fumetti,September 1966,No.1,S. 8-13, Rom 0590

Patania,Luigi: Satanik,Kriminal e C.: i valori se ne vanno in fumetto,in: L' Azione Giovanile,13.4.65, Mailand 0591

Pedrocchi,Carlo: Federico Pedrocchi,in: Linus,No.39,Juni 1968,S.1-8, Mailand 0592

Pratt,Hugo: Hugo Pratt,in:Sgt.Kirk, No.6,Dezember1967,S.89-91, Genua 0593

Prever,Giorgio: Alfy il robot. La coscienza critica e le sue trasformazioni, in:Sgt.Kirk,No.6,Dezember 1967,S.49 Genua 0594

Pucciarelli,M.: Domenica con gli Addams,in:Settimana Incom,24.4.66, Mailand 0595

Quarantotto,Claudio: Satanik,Kriminal,Fantax e Co.,in:Il Borghese,25.3.65, Mailand 0596

Rodari,Gianni: Gordon ritorna,in:Paese Sera,17.8.64, Mailand 0597

Rusconi,Marisa: L' amico Licantropo,in: Settimana Incom,No.44,31.10.65,S.44-47, Mailand 0598

Rusconi,Marisa: Il dottor Crepax,suppongo...,in:Linus,No.44,November 1968,S.1-9, Mailand 0599

Sala,Paolo: Amok,il gigante mascherato,in:L' Asso di Picche,Sondernummer, Juni 1966,S.15, Mailand,(Mitautor:A. Castelli) 0600

Sala,Paolo: Da Superman a Nukla:I magnifici eroi dei comic books,in: Comics,Sondernummer,April 1966,S. 6-12, Mailand,(Mitautor:A. Castelli) 0601

Sala,Paolo: Da Superman a Nukla: I magnifici eroi dei comic books,in: Fantascienza Minore,Sondernummer, 1966,S.8-11,Mailand,(Mitautor:A. Castelli) 0602

Sala,Paolo: Storia del fumetto americano,in:Comics-Bolletino di Comics-Club 104,1.4.66,Mailand,(Mitautor: A. Castelli) 0603

Salvucci,Giorgio: L' Audace,in:Linus, 1965,Mailand,(Mitautoren:E. Ferraro, D. De Giacomo) 0604

Salvucci,Giorgio: I periodici italiani a fumetti,in:Comics,No.1,September 1966,Rom,(Mitautor:S. Trinchero) 0605

Seal,Basil: Edward Lear e il nonsense, in:Linus,No.21,Dezember 1966,S.1-7, Mailand 0606

Tortora,Enzo: I figli di 007,Sadik, Diabolik,Magik,Kriminal.,in:La Nazione,12.5.65, Mailand 0607

Traini,Rinaldo: Arcibaldo e Petronilla,in:Mondo Domani,22.9.68,Mailand,(Mitautoren:S. Trinchero,P. Fabrizi) 0608

Traini,Rinaldo: Bibi e Bibó,in:Mondo Domani,No.22,2.6.68,Mailand,(Mitautoren:S. Trinchero,P. Fabrizi 0609

Traini,Rinaldo: Captain Easy,in:Sgt.

Kirk, No. 11/12, Mai-Juni 1968, S. 1-4, Mailand 0610

Traini, Rinaldo: Cirillino, in: Mondo Domani, 25. 8. 68, Mailand, (Mitautoren: S. Trinchero, P. Fabrizi) 0611

Traini, Rinaldo: Fortunello, in: Mondo Domani, 30. 6. 68, Mailand, (Mitautoren: S. Trinchero, P. Fabrizi) 0612

Traini, Rinaldo: Un fumetto indovinato, Saturnino Farandola, in: Hobby, No. 3, Februar 1967, Rom, (Mitautor: S. Trinchero) 0613

Traini, Rinaldo: Il gatto Felix, in: Mondo Domani, 17. 11. 68, Mailand, (Mitautoren: S. Trinchero, P. Fabrizi) 0614

Traini, Rinaldo: Ils sont fous ces Romains, in: Hobby, No. 4, März 1967, Rom, (Mitautor: S. Trinchero) 0615

Traini, Rinaldo: Indian River, in: Sgt. Kirk, No. 3, September 1967, S. 31, Genua 0616

Traini, Rinaldo: 007 e figlio dei fumetti, in: Le Ore, Mai 1965, Mailand, (Mitautor: S. Trinchero) 0617

Traini, Rinaldo: Il signor Bonventura, in: Mondo, Domani, 20. 10. 68, Mailand, (Mitautoren: S. Trinchero, P. Fabrizi) 0618

Traini, Rinaldo: Tarzan contro Bond, in: Hobby, No. 2, Januar 1967, Rom, (Mitautor: S. Trinchero) 0619

Traini, Rinaldo: Tarzan contro Bond, in: Comics Club, April 1967, Mailand, (Mitautor: S. Trinchero) 0620

Traini, Rinaldo: Tarzan, il mito della libertà, in: Sgt. Kirk, No. 5, November 1967, S. 19-21, Genua 0621

Traini, Rinaldo: Tarzan, 1967 balla lo shake, in: Hobby, No. 2, Januar 1967, Rom, (Mitautor: S. Trinchero) 0622

Traini, Rinaldo: Topolino contro Bond, in: I miei fumetti, 1967, Mailand, (Mitautor: S. Trinchero) 0623

Traini, Rinaldo: Topolino contro James Bond, in: Hobby, No. 0, Oktober 1966, Rom, (Mitautor: S. Trinchero) 0624

Traini, Rinaldo: Topolino e l'uomo nuvola, in: Hobby, No. 1, Dezember 1966, Rom 0625

Traini, Rinaldo: Una volta si rideva cosi: Buster Brown, in: Mondo Domani, 28. 7. 68, Supplemento: Mondo Ragazzi, Mailand, (Mitautoren: S. Trinchero, P. Fabrizi) 0626

Trinchero, Sergio: I periodici italiani a fumetti, in: Comics, Archivio italiano della stampa a fumetti, No. 1, September 1966, Rom (Mitautor: G. Salvucci) 0627

Trinchero, Sergio: 007 e figlio dei fumetti, in: Le Ore, No. 18, 6. 5. 65, Mailand, (Mitautor: R. Traini) 0628

Trinchero, Sergio: Agente Secreto X-9, in: Albo dell avventuroso, No. 16, 21. 4. 1963, Mailand 0629

Trinchero, Sergio: Alex Raymond, in: Super Albo Spada, No. 61, 1. 12. 63, Mailand 0630

Trinchero, Sergio: Arcibaldo e Petronilla, in: Mondo Domani, 22. 9. 68, Mailand, (Mitautoren: R. Traini, P. Fabrizi) 0631

Trinchero, Sergio: Bat Star, in: Super Albo Spada, Fratelli Spada, No. 51, 22. 9. 63, Mailand 0632

Trinchero, Sergio: Bibi e Bibó, in: Mondo Domani, No. 22, 2. 6. 68, Mailand, (Mitautoren: R. Traini, P. Fabrizi) 0633

Trinchero, Sergio: Bibliographia italiana di Gordon, in: Comics, No. 4, Dezember 1966, S. 15-16, Mailand, (Mitautor: A. Castelli) 0634

Trinchero, Sergio: Breve cronistoria di un personaggio intramontabile, in: L' Uomo Mascherato, Albi Fratelli Spada, No. 22, 28. 10. 62, Mailand 0635

Trinchero, Sergio: Buster Brown, in: Mondo Domani, Supplemento: Mondo Ragazzi 28. 7. 68, Mailand, (Mitautoren: R. Traini, P. Fabrizi) 0636

Trinchero, Sergio: Un cavernicolo en turist, in: Comic Art in Paper Back, No. 3, Oktober 1966, Mailand 0637

Trinchero, Sergio: Cino e Franco, in: Super Albo "Rip Kirby", No. 98, Supplemento, Fratelli Spada, August 1964, Mailand 0638

Trinchero, Sergio: Cirillino, in: Mondo Domani, 25. 8. 68, Mailand, (Mitautoren: R. Traini, P. Fabrizi) 0639

Trinchero, Sergio: Flash Gordon, in: Super Albo, No. 86, 24. 5. 64, Fratelli Spada, Mailand 0640

Trinchero, Sergio: Fortunello, in: Mondo Domani, 30. 6. 68, Mailand, (Mitautoren: R. Traini, P. Fabrizi) 0641

Trinchero, Sergio: Un fumetto indovinato: Saturnino Farandola, in: Hobby, No. 3, Februar 1967, Rom, (Mitautor: R. Traini) 0642

Trinchero, Sergio: Il fumetto liberty: Little Nemo, in: Hobby, No. 6, Mai 1967, Rom 0643

Trinchero, Sergio: Il gatto Felix, in: Mondo Domani, 17. 11. 68, Mailand, (Mitautoren: R. Traini, P. Fabrizi) 0644

Trinchero, Sergio: Hanno detto de... L' Uomo Mascherato: Carlo Della Corte, in: L' Uomo Mascherato, No. 51, 24. 11. 63, Fratelli Spada, Mailand 0645

Trinchero, Sergio: Ils sont fous ces Romains, in: Hobby, No. 4, März 1967, Rom, (Mitautor: R. Traini) 0646

Trinchero, Sergio: Un italiano a cartoonland, in: Sgt. Kirk, No. 16, Oktober 1968, S. 49-51, Genua 0647

Trinchero, Sergio: Jim della Giungla, in: Super Albo, No. 93, 12. 7. 64, Fratelli Spada, Mailand 0648

Trinchero, Sergio: Li' l Abner, trent' anni di suspense, in: Hobby, No. 5, April 1967, Rom 0649

Trinchero, Sergio: Mandrake l' imprevedibile, in: Super Albo Mandrake, No. 28, 3. 2. 63, Fratelli Spada, Mailand 0650

Trinchero, Sergio: La nascità dei comics avventurosi, in: Il Lavoro, 1967, Genua 0651

Trinchero, Sergio: Il nonno di Barbarella è Buck Rogers, in: Smack, No. 3, April 1968, S. 21-22, Mailand 0652

Trinchero, Sergio: Quattro chiacchiere su Johnny Azzardo, in: Gli Eroi dell Avventura, No. 17, 25. 12. 63, Vita Editore, Mailand 0653

Trinchero, Sergio: Rip Kirby, in: Super Albo Spada, No. 54, 13. 10. 63, Mailand 0654

Trinchero, Sergio: Ritorna il gran Disney, in: Hobby, No. 4, März 1967, Rom 0655

Trinchero, Sergio: Ritorno a Mun..., in: Il Cavernicolo Uup, Juli 1965, Mailand 0656

Trinchero, Sergio: Ritorno alla caverna, in: Momento-Sera, 29.8.65, Mailand 0657

Trinchero, Sergio: Si parla di... Rip Kirby, in: Super Albo, No. 54, 13.10.63, Fratelli Spada, Mailand 0658

Trinchero, Sergio: Il signor Bonaventura, in: Mondo Domani, 20.10.68, Mailand, (Mitautoren: R. Traini, P. Fabrizi) 0659

Trinchero, Sergio: Tarzan contro James Bond, in: Comics Club, No. 1, Mai 1967, Mailand, (Mitautor: R. Traini) 0660

Trinchero, Sergio: Tarzan of the Apes, in: Comics Club, No. 1, April-Mai 1967, S. 18-19, Mailand 0661

Trinchero, Sergio: Tarzan 1967 balla lo shake, in: Hobby, No. 2, Januar 1967, Rom, (Mitautor: R. Traini) 0662

Trinchero, Sergio: Topolino contro James Bond, in: Hobby, No. 0, Oktober 1966, Rom, (Mitautor: R. Traini) 0663

Trinchero, Sergio: Il trionfo di Gordon, in: Gordon, No. 2, 15.8.64, Mailand 0664

Trinchero, Sergio: Twiggy, in: Sgt. Kirk, No. 6, Dezember 1967, S. 108-109, Genua 0665

Trinchero, Sergio: X-9, primo amore di Raymond, in: Super Albo, No. 129, 21.3.65, Fratelli Spada, Mailand 0666

Vankeer, Pierre: Quelques mots sur l'évolution des bandes dessinées en Belgique de 1946 à 1966, in: I fumetti, No. 9, Juni 1967, S. 135-137, Rom 0667

Vene, Gianfranco: Fantomas e Figlik, in: L'Europeo, 11.4.65, Mailand 0668

Vercelloni, Isa: Il vecchio Corrierino, in: Linus, No. 23, Februar 1967, S. 1-14, Mailand 0669

Vittorini, Elio: Charlie Brown e i fumetti, in: Linus, No. 1, April 1965, Mailand, (Mitautor: O. Del Buono) 0670

Zanotto, Piero: Almanacco Linus con Bibi Cianuro, in: Tribuna del Mezzogiorno, 25.2.66, Messina 0671

Zanotto, Piero: Arriva Tarzan, in: Nazione Sera, 11.7.67, Florenz 0672

Zanotto, Piero: Barbarella piace alla teste d'uovo, in: Il Gazzettino, 21.9.65, Venedig 0673

Zanotto, Piero: Brass e Crepax col cuore in gola, in: Sgt. Kirk, No. 5, November 1967, S. 42-45, Genua 0674

Zanotto, Piero: Il cavernicolo Uup, in: Corriere del Giorno, 25.10.66, Tarent 0675

Zanotto, Piero: Il complesso facile di Bernard e Dorothy, in: Sgt. Kirk, No. 7, Januar 1968, S. 73-76, Genua 0676

Zanotto, Piero: Da Little Nemo a Tenebrax: Favolinus 1968, in: Il Gazzettino, 31.12.67, Venedig 0677

Zanotto, Piero: Due serials digli anni trenta, in: La Biennale, No. 61, März 1967, Venedig 0678

Zanotto, Piero: I fantacomics, in: Sgt. Kirk, No. 3, September 1967, S. 1-3, Mailand 0679

Zanotto, Piero: Forest ha creato Marie-Math inspirandosi a BB, in: Stampa Sera, 22.1.67, Turin 0680

Zanotto,Piero: I fumetti in Francia,in: Corriere del Giorno,14.7.66, Tarent 0681

Zanotto,Piero: I fumetti politico-sociali degli Stati Uniti,in:La Nuova Sardegna,21.3,67, Sassari 0682

Zanotto,Piero: Mc Manus,in:Il Lavoro, 12.6.59, Genua 0683

Zanotto,Piero: Nei fumetti di Hogarth, il ritorno di Tarzan,in:Il Gazzettino, 15.1.68, Venedig 0684

Zanotto,Piero: René Clair presenta: I primi Eroi,in:Tribuna del Mezzogiorno,18.2.63, Messina 0685

Zanotto,Piero: Ricordo di George Mc Manus,in:Enciclopedia Motta,No.150, 5.9.59, Mailand 0686

Zanotto,Piero: Ritorna in America il Gordon che entusiasmò negli anni trenta,in:Il Gazzettino,15.5.67, Venedig 0687

Zanotto,Piero: Il ritorno di Fortunello, in:Nazione Sera,13.11.65, Florenz 0688

Zanotto,Piero: Ritornano altri eroi del fumetto,in:Nazione Sera, 22.11.66, Florenz 0689

Zanotto,Piero: Il ritorno di Topolino anni 30,in:Nazione Sera,27.9.66, Florenz 0690

Zanotto,Piero: La storia del fumetto italiano del cattivo Ribo a Neutron, in:Il Gazzettino,21.11.67, Venedig 0691

Zanotto,Piero: Sulle nuvole delle storie a fumetti,le testoline dei fanciulli d'oggi,in:Gazzettino Sera,6.3.58, Venedig 0692

Zanotto,Piero: Sulle nuvole delle storie a fumetti,le testoline dei fanciulli d'oggi,in:Sicilia del Popolo,8. 3.58, Palermo 0693

Zanotto,Piero: Superman,Batman e Compagnie,in:Il Gazzettino,5.6.67, Venedig 0694

Zanotto,Piero: Il terrestre Jeff Hanke pedina di un gioco cosmico,in:Il Gazzettino,24.7.67, Venedig 0695

Zanotto,Piero: Il tout-Paris legge Tarzan:lussuoso album per i fumetti di Hogarth,in:Il Piccolo,24.11.67, Triest 0696

Zanotto,Piero: Il tout-Paris legge Tarzan:lussuoso album per i fumetti di Hogarth,in:Nazione Sera,22.1.68, Florenz 0697

Zanotto,Piero: Il tout-Paris legge Tarzan:lussuoso album per i fumetti di Hogarth,in:Nuova Sardegna,21.12. 67, Sassari 0698

Zanotto,Piero: Walt Kelly presenta Pogo,in:Tribuna del Mezzogiorno,31. 12.55, Messina 0699

Zolla,Elémire: Storia del fumetto,in: Gazzetta del Popolo,1.12.60, Mailand 0700

MEXIKO

Jodorowsky,Alexandro: El pato Donald y el budismo ZEN,in:El Heraldo Cultural,1967,Mexico-City 0701

White,Frankie: Batman un mito hecho realidad,in:Cineavance,No.105,1966, Mexico-City 0702

PORTUGAL

Da Silva Nunes, Luis: Introducao ao "Diabrete", o Tarzan de Hogarth, in: Républica, 15.5.68, S.3, Lissabon 0703

Gauthier, Guy: René Goscinny e Albert Uderzo, in: Républica, 24.5.67, Lissabon, (Mitautor: Ph. Pilard) 0704

Granja, Vasco: A criacao de banda desenhada "Les Schtroumpfs" dá origem a uma série de filmes animadas, in: Républica, 5.4.67, S.4, Lissabon 0705

Granja, Vasco: Diccionario da banda desenhada, in: Jornal do Fundao, Suplemento do "E Etc.", 1968, Lissabon, (Mitautor: L. Gasca) 0706

Granja, Vasco: The Great Comic-Book Heroes, in: Républica, 19.7.67, S.7, Lissabon 0707

Granja, Vasco: Historia da banda desenhada, in: Jornal do Fundao, Suplemento de "E Ect.", No. 10, 26.11.67, Lissabon 0708

Lucchetti, Rubens Fr.: As historias em quadrinhos criam o hábito da leitura, in: Républica, 12.4.67, Lissabon 0709

Lucchetti, Rubens Fr.: Historias em quadrinhos, expressao do nosso século, in: Républica, 12.7.67, S.3-4, Lissabon 0710

Nunes da Silva, Luis: Introducao ao "Diabrete", o Tarzan di Hogarth, in: Républica, 24.4.68, Lissabon 0711

Pilard, Philippe: René Goscinny e Albert Uderzo, in: Républica, 24.5.67, S.3-4, Lissabon, (Mitautor: G. Gauthier) 0712

Ponce de Leon, A.: Flash Gordon, tinha razao, in: Manchete, 1968, Lissabon 0713

REPUBLICA: Ainda as historias em quadrinhos, uma realidade e varios niveis de analise e critica, 19.7.67, S.4-7, Lissabon 0713a

RUSSLAND

Babuchkina, A.P.: I storia russkoy dietskoy literatury, Moskau 1948 0714

SCHWEDEN

Bejerot, Nils: Barn, serier, samhälle, Folkets i Bild Förlag, Stockholm 1954 0715

Hegerfors, Sture: Sex i seriernas värld, in: GT Söndags Extra, 12.7.67, Göteborg 0716

Hegerfors, Sture: Vara serier jubilerar, in: Hemmets Vecko Tidning, No. 52, 1967, Hälsingborg 0717

Hegerfors, Sture: Mandrake utan pappa, in: Expressen, 18.1.65, Stockholm 0718

Hegerfors, Sture: Nu kommer Läderlappen i Co!, in: Lektyr, No. 36, 10.9.66 Stockholm 0719

Hegerfors, Sture: Satanik och Pelle Svanslös, in: Expressen, 6.11.66, Stockholm 0720

Hegerfors, Sture: Blixt Gordon-superhjälten, in: Dagens Nyheter, 5.2.67, Stockholm 0721

Hegerfors, Sture: Joan Baez vs. Al Capp Fejd som skakar serie- USA, in: Göteborgs-Tidningen, 12.7.67, Göteborg 0722

Hegerfors,Sture: Släng inte bort gamla Allan Kämpe,in:Expressen,13.7.67, Stockholm 0723

Hegerfors,Sture: Mycket väsen om Knallhatten,in:Göteborgs-Tidningen,Söndags Extra,20.8.67, Göteborg 0724

Hegerfors,Sture: Flabba at Snobben med finess!,in:Göteborgs-Tidningen,7.10.67, Göteborg 0725

Hegerfors,Sture: Benjamin Bolt har lagt upp,in:Göteborgs-Tidningen,Söndags-Extra,3.12.67, Göteborg 0726

Hegerfors,Sture: Ludde- sonen till honan av värld i hannen av folket,in:Göteborgs-Tidningen,Söndags-Extra,10.12.67 Göteborg 0727

Hegerfors,Sture: Deckaren Peter Falk, elegant bildad ungkarl,in:GT Söndags-Extra,19.11.67, Göteborg 0728

Hegerfors,Sture: Den nya serien i Frankrike,in:Hufvudstadsbladet,12.9.67, Helsingfors 0729

Hegerfors,Sture: Det är ganska-människan som skaper toppserier,in:Ostersunds-Posten,14,7.67, Ostersund 0730

Hegerfors,Sture: Det bottendaliga toppen i USA just nu,in:Göteborgs-Tidningen,8.3.66, Göteborg 0731

Hegerfors,Sture: Ett försummat Kapitel. Stalmannen,Mandrake och Dragos,in: Folkbladet Ostgöten,28.10.67,Norköping 0732

Hegerfors,Sture: Eva och jag.,in:GT Söndags Extra,26.11.67, Göteborg 0733

Hegerfors,Sture: Fränna franska flickor, in:Kvällsposten,30.8.67, Malmö 0734

Hegerfors,Sture: Hohoho,en polack,in: Expressen,24.4.66 Stockholm 0735

Hegerfors,Sture: Hur Fritzi Ritz,en rik skön amazon,blev ungarna Lisa och Sluggo,in:GT Söndags Extra, 7.1.68, Göteborg 0736

Hegerfors,Sture: Inga barn för Diana Palmer,in:Expressen,1.10.66, Stockholm 0737

Hegerfors,Sture: Krikelius,Fridolf och Bom,in:Expressen,10.12.66, Stockholm 0738

Hegerfors,Sture: Kronblan i Co.,hopsamlade,in:Kvällsposten,7.1.68, Malmö 0739

Hegerfors,Sture: Läderlappen och Robin,in:Borlänge Tidning,5.8.66, Borläng 0740

Hegerfors,Sture: The Spirit,in:Expressen,25.8.66, Stockholm 0741

Hegerfors,Sture: Storm-P förfader till Mumin?.,in:Expressen, 19.11.64, Stockholm 0742

Hegerfors,Sture: Tuffe Viktor fyller tio ar,in:GT Söndags Extra,1967, Göteborg 0743

Hegefors,Sture: Tarzans historia,in: Kvällsposten 20.11.67, Malmö 0744

Hegerfors, Sture: Var man Flinta,in: Expressen, 4.12.66, Stockholm 0744a

Hegerfors,Sture: Woffa,woffa,Rit-Ola, in:Expressen,3.12.66,Stockholm 0745

Lagercrantz, Olaf: Serier i Sverige och USA,Stockholm 1954(D.N.11/12) 0746

SCHWEIZ

Boujut,Michel: Tarzan ou Johnny-D'une jungle à l'autre,in:Construire, 21.2.68, Genf 0747

Delafuente,Francisco: Alex Raymond, in:U.N.Special,No.221,März 1968, Genf 0748

Delafuente,Francisco: Le grand Milton Caniff,in:U.N.Special,No.225,Juli 1968,S.4-7,15, Genf 0749

Delafuente,Francisco: Neuvième Art: Prince Valiant,in:U.N.Special,No.220, Februar 1968,S.4-5,23, Genf 0750

Delafuente,Francisco: Ugo Pratt,in:U.N Special,No.222,April 1968, Genf 0751

G.,W.: Heldin der dritten Welt,in:Die Weltwoche,No.1727,16.12.66,Zürich 0752

Joakimidis,Demetre: Un héritage de Toepffer,in:Construire,2.10.68, Genf 0753

Sac,Claude: Rodolphe Toepffer,in:Pencil,No.1,1968,S.3-11, Genf 0754

Short,Robert L.: Ein kleines Volk Gottes-Die Peanuts,Verl.:F.Reinhardt, Basel 1967 0755

Zanotto,Piero: Jules Feiffer dai comics als palcoscenico,in:Corriere del Ticino, 27.1.68, Lugano 0756

Zihler,Leo: Die Herkunft der Bilderstreifen,in:Neue Zürcher Zeitung,6.5. 61, Zürich 0757

Zitzewitz,Monika von: Das Phantom, das Rache schwört,in:Die Weltwoche, No.1719,21.10.66, Basel 0758

SPANIEN

Altabella, José: Las publicaciones infantiles en su desarollo historico, in: Curso de prensa infantil, Escuela oficial de Periodismo, Madrid 1964 0759

Alvarez Villar,Alfonso: Superman, mito de nuestro tiempo,in:Revista Española de la opinion publica,No.6, Oktober-Dezember 1966,Madrid 0760

Alvarez Villar,Alfonso: El Superman, un mito de nuestro tiempo,in:Diario de Mallorca,6.10.66,Palma de Mallorca 0761

Bermeosolo,Francisco: El origen del periodismo amarillo,in:Rialp,1962, Madrid 0762

Bravo-Villasante,Carmen: Historia de la literatura infantil española,in:Revista del Occidente,1959,Madrid,270 S. 0763

Castelli,Alfredo: Guia de Superman en USA,in:Cuto,No.2-3,Oktober 1967, S.27-30, San Sebastian 0764

LA CORDONIZ: Unas historietas infantiles:los de Superman,1.4.62, Madrid 0765

Eco,Umberto: Le época de Superman, in:Diario Minimo,Horizonte S.L., 1964, Madrid 0766

Gasca,Luis: El buen amigo"Flash Gordon",in:La voz de España,6.8.63, Madrid 0767

Gasca,Luis: Krazy Kat,in:Boletin de

Cine Club San Sebastian, November 1963, San Sebastian 0768

Gasca, Luis: El ellanero Solitario, in:Unidad, 8.5.64, Madrid 0769

Gasca, Luis: Historia y anecdota del tebeo en España, in:Disputación de Zaragoza, 1965, Zaragoza, unveröffentlichtes Manuskript 0770

Gasca, Luis: Del marqués al comic, passando por la condesa, in:Film Ideal, No. 179, 1.11.65, San Sebastian 0771

Gasca, Luis: Superman, todo un espectaculo, in:Cuto, No. 2-3, Oktober 1967, S. 57-61, San Sebastian 0772

Heymann, Danièle: Barbarella, un nombre de mujer, in:Gaceta Illustrada, No. 569, 3.9.67, S. 93, Madrid 0773

Hoveyda, Foreydon: Historia de la novela policiaca, in:El libro del bolsillo, Alianza Editorial, 1967, 226 S., Madrid 0774

Latona, Robert: El Superman de ayer y el de hoy, visto por los lectores americanos, in:Cuto, No. 2, Oktober 1967, S. 34-35, San Sebastian, (Mitautor:P. Leiffer) 0775

Leiffer, Paul: El Superman de ayer y el de hoy, visto por los lectores americanos, in:Cuto, No. 2-3, Oktober 1967, S. 34-35, San Sebastian, (Mitautor:R. Latona) 0776

Marquez, Miguel R.: Rip Kirby, el defensor de la ley, in:Cuto, No. 1, Mai 1967, S. 3-5, San Sebastian 0777

Martín, Antonio: Rip Kirby en España, in:Cuto, No. 1, Mai 1967, S. 6-7, San Sebastian 0778

Martín, Antonio: El comic norteamericano en España, in:Gaceta de la prensa española, No. 171, 15.9.65, S. 37-47, Madrid 0779

Martín, Antonio: Superman, folletín de nuestro tiempo, in:Gaceta de la prensa española, 15.8.67, Madrid 0780

Minuzzo, Nerio: La prometida del robot, in:Gaceta Illustrada, No. 569, 3.9.67, S. 42-43, Madrid 0781

Perucho, Juan: Una revista infantil: Cavallo Fort, in:Destino, No. 1479, 11.12.65, Barcelona 0782

Sempronio: Aquel Patufet, in:Tele-Express, 2.9.68, Barcelona 0783

Serrano, Eugenia: Superman, Sandokan y ... Anderson, in:La Voz de España, 1965, Madrid 0784

Urueña, Florentino: Superman versus 007, in:Cuto, No. 2, Oktober 1967, S. 50, San Sebastian 0785

Vela Jimenez, Manuel: La triste muerte de Superman, in:Hoja del Lunes, 31.8.59, Barcelona 0786

Zuñiga, Angel: Lo que va de Tillie a Millie, in:Destino, No. 1551, 23.4.67, S. 30-31, Barcelona 0787

SÜD-AFRIKA

Corral, James: The blue beetle, in:Komix, No. 2, April 1963, Port Elizabeth 0788

Everett, Bill: Hydroman, in:Komix, No. 6, Dezember 1963, Port Elizabeth 0789

USA

Adams,John P.: The Funnies,annual number I,an Avon book,The Hearts Corp, New York, 1959, 96 S. 0790

Adamson,Ewart: Hero of the big snows, Jacobsen-Hodgkinson-Corp.,136 S., New York,1926 0791

ADVERTISING AGE: American maga- cine prints pamotic color comics,1958, S.10, 30. 50, New York 0792

Alexander,J.: Dagwood and Blondie man,in:Saturday Evening Post,Bd.220, 10.4.48,S.15-17, Philadelphia 0793

Allwood,Martin S.: Comic-books in Geneva,N.Y.Hobart Mass Communication Studies,1950,Geneva,New Yersey 0794

Andriola,Alfred: Charlie Chan,a mystery strip,McNaugh Syndicate Inc., 1950,New York 0795

Andriola,Alfred: The cartoonist cookbook,National Cartoonists Society,Februar 1967,S.47,Westport 0796

Ardmore,Jane: Batman and the blonde secretary,in:Screenland,Juli 1966, Hollywood 0797

Bails,Jerry B.: America's four-color pastine,in:The guidebook to comicfandom,Glendale,1965 0798

Bails,Jerry B.: The wiles of the wizard,in:Alter Ego,No.1,1965,S.8-9, Detroit 0799

Bails,Jerry B.: Merciful Minerva:The story of Wonder Woman,in:Alter Ego, No.1,1965,S.13-16, Detroit 0800

Bainbridge,Hogan: Flip Corkin,in: Life,9.8.43,S.10-13, Chicago 0801

Bakwin,R. Morris: The comics,in: Journal of pediatrics,Bd.42,1953,No.5, S.633-635, St. Louis,Mo. 0802

Balling,Fredda: Secrets of Batman's other family,in:Movie Mirror,Oktober 1966, Hollywood 0803

Barbour,Alan G.: The serials of Republic,Screen Facts Press,1965, New York 0804

Barbour,Alan G.: The serials of Columbia,Screen Facts Press,1967, New York 0805

Barbour,Alan G.: The serials,Bd.1-2, Screen Facts Editions,1967,Kew Gardens 0806

Barnard,John: Roger Armstrong:triple threat artist,in:The World of Comic Art,Bd.1,No.3,Winter 1966/67,S.22-27, Hawthorne 0807

Barr,Alfred H.: Fantastic Art,1937, New York 0808

Barrier,Mike: The sons of Aesop,in: Graphic Story Magazine,No.9,1968, S.26-27, New York 0809

Barrier,Mike: Mickey Mouse,supersecret agent,in:Fantasy Illustrated,No. 6,Oktober 1966,S.40,Los Angeles 0810

Bascuñan,H.: Chilean Mickey Mouse, in:Americas,Bd.6,Dezember 1954,S. 35-36, New York 0811

Basso,H.: Profiles:the world of Caspar Milquetoast,in:The New Yorker,Bd.25, 5.11.49,S.44-50,53-55,119, New York 0812

Becker, Joyce: The Green Hornet sees red, in: Movieland, November 1966, Hollywood 0813

Becker, Stephan: Comic Art in America, Simon and Schuster, 1959, 387S. New York 0814

Behlmer, Rudy: The saga of Flash Gordon, in: Screen Facts, No. 10, 1967, S. 53-63, Kew Gardens 0815

Behlmer, Rudy: The MGM Tarzans, in: Screen Facts, No. 15, 1967, S. 44-61, Kew Gardens 0816

Berchthold, W. E.: Men of comics, in: New Outlook, Bd. 165, Mai 1935, S. 43-47, New York 0817

Berchthold, W. E.: Men of Comics, in: New Outlook, Bd. 165, April 1935, S. 34-40, New York 0818

Berry, Jim: Berry's day with a relaxed LBJ, in: Newsletter, Oktober 1965, S. 10-11, Westport 0819

Berry, Michael: Long day's journey with Mac and Mike, in: The Cartoonist, Januar 1968, S. 15-19, Westport 0820

Bester, Alfred: King of the Comics, in: Holiday, Juni 1958, New York 0821

Bishop, Jim: The war of tabloids, in: Playboy, Januar 1968, Chicago 0822

Blaisdell, Philip T.: Background "on" and "by" Blaisdell, in: Newsletter, Juni 1966, S. 10-14, Westport 0823

Boardman, John: Li'l who?, in: Comic Art, No. 5, Oktober 1964, S. 3, Cleveland 0824

Boardman, John: Li'l who?, in: The pointing vector, No. 22, September 1964, Cleveland 0825

Boorstin, Daniel J.: The Image: a guide to pseudo-events in America, 1961, New York 0826

Borie, Marcia: Batman bonus, in: Motion Picture, Mai 1966, Hollywood 0827

Boyle, R. H.: Champ for all time! Joe Palooka, in: Sports Illustrated, Bd. 22, 19.4.65, S. 120-124, New York 0828

Breet, Harvey: Go Pogo, in: New York Times Book Review, 10.10.54, New York 0829

Brogan, John: Exporting American laughs, unveröffentlichte Arbeit, 1944, Lawrenceville Academy, Lawrenceville, New Jersey 0830

Brophy, Blake: The wonderful world of Bill Keane, in: The Cartoonist, Oktober 1966, S. 12-17, Westport 0831

Broun, Heywood: Wham! and Pow!, in: New Republic, Bd. 99, 17.5.39, S. 44, New York 0832

Brown, Slater: The coming of the superman, in: New Republic, Bd. 103, 2.9.40, S. 301, New York 0833

Browning, N. L.: First lady of the funnies, in: Saturday Evening Post, Bd. 233, 19.11.60, S. 34-35, Philadelphia 0834

Browning, Norma L.: Brenda Starr: The comics best-dressed woman, in: Chikago Sunday Tribune, 25.10.54, S. 20, Chicago 0835

Bryan, Joseph: His girl Blondie, in: Colliers, Bd. 107, 15.3.41, S. 14, New York 0836

Bushmiller, E.: Nancy and me, in:

Colliers,Bd.122,18.9.48,S.23, New York 0837

Butterfield,Roger: The american past, Simon and Schuster,1957,New York 0838

U.S.CAMERA: Our comic-book heroes, Bd.29,August 1966,S.54-55, New York 0839

Caniff,Milton: Steve Canyon and me, in:Colliers,Bd.122,20.11.48,S.36, New York 0840

Caniff,Milton:Cartoon feature,in:Design Bd.59,Mai 1958,S.200-201, New York 0841

Caniff,Milton: Don´t shoot the flannelmouth,in:The Cartoonist,1957,S.3,5, 26-27,Herbst 1957, New York 0842

Caniff,Milton: Male Call,Grosset and Dunlop,1959, New York 0843

Capp,Al: Miracle of dogpatch,review of life and times of the shmoo, in: Time,Bd.52,27.12.48,S.48, New York 0844

Capp,Al: The world of Li´l Abner, Farrow,Straus and Young,1953, New York 0845

Capp,Al: New comic strip,reply with rejoinder,in:Saturday Review,Bd.36, 11.4.53,S.27, New York 0846

Carson,Gerald: The zany world of comic art:Buster Brown to Pogo,in:New York Herald Tribune Book Review,29. 11.59,S.1, New York 0847

THE CARTOONIST: Background on and by Blaisdell,Juni 1966, Westport 0848

THE CARTOONIST: Harry Hershfield, Oktober 1966,National Cartoonist Society,S.6-11, Westport 0849

THE CARTOONIST: Dick Dugan´s talented brush reflects his own glory days,August 1967,S.39, Westport 0850

THE CARTOONIST: Jim Ivey,the cartoon museum,Januar 1968,S.7-9, Westport 0851

Coates,R.M.: Contemporary American humorous art,in:Perspective USA, Bd.14,1956,S.111-113, New York 0852

Colbert,William: The lowdown on the Green Hornet,in:Screen Parade, Dezember 1966, New York 0853

COLLIERS: Pogo,8.3.52,New York 0854

COLLIERS: Pogo again,29.4.55, New York 0855

Connor,Edward: The first eight serials of Columbia,in:Screen Facts,No.7, 1964,S.53-62, Kew Gardens 0856

Considine,Robert: The comic-strip story,in:NewYork Journal American, 5.5.53,S.23, New York 0857

Cooper,Faye: Funny paper art,in: School Arts Magazine,Bd.36,Januar 1937,S.316-318, New York 0858

Cory,J.Cambell: The catoonists art, 1912, New York 0859

NEWSPAPER COMICS COUNCIL: The cartoonist cookbook,Hobbs Dorman, 1966, New York 0860

NEWSPAPER COMICS COUNCIL: Parade of the comics,a coloring book, 1967, New York 0861

Couperie,Pierre: History of the comic strip,Crown Corp.,1968,New York 0862

Craggs,R.S.: Carl Ed: Boswell of youth, in:The World of Comic Art,Bd.2,No.1, 1967,S.52-57, Hawthorne 0862a

Craggs,R.S.: Father of the adventure strip,in:The World of Comic Art,Bd.1, No.2,1966,S.4-11, Hawthorne 0863

Craven,Thomas: Cartoon Cavalcade, Simon and Schuster,1943, New York 0863a

Cummings,E.E.: Krazy Kat (Vorwort), Holt and Co.,1946, New York 0864

Dale,R.: Comics for adults,in:New Republic,Bd.129,7.12.53,S.21, New York 0864a

Davis,Vince: Interview with Dan Noonan,in:Graphic Story Magazine,No.9, 1968,S.12-17,New York,(Mitautor:B. Spicer) 0865

Dawson,Margaret C.: Comic project, report of preliminary study,1951,National Social Welfare Assembly, New York 0865a

THE PLAIN DEALER: Dick Dugan´s talented brush reflects his own glory days 1967, Cleveland 0866

DETROIT FREE PRESS: "On Stage" returns to the Free Press,8.6.58,S.A-11, Detroit 0866a

Deutsch,B.: Smilin´Zack,in:Flying,Bd. 45,Oktober 1949,S.24-25, New York 0867

Dietz,Lawrence: The caped crusader and the boy Wonder,in:New York and Sunday Herald Tribune Magazine,9.1. 66,S.20, New York 0867a

Dixon,Ken: A day with Don Bragg, in:Oparian,Bd.1,No.1,September 1965, S.47-53, Saratoga 0868

Doty,Roy: Wordless Workshop,in:Popular Science,Bd.169,No.3,September 1956,S.218-219, New York 0868a

Dunn,Robert: Steve Douglas,in:The Cartoonist,August 1967,S.26, Westport 0869

Dunn,Robert: Vernon Creene,in:The Cartoonist,September 1965,S.9, Westport 0869a

Dwiggins,Don: I remember Dwig,in: The World of Comic Art,Bd,2,No.1. Sommer 1967,S.4-15, Hawthorne 0870

EDITOR and PUBLISHER: Newspaper art,Bd.67,No.20,29.9.34,S.12-17, New York 0870a

ENCYCLOPAEDIA AMERICANA: Comics,Bd.7,1951,S.362,New York 0871

English,James W.: The Rin Tin Tin story,Dodd,Mead and Co., 1955, 248 S., New York 0871a

Fagan,Tom: One to remember,in:The golden Age,No.2,1967,S.7-13, Miami 0872

Feiffer,Jules: Great Comic Book Heroes,Dial-Press, 1965, Washington 0872a

Feiffer,Jules: Great Comic Book Heroes,in:Review Commentary,Bd.41, Mai 1966,S.68-69, New York 0873

Feiffer,Jules: The great comic book heroes,in:Playboy,Oktober 1965,S.75-83, New York 0873a

Feiffer,Jules: Pop sociology,in:New York Sunday Herald Tribune Magazine,9.1.66,S.6, New York 0874

Fenton,Robert W.: The big swingers, Prentice-Hall-Inc.,1967,New Jersey 0875

Field,Eugene: Excerpts from the complete Tribune primer,in:The World of Comic Art,Bd.1,No.1,Juni 1966,Hawthorne, California 0876

Fields,A.C.: Still the Sad Sack,in: Saturday Review of Literature,Bd.29, 6.7.46,S.7, New York 0877

Fisher,Raimond: Cartoons by Bob Dunn ..editorials with a punch,in:The World of Comic Art,Bd.1,No.2,Herbst 1966, S.28-31, Hawthorne 0878

Fitzpatrick,D.R.: As I saw it,a review of our times with 311 cartoons and notes,Simon and Schuster,1953, New York 0879

FORTUNE: Funny papers,April 1933,S. 45-49,92,95,98,101, New York 0880

FORTUNE: The comic strips,Bd.15, April 1937,S.190, New York 0881

Fouse,Marnie: Berry´s world,in:The World of Comic Art,Bd.2,No.1,Sommer 1967,S.40-47, Hawthorne 0882

Francis,Robert: This comic-book age, in:American Legion Magazine,Oktober 1943, New York 0883

Gaines,M.C.: Narrative illustration: the story of the comics,in:Print,a quarterly journal of the graphic arts, Sommer 1943,S.1-14, New York 0884

Gehmann,Richard B.: From Deadwood Dick to Superman,in:Science Digest, Bd.25,Juni 1949,S.52-57, New York 0885

Gent,George: Fred Waring marks half century in music,in:The Cartoonist, Oktober 1966,S.48, Westport 0886

Gent,George: Fred Waring marks half century in music,in:New York Times, 13.8.66, New York 0887

Goldberg,Reuben L.: Present:the 60s, in:The Cartoonist,Sondernummer,1966, S.26-28, New York 0888

Goldberg,Reuben L.: Gripe of an inventor,in:The Cartoonist,Sommer 1957, S.26-27, New York 0889

Gosnell,Charles F.: Comics have existed for 20ooo years or more,in:Science Newsletter,Bd.68,1.10.55,S. 217, New York 0890

Gottlieb,Gerald: Some old and new friends on cartoon conoisseurs books helf,in:New York Herald Tribune Book Review,29.11.59,S.6.,New York 0891

Goulart,Ron: The many careers of Tom McNamara,in:Comic Art,No.5, Oktober 1964,S.12-14,Cleveland 0892

Habblitz,Harry: Jesse Marsh:post impressionist of the comic page,in:Fantasy Illustrated,No.7,Frühling 1967, S.47, Los Angeles 0893

Haskins,Jack B.: Trends in newspaper reading:comic-strips 1949-1954,in: Journalism Quarterly,Bd.32,1955,New York,(Mitautor:R. L. Jones) 0894

Haydock,Ron: The cliff-hanging adventures of Captain America, in:Fantastic Monsters of the Films, No. 0, 1965, S. 25-28, Saint Louis 0895

Haydock,Ron: Captain Video,master of the stratosphere,in:Fantastic Monsters of the Films,Bd.1,No.6,1966,

Saint Louis 0896

Hefner, Hugh M.: Little Anny Fanny (Vorwort), in:Playboy Press, AMH Publication Co., Chicago, Ill., 1966 0897

Heimer, Mel: Astronauts rival adventure strip-heroes, Eigenbericht des King Features Syndicate, New York, Mai 1961 0898

Henne, Frances: Whence the comic-strip: its development and content, in:Supplementary Educational Monographs, Dezember 1942, S. 153-158, New York 0899

Hershfield, Harry: Very past:the pre-20s, in:The Cartoonist, Sondernummer, 1966, S. 16-18, New York 0900

Hogben, Lancelot: From cave painting to comic strip, Chanticleer Press, 1949, New York 0901

Hokinson, Helen E.: The Ladies:God bless´em!, Dutton and Co., 1950, New York 0902

Hoops, Ramond: A comic-book on the comics, in:The World of Comic Art, Bd. 2, No. 1, Sommer 1967, S. 48-50, Hawthorne 0903

HORIZON: Classical comics:exzerpts from great comic-books, Bd. 8, Sommer 1966, S. 116-120, New York 0904

Hronik, Tom: A magician named Mandrake, in:Voice of comicdom, No. 5, August 1965, San Francisco 0905

THE PHILADELPHIA INQUIRER: Foibles satirized in political cartoons, 1966, Philadelphia 0906

Ivey, Jim: Cartoon collecting from Gillray to Goldberg, in:The World of Comic Art, Bd. 1, No. 4, Frühling 1967, S. 14-21, Hawthorne 0907

Ivey, Jim: ABU of the London Observer, in:The World of Comic Art, Bd. 1, No. 4, Frühling 1967, S. 12-13, Hawthorne 0908

Jackson, C. E.: The comics, in:Newsweek, Bd. 44, 22. 11. 54, S. 6, New York 0909

Janensch, Paul: It´s official:Madam Adam will return, in:Louisville Courier Journal, 8. 10. 65, Louisville 0910

Johansen, Arno: Dennis the menace, in: Patade, 24. 1. 60, S. 8, New York 0911

Johnson, Ferd: Waifs of the Sunday page, in:The World of Comic Art, Bd. 1, No. 2, Herbst 1966, S. 47-49, Hawthorne 0912

Johnson, Glen: The Earl Ravencourt, the Raven, in:Masquerader, No. 6, Frühling 1964, S. 10-11, Pontiac 0913

Jones, Robert L.: Trends in newspaper reading:comic strip 1949-1954, in: Journalism Quarterly, 1955, New York, (Mitautor:J. B. Haskins) 0914

LIBRARY JOURNAL: Comics in England, Bd. 78, No. 7, 1953, S. 580, New York 0915

Kahn, E. J.: Oooff!(Sob) eep!(Galp) Zowie!, in:New Yorker, Bd. 23, 29. 11. 47, S. 45-50, New York 0916

Kandel, I. L.: Challenge of comic books, in:School and Society, Bd. 75, 5. 4. 52, S. 216, New York 0917

Keltner, Howard: An authoritative index to DC comics, 1963, Michigan, 32 S., (Mitautor:J. B. Bails) 0918

Keltner,Howard: The high flying Hawkman,in:Masquerader,No.2,November-Dezember 1962,S.4-7, Pontiac 0919

KING FEATURES SYNDICATE: Universitality of comics,Eigenbericht,16.1.62, NewYork 0920

Kinnaird,Clark: Cavalcade of the funnies, in:The Funnies Annual,No.1,1959, New York 0921

Kinnaird,Clark: Cavalcade of the funnies,in:The Funnies,an American Idiom (Hrsg. D. M. White),Glencoe,1963,New York,S.88-96, 0922

Kyle,Richard: Graphic story review,in: Fantasy Illustrated,No.7,Frühling 1967, S.24-27, Los Angeles 0923

Kyle,Richard: Graphic story review,in: Graphic story magazine,No.8,Oktober 1967,S.30-32, Los Angeles 0924

Laas,William: A half-century of comic-art,in:Saturday review of literature,Bd.31,20.3,48,S.30,39-41, New York 0925

Lahmann,Ed: The new trend,in:Masquerader,No.6,Frühling 1964,S.8-9, Pontiac 0926

Lahmann,Ed: The Superman beforethe time of Superman...Maximo,in:Alter Ego,No.4,1962,S.19-22, Detroit 0927

Lahne,Kalton C.: World of laughter, in:Nomsan,University of Oklahoma Press,1966, Oklahoma 0928

Lardner,J.: King of the lowdowns: Moon Mullins,in:Newsweek,Bd.51,27.1.58,S.67, New York 0929

Lariar,Lawrence: Cartooning for everybody,Crown Publishers,1941, New York 0930

Latona,Robert: Comics:Castro style, in:Vanguard,No.1,1966,S.31-43, New York 0931

Latona,Robert: Diabolik,in:Vanguard, No.2,Februar 1968,S.16-17, New York 0932

Leiffer,Paul: The Space Patrol returns, in:Vanguard,No.2,Februar 1968, New York 0933

LIFE: Yank,Army´s famous magazine stars "Sad Sack",15.11.43,S.118-124 New York 0934

LIFE INTERNATIONAL: New bunch of books by Rube,18.10.65, New York 0935

LIFE INTERNATIONAL: The prolific pen of Jules Feiffer,1.11.65, New York 0936

Linton,C.D.: Tragic comics,in:Madison quarterly,Bd.6,Januar 1946,S.1-6, New York 0937

Mannes,Marya: Comics,in:Encyclopaedia Americana,Bd.7,1959,S.361-362e, New York 0938

Martin,D.: Favorites from the funnies, in:Hobbies,Bd.70,1966,S.118-119, New York 0939

Mendelsohn,Lee: The fabulous funnies! in:The Cartoonist,Januar 1968,S.12-13, Westport 0940

Miller,Raymond: A history of ACE publications,in:Masquerader,No.6, Frühling 1964,S.4-7, Pontiac 0941

Miller,Raymond: Wing Comics,in:The Golden Age,No.2,1967,S.1-6,Miami 0942

Moore,Harold A.: The first comic book,in:Newsletter,Oktober 1965,S.9, Westport 0943

NEWSPAPER COMICS COUNCIL: Milestones of the Comics,Eigenbericht,10. 3.57, New York 0944

NEWSPAPER COMICS COUNCIL: Cavalcade of American Comics,Eigenbericht, 13.10.-19.10.63,S.16, New York 0945

NEWSWEEK: Sack in the war,8.11.43, S.81-82, New York 0946

NEWSWEEK: G.I.s and Miss Lace,8.5. 44,S.95, New York 0947

NEWSWEEK: Writ by hard:Li´l.Abner, Bd.27,3.6.46,S.58,New York 0948

NEWSWEEK: Lena the unseena:Li´l Abner strip,Bd,28,1.7.46,S.58, New York 0949

NEWSWEEK: Comic colors,24.4.50, S.2, New York 0950

NEWSWEEK: The King´s tagalog,28.7, 52,S.45, New York 0951

NEWSWEEK: Capp´s new girl,24.6.54, S.49, New York 0952

NEWSWEEK: Thurber and his humor, 4.2.57,S.30-34, New York 0953

NEWSWEEK: Here´s a good comic:Tintin books,Bd.55,22.2.60,S.104, New York 0954

NEWSWEEK: Good grief: curly hair: Peanuts,Bd.57,6.3.61,S.42-43,68, New York 0955

NEWSWEEK: Germany´s merry elves, 6.5.68,S.58, New York 0956

NEWSWEEK: The Seuss and the suit, 30.12.68,S.32, New York 0957

Parrott,L.: Laughs from Tokyo:Japanese comics reappear,in:New York Times Magazine,12.5.46,S.28, New York 0958

Patterson,Russel: The past:the roaring twenties,in:The Cartoonist,Sondernummer,1966,S.6-13,New York 0959

Paul,George: The legend of the original Green Lantern,in:The Cartoonist,No.0,1965,S.1-16,Saint Louis 0960

PENTHOUSE: The erotic universe of Barbarella,Bd.3,No.5,1968,S.55-60, New York 0961

PLAYBOY: The bizarre beauties of Barbarella,März 1968,S.108-118, Chicago 0962

Politzer,Heinz: From Little Nemo to Li´l Abner,in:Commentary,Bd.8,Oktober 1949,S.346-355,New York 0963

Politzer,Heinz: From Little Nemo to Li´l Abner,in:The Funnies,an American idiom,Hrsg.D.M.White,The free press of Glencoe,1963,S.39-54, New York 0964

Price,Bob: The Dick Tracy story,in: Screen Thrills Illustrated,No.1,Juni 1962,S.52-59, Philadelphia 0965

Price,Bob: Serial queens,in:Screen Thrills Illustrated,No.3,Januar 1963, S.12-18, Philadelphia 0966

PRINT: Narrative illustration:the story of the comics,Sommer 1943,S.1-14, New York 0967

PUCK, the COMIC WEEKLY: The story of America's favorite entertainment, 1937, New York 0968

Quennell,P.: Comic-strips in England: future folklorist will find in them the mythology of the present day,in:Living Age,Bd.360,März 1941,S.21-23, New York 0969

Rafferty,Max: Al Capp,an authentic homegrown genius type,in:The World of Comic Art,Bd.1,No.2,Herbst 1966, S.2, Hawthorne 0970

Ray,Erwin: Syndicates.Phyllis Diller begin her own comic strip,in:Editor and Publisher,Bd.101,No.1,6.1.68,S. 37, New York 0971

Rogow,L.: New comic strip,in:Saturday Review,Bd.36,7.2.53,S.18-20, New York 0972

Russell,F.: Farewell to the Katzenjammer Kids,in:National Review,Bd.20, 16.7.68,S.703-705, New York 0973

Schickel,Richard: The Disney version, the life times art and commerce of Walt Disney,Simon and Schuster,New York,1968 0974

Schiefley,W.H.: French pictorial humor,in:Catholic World,Bd.123,Mai 1926, S.175-178, New York 0975

SCHOOL and SOCIETY: Negro heroes, a new comic publication,Bd.67,19.6. 48,S.457, New York 0976

Schulz,Charles M.: Peanuts festival, exzerpts from Peanuts books,in:McCalls, Bd. 93, September 1966,S.106, 111, New York 0977

Schulz,Charles M.: New Peanuts happinessbook,in:McCalls,Bd.95,Oktober 1967,S.90-91, New York 0978

SCREEN THRILLS ILLUSTRATED: The saga of Superman,part one,No.1, Juni 1962,S.30-37, Philadelphia 0979

SCREEN THRILLS ILLUSTRATED: The saga of Superman,part two,No.2, September 1962,S.42-48, Philadelphia 0980

SCREEN THRILLS ILLUSTRATED: The saga of Superman,part three,No.3, Januar 1963,S.52-57, Philadelphia 0981

SCREEN THRILLS ILLUSTRATED: Tarzan 1962,No.3,Januar 1963,S.19-23, Philadelphia 0982

SCREEN THRILLS ILLUSTRATED: From Tarzan to Lion Man,No.4,April 1963, S.7-9, Philadelphia 0983

SCREEN THRILLS ILLUSTRATED: William Hoppalong Cassidy Boyd,No. 5,Juli 1963,S.35-37, Philadelphia 0984

SCREEN THRILLS ILLUSTRATED: The return of Captain America,No.7,Februar 1964,S.20-25,Philadelphia 0985

SCREEN THRILLS ILLUSTRATED: Flying and fighting heroes,No.9,August 1964,S.34-41, Philadelphia 0986

SCREEN THRILLS ILLUSTRATED: The Lone Ranger story,No.10,Februar 1965 S.6-13, Philadelphia 0987

Seldes,Gilbert: The great audience, New York, 1954 0988

Segal,D.: Feiffer,Steinberg and others, in:Commentary,Bd.32,November 1961, S.431-435, New York 0989

Seldes,Gilbert: The seven lively arts, New York,1924 0990

Shepperd,Jean: The return of the smiling Wimpy Doll,in:Playboy,Dezember 1967,S.180-232, Chicago 0991

Sherman,Sam: Buck Rogers,part one, in:Spacemen,No.5,Oktober 1962,S.34-42, Philadelphia 0992

Sherman,Sam: Buck Rogers,part two, in:Spacemen,No.6,Januar 1963,S.16-21, Philadelphia 0993

Simpson,L.L.: Batman´s vogue gallery, in:Masquerader,No.6,Frühling 1964,S. 19-21, Pontiac 0994

Smith,Al: Steve Douglas,in:The Cartoonist,August 1967,S.27,Westport 0995

AMERICAN CARTOONIST SOCIETY: President´s cartoon book,Scribner and Sons,1961,125 S.,New York 0996

SPACEMEN: The ace of space:Flash Gordon,Jahrbuch 1965,S.16-21, Philadelphia 0997

Spicer,Bill: Graphic story review:His name is ... Savage,in:Graphic Story Magazine,No.9,1968,S.23-25, New York 0998

Spicer,Bill: Interview with Dan Noonan, in:Graphic Story Magazine,No.9,1968, S.12-17,New York,(Mitautor:V.Davis) 0999

Stanley,John: Great comics game, Price-Stern-Sloane-Inc.,1966,Los Angeles 1000

Starr,H.W.: Korak,son of Tarzan?,in: The Burroughs Bulletin,No.16,1965,S. 8-27,Kansas City,(Mitautor:J.Harwood) 1001

Thomas,Roy: One man´s family.The saga of the Mighty Marvels,in:Alter Ego,No.7,Herbst 1964,S.18-27, St. Louis 1002

Thomas,Roy: The reincarnation of the Spectre,in:Alter Ego,No.1,1964,S.10-12, Detroit 1003

Thompson,Don: Dan Noonan Bibliography,in:Graphic Story Magazine,No. 9,1968,S.18-19, New York 1004

TIME: New models,7.2.44,S.71-72, New York 1005

TIME: Not for kids,Milton Caniff´s new comic:Steve Canyon,Bd.48,2.12. 46,S.61, New York 1006

TIME: Sacking of the Shmoo,London Sunday Pictorial,Bd.53,23.5.49,S.63, New York 1007

TIME: Mr.and Mrs.Palooka,Bd.53,27. 6.49,S.45-46, New York 1008

TIME: The stainless Texan,Bd.65,3.1. 55,No.1,S.32-33, New York 1009

TIME: Dirk s bad boys,Katzenjammer Kids,Bd.69,No.9,4.3.57,S.48, New York 1010

TIME: Gallic comic,cartoonist Kinnaird´s contes francais,Bd.81,12.4.63, S.86, New York 1011

TIME: Just a kid in a big white house: Miss Caroline,Bd.82,No.4,26.7.63, S.56, New York 1012

TIME: "Es Luv´ly (Andy Capp),Bd.82, 1.11.63,No.8,S.71,New York 1013

TIME: Cartooning:To make them laugh (R.Goldberg),Bd.83,No.18,1.5.64,S.66 New York 1014

TIME: Good grief:the world according to Peanuts,9.4.65,S.42-46, New York 1015

TIME: Voice of the third world (Seraphina),Bd.88,No.19,4.11.66,S.54-55, New York 1016

TIME: Hail the great:French comic book hero: Astérix, Le Gaulois, Bd. 88, No. 26,23.12.66,S.25-26, New York 1017

TIME: Magazines:Super Square,31.5.68, S.54, New York 1018

MINNEAPOLIS SUNDAY TRIBUNE: 50 years of comics,13.6.48,Minneapolis 1019

VANGUARD: The Space Patrol returns, No.2,Februar 1968,S.12-15, New York 1020

Vosburg,Mike: Mandrake the magician, in:Masquerader,No.2,November-Dezember 1962,S.11-13, Pontiac 1021

Vosburgh,J.R.:How the comic book started,in:Commonweal,Bd.50,20.5.49, S.146-148, New York 1022

Vosburgh,J.R.: How the comic book started,in:Commonweal,Bd.50,3.6.49, S.199,244,293, New York 1023

Walker,Hermanos: My father draws Beetle Bailey,in:The Cartoonist,Oktober 1966,S.24-28, Westport 1024

Walker,Mort: The National Cartoonist Society Album 1965,New York 1965, 184 S. 1025

Walker,Mort: America´s favorite comics New York,1964 1026

Walsh,J.: Classics of the comics:the Katzenjammers,in:Hobbies,Bd.58, April 1953,S.146-149, New York 1027

Warshow,Robert: Krazy Kat,in:Partisan Review,Bd.13,November-Dezember 1956, New York 1028

Waugh,Coulton: The Comics,Macmillan Comp.,1947, New York 1029

Weldon,D.: They´re living off another planet:Twin earths,in:Popular Science, Bd.162,Januar 1953,S.132-135, New York 1030

Weller,Hayden: First comic book,in: Journal of educationsal sociology,Bd. 18,No.4,Dezember 1944,S.195, New York 1031

Wheler,John: The original of Mutt and Jeff,in:San Franzisco Examiner, 1948, San Francisco 1032

White,D.M.: The comic strip in America:a bibliography,Boston 1961, University of Boston,Communications Research Center,Report,No.2 1033

White,D.M.: The art of Al Capp,in: "From Dogpatch to Slobbovia",Beacon Press, Boston,1964 1034

Williams,Glyas: The Glyas Williams Gallery,Harper and Brothers,New York 1957 1035

Willits,Malcom: A bibliography of the Mickey Mouse comic strips,in:Vanguard,No.2,Februar 1968,S.35-36, New York 1036

Willits,Malcom: Mickey Mouse,the first golden decade,in:Vanguard,No.2, Februar 1968,S.19-28, New York 1037

THE WORLD OF COMIC ART: Hugo Gernsback,godfather to science-fiction comics,Bd.1,No.1,Juni 1966,S. 10-15, Hawthorne 1038

THE WORLD OF COMIC ART: Breda Starr,a pretty nose for news,Bd.1,No.2, 1966,S.20-23, Hawthorne 1039

THE WORLD OF COMIC ART: Ginger Meggs,Australia´s most famous comic strip,Bd.1,No.2,1966,S.32-35, Hawthorne 1040

Die Struktur der Comics
The Structure of Comics

ALGERIEN:

Amengual, Barthélemy: Le petit monde de Pif le chien, in: Travail et culture d'Algérie, Argel, Algier, 1955 1041

ARGENTINIEN:

ANALISIS: De cuadros y globitos, No. 392,18.9.68, S. 73-75, Buenos Aires 1042

Battaglia, Roberto C.: Sentido graphico y humanidad son la base del dibujo humoristico, in:Dibujantes,No. 2, Oktober 1953,S.4-5, Buenos Aires 1043

CONFIRMADO: Tiempo moderno,Bang Splash,No. 118,21.9.67,S.26-28, Buenos Aires 1044

DIBUJANTES: Los secretos de la historieta,No.2,Oktober 1953,S.8-10, Buenos Aires 1045

DIBUJANTES: Los secretos de la historieta,No.3,November 1953,S.8-10, Buenos Aires 1046

DIBUJANTES: Los secretos de la historieta,No.4,Dezember 1953-Januar 1954, S. 30/31, Buenos Aires 1047

DIBUJANTES: Se desvanece el cartel artistico de Walt Disney,No.15,Juli-August 1955,S.4-5, Buenos Aires 1048

Federico,G.: Técnica de la historieta, in:Dibujantes,No.1,September 1953,S. 10 16, Buenos Aires 1049

Ferroni,Alfredo: Creación y realización de un titulo de historieta, in: Dibujantes,No. 3,November 1953,S. 26-28, Buenos Aires 1050

Grassi, Alfredo J.: Qué es la historieta? Editorial Columba,Colleccion Esquemas,1968, 80 S.,Buenos Aires 1051

Lipszyck,Enrique: Técnica de la historieta,Escuela Panamericana de Arte, 1966,182 S., Buenos Aires 1052

Masotta,Oscar: Reflexiones présemiologicas sobre la historieta:el esquematismo,Centro de Investigaciones Sociales,Instituto Torcuato Di Tella, Oktober 1967, 29 S.,Buenos Aires 1053

Scanteie,Lionel: Héroes de libros maravillosos,Editorial El Ateneo,1964, Buenos Aires 1054

Sueiro,Victor: El papá de Tarzan,in: Gente,No.169,17.10.68,S.50-52, Buenos Aires 1055

Tencer,S.W.: Arte y ciencia de la historieta,in:Hobby,1967,Buenos Aires 1056

BELGIEN:

Godin,Noel: Anatomie d'une bande dessinée,in:Amis du Film et de la Télévision, No.137,Oktober 1967,S.10-11, Brüssel 1057

Martens,Thierry: Bande dessinée et figuration narrative,in:Rantanplan,No. 7,Oktober 1967,S.9, Brüssel 1058

Martens,Thierry: Réalisme et schematisme dans les bandes dessinées belges contemporaines,in:UCL,1966, Brüssel 1059

Martens, Thierry: Réalisme et schematisme dans les bandes dessinées belges contemporaines, 1967, 278 S., Brüssel 1060

Ugeux, William: Le neuvième art, Introduction à la bande dessinée belge, in: Rantanplan, 1967, S. 10-13, Brüssel 1061

Van Herp, Jacques: Les long-shots de Jacobs, Vorwort zu "Le Rayon U", C. A. B. D., 1967, Brüssel 1062

BRASILIEN:

Augusto, Sergio: Os fantasticos musculosos, in: Jornal do Brasil, Frühling 1967, Rio de Janeiro 1063

Cortez, Jayme: A tecnica de desenho, Ind. Grafica Beutivegno Editora Ltda., 1965, 220 S., Sao Paulo 1064

Junior, Zoe: Vorwort zu "A Tecnica de Desenho", Beutivegna Editora, 1965, Sao Paulo 1065

Lins do Rego, José: Romances en quadrinhos, in: O Globo, 1967, Rio de Janeiro 1066

DEUTSCHLAND:

Baumgärtner, Alfred C.: Comics in Deutschland, in: Handbuch der Publizistik, Bd. 2, Berlin 1969, S. 127-132 1067

Baumgärtner, Alfred C.: Die Welt der Comics, Verl.: Kamp, Bochum 1965, Kamps pädagogische Taschenbücher, No. 26 1068

Baumgärtner, Alfred C.: Comics-Ewige Mythen oder Esperanto der Analphabeten?, in: Radius, Stuttgart-Bad Cannstatt, 1968, H. 1, S. 42-44 1069

Brüggemann, Theodor: Das Bild der Frau in den Comics, in: Studien zur Jugendliteratur, Bd. 2, H. 3, 1956, S. 3-29 1070

Brüggemann, Theodor: Eine Klasse urteilt über Comics, in: Pädagogische Rundschau, 11. Jg., 1956, H. 6, S. 226-230 1071

Cordt, Willy K.: Bildserienhefte-unter die Lupe, in: Unsere Schule, H. 11, 1954, S. 690-694 1072

Couperie, Pierre: Keine Arbeiter-keine Neger.- Die manipulierte Thematik der Comics, in: Tendenzen, München, 1. Sonderheft, No. 53, August-September 1968, S. 184-186 1073

D., F.: Das jüngste Kind der Literatur-und ein neues Zeitungsressort, in: Die deutsche Zeitung, Bielefeld, November 1949, S. 14-15 1074

Doetsch, Marietheres: Comics und ihre jugendlichen Leser, Verl.: A. Hain, Meisenheim am Glan 1958 1075

Faust, Wolfgang: Über das "Lesen" von Comics, in: Comic Strips: Geschichte, Struktur, Wirkung und Verbreitung der Bildergeschichten, Ausstellungskatalog der Berliner Akademie der Künste, 13. 12. 69-25. 1. 70, S. 28-31 1076

Glietenberg, Ilse: Die Comics, Wesen und Wirkung, München, phil. diss., 9. Juli 1956 1077

Hofmann, Werner: Die Kunst der comic strips, in: Merkur, 23. Jg., H. 3, März 1969, S. 251-262 1078

Illg,Renate: Untersuchungen zur Trivialliteratur. Typen der Comics, Zulassungsarbeit zur 1. Dienstprüfung für das Lehramt an Grund-und Hauptschulen, Ludwigsburg, Frühjahr 1969 1079

Kantelhardt, Arnhild: Die "Komik" der Comics in psychologischer und pädagogischer Analyse, Arbeit für das 1. Staatsexamen für Volks- und Realschullehrer Oktober 1969, Hamburg 1080

Kumlien, Gunnar D.: Luxustraum der Armen, in:Rheinischer Merkur, Düsseldorf, No. 27, 3.7.53 1081

Leinweber, Horst: Der Comic-Strip als publizistisches Phänomen. Seine Entwicklung und Bedeutung, unter besonderer Berücksichtigung der amerikanischen Tagespresse, phil. diss., Wien 1958 1082

Paetel, Karl O.: Der Siegeszug der Phonetik. Randbemerkungen zu den Comics, in:Recht der Jugend, Berlin, 4. Jg., H. 17, 1956, 1. September-Heft, S. 257-258 1083

Pehlke, Michael: Die Zukunft der Comic-Strips, in:Comic Strips:Geschichte, Struktur, Wirkung und Verbreitung der Bildergeschichten, Ausstellungskatalog der Berliner Akademie der Künste, 13.12. 69-25.1.70, S. 50-57 1084

Politzer, Heinz: Mehr Goliath als David eine Analyse des "Superman", in:Tendenzen, München, 1. Sonderheft, No. 53, August-September 1968, S. 190-191 1085

Riha, Karl: Die Blase im Kopf, in:Trivialliteratur-Aufsätze, Verl.:Literarisches Colloqium, Berlin 1964, S. 176-191 1086

Scheerer, Friedrich: Eine Lanze für die Comics, in:Zeitnahe Schularbeit, 22. Jg., H. 4/5, 1969, S. 146-167 1087

Schöler, Franz: Wo Helden noch Helden sind, in:Die Welt, 17.7.65 1088

Spitta, Theodor: Die Bildersprache der Comics, in:Jugendliteratur, 1955, H. 10, S. 460-468 1089

Spitta, Theodor: Die Bildersprache der Comics, in:Welt und Wort, 1956, H. 4, S. 108-110 1090

Spitta, Theodor: Die Bildersprache der Comics, unveröffentlichter Vortrag, gehalten 1955 auf der Kuratoriumstagung in Wien 1091

Stelly, Gisela: Groß erhebt sich Batman´s Schatten über Gotham City, in: Die Zeit, No. 42, 20.10.67, S. 61 1092

W., Dr.: Comic-strips, Bilder unserer Zeit, in:Welt-Stimmen, 25. Jg., No. 12, Stuttgart, 1956, S. 534-538 1093

Weichert, Helga: Gangster, Grafen, Superhelden-Wunschwelten der Trivialliteratur, in:Deutschliteratur, Hessischer Rundfunk, Schulfunkheft, September-Dezember 1968, 23. Jg., S. 46-57 1094

Welke, Manfred: Die Sprache der Comics, Verl.:dipa, Frankfurt am Main, 1956 1095

Welke, Manfred: Die Sprache der Comics, in:Börsenblatt für den deutschen Buchhandel, Frankfurt, 16. Jg., No. 97, 1960, S. 2073 1096

Wetterling, Horst: Das Menschenbild in den Comic-Strips, in:Zeitwende, 31. Jg., H. 10, 1960, S. 691-695 1097

Zboron, Hagen: Aspekte der Beschwichtigung in "Micky Maus", in:anabis, 18. Jahrgang, 1966/67, S. 83-88 1098

Zimmermann,Hans Dieter: Astérix und Jodelle,zu zwei französischen Comics, in:Comic Strips:Geschichte,Struktur,Wirkung und Verbreitung der Bildergeschichten,Ausstellungskatalog der Berliner Akademie der Künste,13.12.69-25.1.70,S.44-49 1099

ENGLAND:

Ames,Winslow: Caricature and cartoon, II. D. C. Strips,III. Comic-Strip-Techniques,in:Encyclopaedia Brittannica,Bd.4, 1960, London 1100

CONTINENTAL: Aesthetics and the strip cartoon,in:Continental,Dezember 1967, London 1101

George,Hardy: Aspects of prevalent forms.The works of Andrew Greaves and Roderic Stokes,in:UNIT,No.11, University of Keele,1968,London 1102

Muggeridge,Malcom: The art of comic-strips,in:New Statesman and Nation, Bd.59,No.1510,20.2.60,S.250-253, London 1103

FRANKREICH:

Amadieu,G.: Scénario de Flash Gordon, in:Phénix,No.3,1967,S.12-16,Paris 1104

André,Jean-Claude: Esthétique des bandes dessinées,in:Revue d´Esthétique,Bd. 18,Fasciculo I,1965, Paris 1105

Bauchard,Philippe: Les mythes de la presse pour enfants,in:Observateur,27.8. 53, Paris 1106

Beauvalet,Claude: Interroger les images, in:Mass media,Bload et Gay,1966, Paris 1107

Benayoun,Robert: Le ballon dans les bandes dessinées,in: La brèche,1965, Paris 1108

Benayoun,Robert: Le dessin animé après Walt Disney,J.-J.Pauvert,1961, Paris 1109

Benayoun,Robert: Le ballon dans les bandes dessinées:Vroom,Tchac,Zowie! A.Balland,1968,110 S., Paris 1110

Beylie,Claude: Demons et merveilles, in:Giff-Wiff,No.17,Januar 1966,S.29, Paris 1111

Billard,Pierre: Des filles pour les bandes,in:L´Express,No.800,17.10.-23.10.66, Paris 1112

Bonnemaison,Guy Claude: Les ballons dans les bandes dessinées,in:Giff-Wiff, No.8,1965,S.39, Paris 1113

Boullet,Jean: Psychoanalyse des comics,in:Combat,30.6.49,Paris 1114

Bouret,Jean: D´une esthétique de la bande dessinée,in:Les lettres francaises,No.1138,30.6.-6.7.66,Paris 1115

LE NOUVEAU CANDIDE: Les marchands des mythes,No.348,25.12.-31. 12.67,S.7, Paris 1116

Chambon,Jacques: Statut de la femme dans les bandes dessinées d´Avant-garde,in:Mercury,No.7,November-Dezember 1965,S.51-57,Paris,(Mitautoren:J.-P.Fontana,G.Temey) 1117

Chapeau,Bernard: Le franglais dans les bandes dessinées,in:Giff-Wiff,No. 12,1965,S.1, Paris 1118

Chateau,René: L'ABC des Comics,in: La méthode,No.10,Februar 1963,S.5-22,Paris,(Mitautor:Cl. Guillot) 1119

Couperie,Pierre: Bandes dessinées et figuration narrative,Ausstellungskatalog, Paris 1967 1120

Couperie,Pierre: 100.ooo.ooo.de lieues en ballon.La science-fiction dans la bande dessinée,in:Phénix,No.4,3.Trimester 1967,S.31-41, Paris 1121

Couperie,Pierre: 1000.ooo de lieues en ballon,Ausstellungskatalog Musée des Arts Décoratifs,1967,S.25-30,Paris 1122

Couperie,Pierre: Le style d'Alex Raymond,in:Phénix,No.3,1967,S.8-11, Paris 1123

De Stefanis,Proto: Bandes dessinée et figuration narrative,Ausstellungskatalog, Musée des Arts Décoratifs,1967,Paris 1124

Fontana,Jean-Pierre: Statut de la femme dans les bandes dessinées d'Avantgarde,in:Mercury,No.7,November-Dezember 1965,S.51-57,Paris,(Mitautoren:J. Chambon,G. Temey) 1125

Fouilhe,P.: Le language de l'illustré moderne,in:Littérature de Jeunesse,No. 68,August-September 1955,Paris 1126

Francois,Edouard: Bande dessinée et figuration narrative,Ausstellungskatalog,Musée des Arts Décoratifs,1967, Paris 1127

Gassiot-Talabot,Gerald: Le ballon dans la figuration narrative,in:Phénix,No.3, 1967,S.48-51, Paris 1128

Gassiot-Talabot,Gerald: Bande dessinée et figuration narrative,Ausstellungskatalog,Musée des Arts Décoratifs,1967, Paris 1129

Gauthier,Guy: Le language des bandes dessinées,in:Image et Son,No.182, März 1965,S.65-75, Paris 1130

Goimard,Jacques: La déesse-fille,in: Fiction,No.137,1965,S.152-156,Paris 1131

Guichard-Meili,Jean: L'ABC des Comics,in:La méthode,No.10,Februar 1963, S.5-22,Paris,(Mitautor:R. Chateau) 1132

Guillot,Claude: L'ABC des Comics, in:La méthode,No.10,Februar 1963, S.5-22,Paris,(Mitautoren:R. Chateau, J.Guichard-Meili) 1133

Horn,Maurice: Bande dessinée et figuration narrative,Ausstellungskatalog, Musée des Arts Décoratifs,1967,Paris 1134

Lacassin,Francis: Etude comparative des archetypes de la littérature populaire et des bandes dessinées,Vortrag, Internationales Colloqium über Literatur und Para-Literatur,September 1967,Cerisy la Salle,Frankreich 1135

Lacassin,Francis: Une semaine en ballon,in:Midi-Minuit Fantastique,No. 6,Juni 1963,S.88, Paris 1136

Lacoubre,Roland: H.G.Clouzot et la language dessinée,in:Giff-Wiff,No.10, 1965,S.25, Paris 1137

Legman,G.: Psychopathologie des comics,in:Les temps modernes,No.43, Mai 1949,S.916-933, Paris 1138

Leguebe,Eric: Métamorphoses d'un héros,in:Arts,13.4.66, Paris 1139

MAGAZINE LITTERAIRE: Dix personnages de bandes dessinées, No. 9, Juli-August 1967, S. 23-27, Paris 1140

Marnat, Marcel: Pim Pam Poum, in: Les Lettres Francaises, No. 1138, 30. 6. -6. 7. 66, Paris 1141

Moliterni, Claude: Bande dessinée et figuration narrative, Ausstellungskatalog, Musée des Arts Décoratifs, 1967, Paris 1142

Neubourg, Cyrille: Petit catalogue de thèmes, in: Les Lettres Francaises, No. 1138, 30. 6. -6. 7. 66, Paris 1143

PILOTE: Voici comme nait une bande dessinée, No. 283, 1967, S. 37-42, Paris 1144

Report, Lucien: La caricature littéraire, Armand Collin, 1932, Paris 1145

Restany, Pierre: L'art pour la bande, in: Arts, No. 82, 19. 4. -25. 4. 67, S. 36-38, Paris 1146

Sadoul, Jacques: L'art du comic-book, in: Giff-Wiff, No. 16, Dezember 1965, S. 28, Paris 1147

Strinati, Pierre: Les animaux vus par Hogarth, in: Giff-Wiff, No. 18, 1966, Paris 1148

Temey, Gerard: Statut de la femme dans les bandes dessinées d'Avantgarde, in: Mercury, No. 7, November-Dezember 1965, S. 51-57, Paris, (Mitautoren: J. Chambon, J. -P. Fontana) 1149

Thomas, Pascal: La littérature en ballon, in: Le Nouveau Candide, No. 274, 25. 7. 66, Paris 1150

Vandromme, Pol: Le monde de Tintin, Paris, 1959 1151

ITALIEN:

Alessandrini, Ferruccio: Il mistero di Fulmine, in: Collana Anni Trenta, No. 6, 15. 8. 67, Mailand 1152

Antonini, Fausto: Analisi dei contenuti psicoligici profondi di alcuni personaggi di Walt Disney, in: Quaderni di communicazioni di massa, No. 1, S. 78-88, 1965, Rom 1153

Aspesi, Natalia: Hanno invaso con le K, il mondo dei fumetti, in: Il Giorno, 25. 9. 66, Genua 1154

Bertieri, Claudio: L'antichissimo mondo di B. C., in: Il Lavoro Nuovo, 23. 1. 66, Genua 1155

Bertieri, Claudio: Da X-9 a 007 si perfeziona il mito dell'agente segreto in: Il Lavoro Nuovo, 3. 7. 65, Genua 1156

Bertieri, Claudio: Ampia discussione a Lucca sulle variazioni di Topolino, in: Il Lavoro Nuovo, 5. 10. 66, Genua 1157

Bertieri, Claudio: I baloons nel video, in: Linus, No. 25, April 1967, Mailand 1158

Bertieri, Claudio: Personaggi, i normalissimi Addams, Uup un cavernicolo temponanta, Barbarella, L'Antichissimo mondo di B. C.. Su alcuni riferimenti culturali nei considetti fumetti neri, in: Fantascienza Minore, Sondernummer, 1967, S. 27-35, Mailand 1159

Bertieri, Claudio: I personaggi di Antonio Rubino, in: Il Lavoro, 29. 5. 65, Genua 1160

Biamonte, S. G.: Follia dei fumetti,

in:Le Ore,6.1.66,S.38-41,Mailand1161

Bianchi,P.: L'umanità in erba del disegnatore Schulz,in:Il Giorno,31.7. 63, Genua 1162

Boatto,Alberto: Il fumetto al microscopio,in:Fantazaria,No.2,1967,Rom 1163

Caradec,Fr.: I primi eroi,Garzanti, 1962, Mailand 1164

Capri,Pier: Como nasce un fumetto,in: Il Giorno,21.7.65, Genua,(Mitautor:M. Gazzarri) 1165

Casscia,A.: Eroi e miti in fumo,in: Atlanta,No,16,April 1966,Mailand 1166

Castelli,Alfredo: Da Superman a Nukla: I magnifici eroi dei comic books,in: Comics,Sondernummer,April 1966,S. 6-12,Mailand,(Mitautor:P. Sala) 1167

Castelli,Alfredo: Da Superman a Nukla: I magnifici eroi dei comic books,in: Fantascienza Minore,Sondernummer, 1967,S.8-11,Mailand,(Mitautor:P.Sala) 1168

Castelli,Alfredo: Il mondo dei comics, in:Collana Oceano,No.4,Dezember 1966 S.25, Mailand 1169

Castelli,Alfredo: La produzione a fumetti,in:Guida a Topolino,November 1966,S.11-12,Mailand,(Mitautor:Fr. De Giacomo) 1170

Clair,René: I primi eroi,Garzanti,1962, 478 S., Mailand 1171

COLLANA ANNI TRENTA: Intervista per... lettera con Vicenzo Baggioli, lo scrittore de Fulmine,No.5,1.8.67, Mailand 1172

Cozzi,Liugi: AAAHHH! EEEE-YAHHH! in:Sgt.Kirk,No.11-12,Mai-Juni 1968, S.41-47, Mailand 1173

De Giacomo,Fr.: La produzione a fumetti,in:Guida a Topolino,November 1966,S.11-12,Mailand,(Mitautor:A. Castelli) 1174

Della Corte,Carlos: L'Avventura, gli eroi,in:Smack,No.1,Februar 1968,S. 1-2, Mailand 1175

Della Corte,Carlos: L'età d'oro in mito, in:Eureka,No.3,Januar 1968,S.1-3, Mailand 1176

Eco,Umberto: Il mondo di Charlie Brown,in:Milano Libri,1963,Mailand 1177

Eco,Umberto: La struttura iterativa nei fumetti,in:Quaderni di communicazioni di massa,No.1,1965,S.30-34, Rom 1178

Eco,Umberto: Lettura di Steve Canyon,in:Quaderni di communicazioni di massa,No.4-5,März-Juni 1967, Rom 1179

Forte,Gioacchino: Gli eroi di carta, in:Edizioni scientifiche italiane,1965, Neapel 1180

Possati,Franco: Dalle comic strips allo schermo,in:Oltre il Cielo,No.145, 1967,S.108-110, Rom 1181

Gazzarri,Michel: Como nasce un fumetto,in:Il Giorno,21.7.65,Genua, (Mitautor:P. Carpi) 1182

Giammanco,Roberto: I comics,metodologia o merceologia?,in:Opera aperto,März-April 1965,Mailand 1183

Giuntoli,Ilio: Giustificazione e psicologia del fumetto,in:Quaderni di Comunicazioni di massa,No.6,1965,Rom 1184

Lacassin,Francis: Alteration et transformation du heros de bandes dessinées, in:I fumetti,Juni 1967,S.41-51,Rom 1185

Lamberti Bocconi,Maria R.: La narrativa a fumetti,in:I problemi della pedagogia,No.6,1965,Rom 1186

Laura,Ernesto G.: L'uomo bianco e il "terzo mondo" attraverso il personaggio di "The Phantom",in:Quaderni di Comunicazioni di massa,No.1,1965,S.93-102, Rom 1187

Leydi,Roberto: L'autore smascherato,in: L'Euopeo,März 1965,Mailand 1188

Mannucci,Cesare: Sociologia del fumetto,in:Il Mondo,12.1.65,Mailand 1189

Obertello,Nicoletta: L'apologia dell'esingenza di sicurezza nel mondo fanciullesco di Schulz,in:Quaderni di Communicazioni di Massa,1965,Rom 1190

Ongaro,Alberto:Tipi e personaggi del Salone Internationale dei Fumetti:Batman e Co.,in:L'Europeo,1966, Mailand 1191

LE ORE: Gli eroi del nostro tempo,6.1.66,S.36, Mailand 1192

Origlia,D.: Psicologia del fumetto,in: Illustrazione Scientifica,Oktober 1950, Mailand 1193

Pagliaro,Antonio: La parola e l'immagine,in:Edizioni scientifiche italiane 1957, Neapel 1194

Petrini,Enzo: L'illustration dans le monde de la jeunesse,in:Il Centro,Oktober-November 1955, Mailand 1195

QUADERNI di COMMUNICAZIONI di MASSA: Analisi dei contenuti psichologici profondi di alcuni personaggi di Walt Disney,No.1,1965,Rom 1196

Rava,Enzo: I personaggi e noi,in:Noi Donne,No.22,23,1966, Rom 1197

Roselli,Auro: Sei snob? Parla comic Superman,31.3.67,Mailand 1198

SERGENTE KIRK: Umorismo e fumetti, No.16,Oktober 1968,S.52-53,Genua 1199

Sala,Paolo: Da Superman a Nukla:I magnifici eroi dei comic books,in: Comics, Sondernummer,April 1966,S. 6-12, Mailand,(Mitautor:A.Castelli) 1200

Sala,Paolo: Da Superman a Nukla:I magnifici eroi dei comic books,in: Fantascienza Minore,Sondernummer, 1967,S.8-11,Mailand,(Mitautor:A.Castelli) 1201

Speciale,Liberio: I personaggi dei fumetti stanno invadendo lo schermo, in:Momento Sera,28.8.65,Mailand 1202

Strinati,Pierre: Le thème de la grotte dans les bandes dessinées,in:I Fumetti Juni 1967,No.9,S.53-56,Rom 1203

Traini, Rinaldo: La tecnica dei "comics" italiani dal 1930 al 1943,in: I Fumetti,No.9,Juni 1967,S.115-122, Rom 1204

Trevisani,Guiseppe: Il mondo a quadretti,in:Il Politecnico,6.10.45, Rom 1205

Trinchero,Sergio: Gli animali nei comics,in:Super Albo,Supplemento,No.44, Dezember 1964, Mailand 1206

Trinchero,Sergio: I caratteristi,in:Sgt. Kirk,No.3,September 1967,S.60-61, Genua 1207

Trinchero,Sergio: Civiltà e anticonformismo, in:Comic Art in Paper Back, No.2, Juli 1966, Mailand 1208

Trinchero,Sergio: Le eroine,in:Super Albo,No.131,Fratelli Spada,4.4.65, Mailand 1209

Trinchero,Sergio: La mitologia,in:Comic Art in Paper Back,No.4,Januar 1967, Mailand 1210

Volpicelli,Luigi: Il linguaggio dei fumetti,in:Quaderni di Communicazioni di Massa,No.1,1965,S.17-29,Rom 1211

Zanotto,Piero: I disegni animati,in: Radar,Enciclopedia del tempo libero, 1968,62 S.,Padua 1212

Zanotto,Piero: E'riapparso Topolino, l'eroe di Walt Disney,in:Il Lavoro,8.10.66, Genua 1213

Zanotto,Piero: E'riapparso Topolino, l'eroe di Walt Disney,in:Il Piccolo, 13.11.66, Triest 1214

Zanotto,Piero: Esplorano il nostro mondo i moderni poeti del fumetto,in:Il Gazzettino,16.9.67, Venedig 1215

Zanotto,Piero: Mandrake e Barbarella sullo schermo,in:Corriere del Giorno, 13.3.65, Tarent 1216

KANADA:

Lacassin,Francis: Etude comparative de la structure du gag et des techniques narratives dans les bandes dessinées et les dessins animés,Vortrag,Communicación dans le Retrospective Mondial du dessin animé,August 1967, Montreal 1217

ÖSTERREICH:

DIE FURCHE: "Literatur" der Primitiven. Die Symbolsprache der Comic-Books,11.Jg.,1955,No.40,S.4,Wien 1218

Hon,Walter: Die Bildersprache der Comics,in:Österreichischer Jugendinformationsdienst,9.Jg.,1955,S.17,Wien 1219

PORTUGAL:

Batoreo,Manuel L.: Vamos desenhar historias sem ilustrar palavras,in:A Capital,28.11.68, Lissabon 1220

Granja,Vasco: A banda desenhada expressao artistica do nosso tempo,in: A Semana,Supplemento de "A Capita",11.10.68,S.6, Lissabon 1221

SCHWEDEN:

Allwood,Martin S.: Kalle Anka,Stälmannen och VI,Stockholm 1958 1222

Hegerfors,Sture: Neger? Icke!,in:Expressen,28.1.67, Stockholm 1223

Hegerfors,Sture: Svish! Pow! Sock! Seriernas fantastiska värld,in:Verl.

Corona, Lund 1966, 122 S. 1224

Hegerfors, Sture: Wham! Pow! Zowie!, in:Expressen, 16.8.66, Stockholm 1225

Klingberg, Göte: Undersökningar rörande seriemagasinens sprak, in:Folkskolan, Bd. 1-2, 1954, S. 15-21, Stockholm 1226

Runnquist, Ake: Svish! Pow!, in:Bockernas värld, 1967, S. 2, Stockholm 1227

SCHWEIZ:

Sadoul, Jacques: La science-fiction dans le comic-book, in:Ausstellungskatalog, Kunsthalle Bern, 8.7.-17.9.67, S. 6-7, Bern 1228

Versins, Pierre: La science-fiction dans le monde, in:Ausstellungskatalog, Kunsthalle Bern, 8.7.-17.9.67, S. 3, Bern 1229

Zanotto, Piero: La società a fumetti, in: Corriere del Ticino, 11.1.66, Lugano 1230

SPANIEN:

Barriales Ardura, Andres: El héroe en la prensa infantil y juvenil, in:Instituto de Periodismo, 1964, Pamplona 1231

Castillo, José C.: Aptitudes politicas en la prensa juvenil, Madrid, 1962 1232

Cuenca, Carlos F.: El mundo del dibujo animado, Madrid, 1966 1233

Escobar: Humor grafico, Curso de dibujo humoristico por correspondencia, Barcelona, 1965 1234

Gimferrer, Pedro: El fabuloso mundo de los comics, in:Destino, No. 1.464, 28.8.65, S. 19, Barcelona 1235

Laiglesia, Juan A. de: El humor en las revistas de niños, in:Curso de prensa infantil, Escuela oficial de periodismo, 1964, S. 193, Madrid 1236

Laiglesia, Juan A. de: El arte de la historieta, Doncel, Madrid, 1964 1237

Laiglesia, Juan A. de: El guión grafico ilustrado. Sus problemas y peculiariades, in:Curso de prensa infantil, Escuela oficial de periodismo, 1964, S. 203, Madrid 1238

Llobera, José: Dibujo de historietas, in: Afha, 1962, Madrid 1239

Magaña, Fuensanta: La información en la prensa infantil, in:Escuela de periodismo de la Iglesia, Madrid, 1964 1240

Mannucci, Cesare: Sociologia del fumetto, in:El Mundo, 12.1.65, Madrid 1241

Martin, Antonio: Notas para una ideología de la prensa juvenil, in:Marzo, No. 31, Januar 1965, Madrid 1242

Martin, Antonio: El arte LSD', in:Arriba, 15.1.67, Madrid 1243

Moix, Ramón: El fabuloso mundo de los comics, in:Destino, No. 1.464, 28.8.65, S. 19, Barcelona 1244

Parramón, José M.: Como dibujar historietas, Instituto Parramón, 1966, Madrid 1245

Parramón: José M.: El arte de la ilustración, Instituto Parramón, 1965, Madrid 1246

Paya,Maria R.: El mundo profesional a través de la prensa infantil y juvenil, in:Curso de prensa infantil,Escuela oficial de periodismo,1964,S.211,Madrid 1247

Pericas,Juana: El hereo y el personaje, in:Curso de prensa infantil,Escuela oficial de periodismo,1964,S.183,Madrid 1248

Puig,Miguel: Ilustración de historietas y cuentas,E.Meseguer,1965,Barcelona 1249

Roca,A.: El hombre libre por exelencia.Un elemento básico de la historia grafica norte americana: el suspense, in:Los Comics,Februar 1964, San Sebastian. 1250

UNGARN:

Lacassin,Francis: La répŕesentation de la parole et des sons dans les bandes dessinées,Vortrag,Internationale Konferenz der UNESCO,September 1966, Budapest 1251

URUGUAY:

Tomeo,Humberto: La historieta: una forma de arte visual,in:Boletin pedagogico de artes visuales,Serie 2,No.9, Oktober 1965, Montevideo 1252

USA:

Andriola,Alfred: Comic-strip taboos,in: Newsletters,National Cartoonist Society, Dezember 1965,S.9-14, Westport 1253

Arnold,Henry: What makes a great strip, in:The Cartoonist,März 1968,S.25-28, Westport 1254

Barcus,Francis E.: The world of Sunday comics,in:The Funnies:an American idiom(Hrg.D.M.White),The free press of Glencoe,1963,S.190-218, New York 1255

Barcus,F.E.: A content analysis of trends in Sunday comics,1900-1959,in: Journalism Quarterly,Bd.38,No.2, Frühling 1961,University of Minnesota, Minnesota 1256

Becker,Stephen: The changing face of the funnies,Eigenbericht des Newspaper Comics Council,13.3.60, New York 1257

Berkman,A.: Sociology of the comic-strip,in:American Spectator,Juni 1936, New York 1258

Blackwith,Ed: The men behind the comics:Steranko,in:Castle of Frankenstein,1967,S.30-31,New York 1259

Bowman,David: The motive behind Tarzan,in:Oparian,Bd.1,No.1,September 1965,S.14-15,Saratoga 1260

Davidson,Sol M.: Culture and the comic-strip,diss.phil.,1959,1013 S., New York University, New York 1261

PROGRESSIVE EDUCATION: People in the comics,Januar 1942,S.28-31,New York 1262

Fearing,Franklin: The content of comic strips:a study of a mass medium of communication,in:The journal of social psychology,Bd.35,1952,S.37-57, New York,(Mitautor:C.Terwillinger) 1263

Fearing,Franklin: The content of comics:goals and means to goals of comic-strip characters,in:Journal of social psychology,Bd. 37,Mai 1953,S. 57, New York,(Mitautor:C. Terwillinger, M. Spiegelman) 1264

Fern,A.: Comics as serial fiction,Magisterarbeit,1968,60 S.,University of Chicago, Chicago 1265

Fisher,Raimond: Moon Mullins today, in:The World of Comic Art,Bd.1,No.1, Juni 1966,S. 6-9, Hawthorne 1266

Fleece,Jeffrey: A word-creator,in:Amèrican Speech,Februar 1943,S. 68-69, New York 1267

FORTUNE: The big Bad Wolf,Mickey Mouse and the bankers,No. X/5,1934, New York 1268

Frank,Josette: What´s in the comics?, in:Journal of educational sociology,Bd. 18,No.4,Dezember 1944,S. 214-222, New York 1269

Frank,Josette: People in the comics,in: Progressive Education,Januar 1942,S. 28-31, New York 1270

Freedland,Nat: Super heroes with super problems,in:New York Sunday Herald Tribune Magazine,9.1.66,S. 14,New York 1271

Gaines,M.C.: Narrative illustrations of comics,in:PRINT,Bd. 3,No. 2,August 1942, New York 1272

Goldberg,Reuben L.: Comics:new style and old,in:Saturday Evening Post,Bd. 201,15.12.28,S. 12-13, Chicago 1273

Greene,W.: Comics have rules of their own,in:Good housekeeping,Bd. 121,September 1945,S. 24f,New York 1274

Hall-Quest,A.L.: Our comic culture, in:Education Forum,Bd. 5,November 1941,S. 84-85, New York 1275

Hill,George E.: Vocabulary of comic strips, in:Journal of educational psychology,Bd. 34,Februar 1943,S. 77-78, New York 1276

Hill,George E.: Word distortions in Comic-strips,in:Elementary School Journal,Bd. 43,Mai 1943,S. 520-525, New York 1277

Howe,Andrew: Comic strip technique, in:Printer´s ink,12.9.35,S. 12, New York 1278

Ivie,Larry: The three faces of Captain Video,in:Monsters and Heroes,No. 3,1967,S. 26-34, Detroit 1279

Ivie,Larry: The four faces of Batman, in:Monsters and Heroes,No. 1,1967,S. 28-32, Detroit 1280

Malter,Morton S.: Content of current comic magazines,in:Elementary school journal,Bd. 52,Mai 1952,S. 505-510, New York 1281

Malter,Morton S.: Content of current comic magazines,in:Journal of social psychology,1953, New York 1282

Matluck,J.H.: The comic-strip: asource of anglicism in Mexican Spanish,in: Hispania,Bd. 43,1960,S. 227-233, Stanford,Cal. 1283

Neuberger,R.L.: Hooverism in the Funnies,in:New Republic,Bd. 79,11.7.34, S. 234, New York 1284

NEWSWEEK: War in the comics,13.7.42,S. 60-61, New York 1285

NEWSWEEK: Comic book scriptures,

16.10,44,S.88,New York 1286

NEWSWEEK: Capps new girls:Long Sam, Bd.43,14.6.54,S.92,New York 1287

NEWSWEEK: Cartoon time,23.12.68, S.34-37, New York 1288

NEW YORK EVENING POST: Questionnaire for a comic-strip artist,4.12.22, New York 1289

Nolan,M.F.: New(Sob!) trends in comics,in:Reporter,Bd.35,29.12.66,S.32-33, New York 1290

PAGEANT: The art of Milton Caniff, Mai 1953,New Haven 1291

NEW REPUBLIC: Fascism in the Funnies Bd.84,18.9.35,S.147,New York 1292

Saenger,Gerhart: Male and female relations in American comic strips,in: Public Opinion Quarterly,Bd.19,No.2, 1955,S.195-205, Princeton 1293

Sargeant,Winthrop: The high spots in lowly comics. Animals supply satire and fantasy in America´s most popular art form,in:Life,Bd.17,1954,No.2,S.26, New York 1294

SCHOOL and SOCIETY: Comic books and characters,summary of three surveys Bd.66,6.12.47,S.439,New York 1295

SCIENCE NEWS LETTERS: Life in comic strip world,Bd.64,1.8.53,S.71, New York 1296

SCREEN THRILLS ILLUSTRATED: The 13 faces of Tarzan,No.1,Juni 1962,S. 4-9, Philadelphia 1297

Sewell,H.: Illustrator meets the comics in:Horn Book,Bd.24,März 1948,S.136-140, New York 1298

Shannon,Lyle W.: The opinions of Little Orphan Annie and her friends,in: Public Opinion Quarterly,Bd.18,1954, S.169-179, Princeton 1299

Spicer,Bill: New directions for the graphic story,in:Fantasy Illustrated, No.7,1967,S.42-44, Los Angeles 1300

Spicer,Bill: New directions for the graphic story,in:Graphic Story Magazine,No.8,Oktober 1967,S.34-37, Los Angeles 1301

Spiegelman,Marvin: The content of comics:goals and means to goals of comic-strip characters,in:Journal of social psychology,Bd.37,Mai 1953,S. 35-37, New York 1302

Steven,William P.: 17 syndicates salesmen list indispensable features,in: Newsletter,National Cartoonist Society,Mai 1965,S.14, Greenwich 1303

Terwilliger,Carl: The content of Comic-Strips:a study of a mass medium of communication,in:Journal of social psychology,Bd.35,1952,S.54-56, New York 1304

Terwilliger,Carl: The content of comics:goals and means to goals of comic-strip characters,in:Journal of social psychology,Bd.37,S.37-57,Mai 1953, New York 1305

Thorndike,Robert L.: Words and the comics,in:Journal of experimental education,Bd.10,Dezember 1941,S.110-113, New York 1306

TIME: Comic strip language,21.6.43, S.96, New York 1307

Tompkins,Allan: What´s in a name?, in:Oparian,Bd.1,No.1,September 1965, S.16-20, Saratoga 1308

Tysell,Helen Tr.: Character names in the comic strips,in:American Speech, Bd.9,April 1934,S.158-160,New York 1309

Tysell,Helen Tr.: The English of the comic cartoons,in:American Speech, Februar 1935,S.43-55,New York 1310

Vigus,Robert: The art of the comic magazine,in:Elementary English Review Bd.19,Mai 1942,S.168-170,Chicago 1311

Vlamos,J.F.: The sad case of the Funnies:comic-strips have gone He-man, Haywire and Hitlerite,in:American Mercury,Bd.52,April 1941,S.411-416, New York 1312

Waite,C.A.: Language of the infant's comic papers,in:School Librarian,Bd.16, Juli 1968,S.140-145,New York 1313

Waite,C.A.: What's in the comics?, in:School Librarian,Bd.12,Dezember 1964,S.254-256,New York 1314

Walp,R.L.: Comics,as seen by the illustrators of children's books,in:Wilson Library Bulletin,Bd.26,No.2,Oktober 1951,S.153-157,159,New York 1315

Weitenkampf,Frank: The inwardness of the comic strip,in:Bookman,Bd.61,Juli 1925,S.574-577,New York 1316

White,David M.: Comic-strips and American culture,in:The Funnies:an American idiom,The free press of Glencoe,1963,S.1-35,New York 1317

Winchester,James H.: Milt Caniff's Air Force,in:Air Force Magazine,Juli 1957,S.41-47, Washington 1318

Technische Aspekte der Comics
Technical Aspects of Comics

ARGENTINIEN:

Costa,C.Diana: Molas: un dibujante argentino para la historia periodistica de Brasil,in:Dibujantes,No.1,September 1953,S.6-7,Buenos Aires 1319

De Montaldo,M.E.: Divito:hombre de siglo XX y dibujante del XXII,in:Dibujantes,No.1,September 1953,S.18-21, Buenos Aires 1320

DIBUJANTES: Es un autentico Piantadino el creador de Azonzato...,in: Dibujantes,No.1,September 1953,S.24-25,34, Buenos Aires 1321

DIBUJANTES: José Luis Salinas:señor de la historieta y de la ilustración, No.3,November 1953,S.18-21,Buenos Aires 1322

DIBUJANTES: Un gran organización al servicio de la historieta,No.4,Dezember 1953-Januar 1954,S.4-7, Buenos Aires 1323

DIBUJANTES: Ramón Columba:paséo triunfante su lapíz por el mundo,No. 4,Dezember 1953-Januar 1954,S.18-21,Buenos Aires 1324

DIBUJANTES: Mazzone:verdadero ejemplo de constanzia y dedicación, No.5,Januar-Februar 1954,S.18-21,28, Buenos Aires 1325

DIBUJANTES: Carlos Enrique Vogt,No. 13,Mai 1955,S.32-33,Buenos Aires 1326

DIBUJANTES: La figura que surge: Joaquin S. Lavado(Quino),No.15,Juli-

August 1955,S.16-17,Buenos Aires 1327

DIBUJANTES: La figura,que surge: Pedro Flores,No.16,Oktober 1955,S.8-9, Buenos Aires 1328

Panzera,Franco: Guida:un dibujante con propulsion a chorro,in:Dibujantes,No.9, Oktober 1954, S.18-21,Buenos Aires 1329

BELGIEN:

Feron,Michel: La première assemblée pléniere du CABD, in:Vo n´polez nin comprind,No.2,Mai 1957,Hannut 1330

Lefevre,Gaston: 2e.Salon International des bandes dessinées à Lucca, in:Rantanplan,No.4,November-Dezember 1966-Januar 1967,S.1, Brüssel 1331

Ponzi,Jacques: Interview Hergé,in:Rantanplan,No.2,April-Juni 1966,S.2-3, Brüssel 1332

DEUTSCHLAND:

Bungardt,Karl: Kennen Sie Bulls Pressedienst?,Allgemeine deutsche Lehrerzeitung,No.18,1952,S.247-248, 1333

Couperie,Pierre: Männer,Mächte,Monopole- Der Apparat der Comics,in: Tendenzen,München,1.Sonderheft,No. 53,August-September 1968,S.168,173-174 1334

dipa-Information für Jugendarbeit und Erziehungswesen: Comic-Strips,6.Jg., H.14,1954,S.12 1335

film: Walt Disney oder:die Kunst,die Maus zu melken,2/67,Februar1967 1336

Guhert,Georg: Der Siegeszug der Comics,in:Ruf ins Volk,Hamm,1965,No. 12,S.93-94 1337

Hack,Berthold: Einige Comic-Probleme,in:Börsenblatt für den deutschen Buchhandel,11.Jg.,No.80,Oktober 1955, S.646-647 1338

Helger,Walter: Bildserien als Jugendschrifttum in Millionenauflage,in:Lebendige Schule,8.Jg.,1953,No.10,S. 708-710 1339

Kleffel,Walther: Die neue "Weltmacht" Comics!,in:Der neue Vertrieb,5.Jg., H.107,5.10.53,S.404-407 1340

Kraatz,Birgit: Doktorhut für Fumetti, in:Rheinischer Merkur,2.12.66, 1341

Metzger,Juliane: Von Bilderbögen und Zugabeheften,in:Jugendliteratur,3.Jg., H.7,1957,S.300-304 1342

SPIEGEL,Der: Comic-Strips- Phantom unter Palmen,No.10,1965,S.112 1343

SPIEGEL,Der: Batman- Tante wacht, No.39,19.9.66,S.170 1344

SPIEGEL,Der: Lizenz für Hampelmänner,No.31,August 1967,S.100, 1345

SPIEGEL,Der: Spielzeug-Profit in der Röhre,No.49,27.11.67,S.108,110 1346

Tageblatt,Pfälzer: Jährlich 300ooo Dollars,Landau,13.5.54 1347

Vertrieb,Der neue: Stürmische Nachfrage nach den "Piccolos",5.Jg.,No. 103,5.8.53,S.304 1348

Vertrieb,Der neue: Auch die "Piccolos" bringen Geld,5.Jg.,H.100,20.6.53, S.235 1349

Zitzewitz,Monika von: Superman mit Seele,in:Die Welt,17.10.66,S.13 1350

ENGLAND:

Bateman, Michel: Funny way to earn a living, Leslie Frewin, London 1966 1350a

FRANKREICH:

Arts et Loisirs: Cent-vingt millions des lecteurs, No. 34, 18. 5. -24. 5. 66, S. 13, Paris 1351

Couffon, Claude: Entretien avec Evelyne Sullerot, in:Les Lettres Francaises, No. 1138, 30. 6. -6. 7. 66, S. 66, Paris 1352

De Rambures, Jean-Louis: Les Don Quichotte de l'édition, in:Réalités, No. 260, September 1967, Paris 1353

Forlani, Remo: Bienvenue señor Copi, in: Giff-Wiff, No. 14, 1965, S. 10, Paris 1354

Forlani, Remo: Sempé avec nous!, in: Giff-Wiff, No. 15, 1965, S. 32, Paris 1355

Francois, Edouard: Alfred Andriola, in: Mongo, No. 0, 1966, Paris 1356

Frere, Claude: Le congrès de Lucca, in: Giff-Wiff, No. 22, Dezember 1966, Paris 1357

Gordey, Michel: Pour la première fois, une bande dessinée dans la Pravda, in: France-Soir, 10. 10. 67, S. 4, Paris 1358

Goscinny, René: Découpage inédit d'une planche de Astérix et les Normands, in:Les Lettres Francaises, No. 1138, 30. 6. -6. 7. 66, Paris 1359

Hubert-Rodier, Lucienne: Le père de Blondie est venue à Paris pour apprendre à flaner, in:Samedi-Soir, 16. 8. 52, Paris 1360

Juin, Hubert: Au pays de la bande dessinée, in:Les Lettres Francaises, No. 1151, 6. 10. -12. 10. 66, S. 5-7, Paris 1361

LE MONDE: 30 millions des lecteurs: Du sang, de la volupté et de la mort, Supplement au No. 6926, 19. 4. 67, S. 5, Paris 1362

Morris: Profession:dessinateur, in:Giff-Wiff, No. 16, Dezember 1965, S. 5, Paris 1363

Neubourg, Cyrille: Tirage:26 millions, in:Les Lettres Francaises, No. 1138, 30. 6. -6. 7. 66, Paris 1364

PARIS-MATCH: Grâce a San Antonio, Frédéric Dard bat les records:100 millions d'exemplaires, No. 1015, 19. 10. 68, Paris 1365

Resnais, Alain: Entretien avec Lee Falk, in:Les Lettres Francaises, No. 1138, 30. 6. -6. 7. 66, Paris 1366

Sadoul, Jacques: Guide du collectioneur, in:Giff-Wiff, No. 22, Dezember 1966, Paris 1367

ITALIEN:

Bernardi, Luigi: Si e aperto à Lucca il Salone dei Comics, in:Il Telegrafo, 25. 9. 66, Mailand 1368

Bertieri, Claudio: Kirk a Lucca, in:Il Lavoro, 13. 9. 66, Genua 1369

Bertieri, Claudio: Un salone per i comics, in: Il Lavoro, 31. 1. 65, Genua 1370

Bertieri, Claudio: Tebeo, western e i gracchi di Lucca, in:Il Lavoro, 29. 9. 67, Genua 1371

Carano, Ranieri: Un Nobel per Al Capp, in:Linus, No. 2, 1965, Mailand 1372

Castelli, Alfredo: La funzione del "Comics Club" in America e in Europa, in:I Fumetti, No. 9, Juni 1967, S. 123-126, Rom 1373

Castelli, Alfredo: I fumetti avventurosi sono figli del feuilleton, in: Eureka, No. 1, November 1967, S. 59-60, Mailand 1374

De Giacomo, Fr.: Fumetti e collezionisti, in:Linus, No. 29, August 1967, S. 4-5, Mailand 1375

Del Buono, Oreste: Due scuole di narratori a fumetti, in:Pesci Rossi, Juli 1947, Mailand 1376

Della Corte, Carlos: Almanaccando, in: Eureka, No. 4, Supplemento, Februar 1968, S. 1-2, Mailand 1377

Fallaci, Oriana: Ho speso miliardi, in: L'Europeo, 9. 6. 66, Mailand 1378

Giani, Renato: I fumetti e il fumettismo, in:Communità, April 1955, Mailand 1379

LINUS: Fumetti a Lucca, No. 20, November 1966, Mailand 1380

Listri, Francesco: E'finito il congresso dei fumetti, in:La Nazione, 26. 9. 66, Florenz 1381

Natoli, Dario: Il secondo salone internazionale di Lucca, in: L'Unità, 43. Jg., No. 258, 28. 9. 66, Mailand 1382

Natoli, Dario: Lucca diverrà la Venezia dei Comics, in: L'Unità, 18. 9. 66, Mailand 1383

LA NAZIONE: Si apre questa mattina al teatro del Giglio il secondo salone internazionale dei "Comics", 58. Jg., 24. 9. 66, S. 5, Florenz 1384

Polimeni, I.: Problemi economici del editoria, in: L'Osservatore di Borsa, Juni 1967, Mailand 1385

Rondolino, Gianni: Il festival internazionale di Mamaia, in: Linus, No. 18, September 1966, S. 27-30, Mailand 1386

Sala, Paolo: La funzione del Comics Club in America e in Europa, in:I Fumetti, No. 9, Juni 1967, S. 123-126, Rom, (Mitautor: A. Castelli) 1387

Sala, Paolo: Il gruppo Marvel, in: Linus, No. 14, Juli 1966, S. 1-7, Mailand, (Mitautor: A. Castelli) 1388

IL TELEGRAFO: Stamani: lavori al salone "Comics", 90. Jg., No. 217, 24. 9. 66, Mailand 1389

Traini, Rinaldo: Il copyrights, in: Sgt. Kirk, No. 9, März 1968, S. 55-65, Genua 1390

Traini, Rinaldo: Incontro con Lee Falk, in: Comic Art, No. 3, Oktober 1966, Mailand, (Mitautor: S. Trinchero) 1391

Traini, Rinaldo: Un italiano a cartoonland, in: Sgt. Kirk, No. 15, September 1968, S. 29-31, Genua 1392

Trinchero, Sergio: I disegnatori dell' Uomo mascherato, in: Classici dell' Avventura, 1967, Fratelli Spada, Mailand 1393

Trinchero, Sergio: Incontro con Lee Falk, in: Comic Art in Paper Back, No. 3, Oktober 1966, Mailand 1394

Zanotto, Piero: Concluso con le premazioni il Festival di Mandrake, in: Il Gazzettino, 26. 9. 66, Venedig 1394 a

Zanotto,Piero: La guerra nei fumetti a Lucca,in:Il Gazzettino, 3. 7. 67, Venedig 1395

Zanotto,Piero: L'Impero di Walt Disney, in:I Radar,Serie 10,No.4,1967,62 S., Editrice Radar, Padua 1396

Zanotto,Piero: Lucca:2e. Salone Internazionale dei Comics, in:Sipradue, No. 11, November 1966, Turin 1397

Zanotto,Piero: Lucca:3e. Convegno Internazionale dei Comics,in:Sipradue,No. 6,Juni 1967, Turin 1398

Zanotto,Piero: I maestri del fumetto al Festival di Lucca,in:Il Gazzettino,2.7. 67, Venedig 1399

Zanotti,Piero: Si inauguro oggi a Lucca il 3e. Salone dei Fumetti,in:Il Gazzettino,30.6.67, Venedig 1400

Zanotto,Piero: La Venezia delle strisce, in:Sgt. Kirk,No.16,Oktober 1968,S.96-99, Genua 1401

PORTUGAL:

Granja,Vasco: Bienal mundial da banda desenhada,in: Republica, 23. 5. 68, S. 4, Lissabon 1402

SCHWEDEN:

Hegerfors,Sture: Ni kan bli miljonär pa serier!,in:Kvällsposten,2.7.67,Malmö 1403

Hegerfors,Sture: Dagobert forlorade billioner pa att gifta sig med Blondie,in: GT Söndags Extra,29.10.67, Göteborg 1404

Hegerfors,Sture: Ferd'nand 30,40 miljoner läser hopnan varje dag!,in:GT Söndags Extra,10.9.67,Göteborg 1405

Hegerfors,Sture: Kronblom,40...och slar alla tiders svenska serie-record, in:Expressen,16.7.67,Stockholm 1406

Runnquist,Ake: Seriereaktioner,in:Bonniers litterära magasin,1964,S.109-117, Stockholm 1407

USA:

Adams,John P.: Milton Caniff:Rembrandt of the comic strip,David Mc Kay Co.,Philadelphia 1964,64 S. 1408

Ader,Richard M.: Cartoonists and taxes,in:The Cartoonist,Herbst 1957, S.2,30-31,36, New York 1409

ADVERTISING AGE: Plan comic digest, 4.1.43, New York 1410

AMERICA: First comic book awards, national mass media awards,in:America,Bd.95,14.4.56,S.47-48, New York 1411

Andriola, Alfred: A project chairman makes a report,in:Newsletter,The Newspaper Comics Council,1965, New York 1412

Bails,Jerry B.: An authoritative index to DC Comics,1963,32 S.,Michigan, (Mitautor:H. Keltner) 1413

Bails,Jerry B.: An authoritative index to All Star Comics,1964,Glendale, 14 S. 1414

Berry,Michael: The cartoonist's best friend,in:Newsletter,Januar 1966,S.8-9, Westport 1415

Borgzinner, Jon: A leaf, a lemon drop, a cartoon is born, in: Life, 17.3.67, S. 78B, 80, New York 1416

Breger, Dave: How to draw and sell cartoons, G.P. Putnam's Sons, 1966, 311 S., New York 1417

Briggs, Clare: How to draw cartoons, 1926, New York 1418

BUSINESS WEEK: Superman scores: comic magazines become big business, 18.4.42, S. 54-56, New York 1419

BUSINESS WEEK: Comics all over the world, 8.6.46, S. 75, New York 1420

Byrnes, Gene: A complete guide to drawing, illustrating, cartooning and painting, Simon and Schuster, 1948, 350 S., New York 1421

Byrnes, Gene: A complete guide to professional cartooning, Drexel Hill, New York, 1950 1422

Caniff, Milton: Syndicated cartoon feature, in: Design, Bd. 54, Juni 1953, S. 212-213, New York 1423

Carpenter, Helen: Interpreting graphic materials, in: The Instructor, Dezember 1964, S. 21-22, New York 1424

THE CARTOONIST: 19th annual Reuben award dinner, Sondernummer, 20.4.65, New York 1425

THE CARTOONIST: 21th NCS Reuben awards 1966, Sondernummer, 1966, New York 1426

THE CARTOONIST: The better half team cruises round world, Januar 1968, S. 38, Westport 1427

CHIKAGO DAILY NEWS: Daily News comic strip wins Freedom Foundation award, 19.3.54, S. 3, Chicago 1428

Devon, R.S.: Comics collector number one: A. Derleth, in: Hobbies, Bd. 50, Juni 1945, S. 126, New York 1429

Dumas, Jerry: Society of illustrators, in: Newsletter, Dezember 1965, S. 3-4, Westport 1430

Eaton, Edward R.: Color plates for comics, in: Eighth Graphic Arts Production Yearbook, Caolton Press Inc., 1948, New York 1431

EDITOR and PUBLISHER: Editors, specialists discuss the comics, 22.11.47, S. 14, New York 1432

EDITOR and PUBLISHER: 38th syndicate directory, 30.7.50, New York 1433

EDITOR and PUBLISHER: ABA honors Judge Parker, 21.8.54, New York 1434

EDITOR and PUBLISHER: Banshees give Silver Lady to Milton Caniff, 3.12.60, New York 1435

Edson, Gus: Confessions of a collaborationist, in: The Cartoonist, Sommer, 1957, S. 19-20, New York 1436

Federman, Michael: Arbiters of the comic page, Boston University Report, 1960, Boston, Mass. 1437

SAN FRANZISCO NEWS: Dr. Morgan's creator wins Freedom award, 26.6.54, S. 23, San Franzisco 1438

SAN FRANZISCO NEWS: Judge Parker has too many friends, 23.1.57, S. 14, San Franzisco 1439

Goulart, Rom: The Caniff school, in: Comic Art, No. 6, 1966, S. 12-16, Ohio 1440

Gould, C.: Dick Tracy and me, in: Colliers, Bd. 122, 11. 12. 48, S. 54, New York 1441

Greene, Daniel: The titans of the Funnies. How the artists view their work, in: The National Observer, 12. 9. 66, S. 24, New York 1442

Henry, Harry: Measuring editorial interest in childrens comics, in: Journal of marketing, Bd. 17, No. 14, 1953, S. 372-380, New York 1443

HERALD-EXAMINER: Cartoonist Gladys Parker dies, 28. 4. 66, New York 1444

Herriman, George: Krazy Kat, Madison Square Press, September 1969, 168 S., New York 1445

Howard, Clive: Prince Valiant s Hal Foster, in: Pageant, Bd. 5, No. 6, Dezember 1949, S. 104-109, Chicago 1446

Ivey, Jim: In memoriam, John T. Coulthard, in: The World of Comic Art, Bd. 1, No. 3, 1966/67, S. 59, Hawthorne 1447

Kasun, Ed: A newspaper editor talks facts, in: Newsletter, 1965, New York 1448

Kent, Paula: A promotion director writes candidly, in: Newsletter, 1965, New York 1449

KING FEATURES SYNDICATE: The story of King Features-1963, Eigenbericht, New York, 1963 1450

KING FEATURES SYNDICATE: Mort Walker Biography, No. 139, Eigenbericht, New York, 1967 1451

KING FEATURES SYNDICATE: The King, Eigenbericht, 1967, New York 1452

Kline, Charles T.: A corporation president speaks up, in: Newsletter, 1965, New York 1453

Kneitel, Ruth F.: Out of the inkwell!, in: The World of Comic Art, Bd. 1, No. 2, Herbst 1966, S. 40-46, Hawthorne 1454

Kolaja, J.: American magazine cartoons and social control, in: Journalism Quarterly, Bd. 30, 1953, S. 71-74, Iowa City 1455

Langton, John: 20th Reuben awards, in: Newsletter, Juni 1966, S. 3-8, Westport 1456

Latona, Robert: Interview with Harvey Kurtzman, in: Vanguard, No. 1, 1966, S. 25-30, New York 1457

Lee, Stan: There's money in the comics!, in: Writer's Digest, November 1947, New York 1458

LIFE: Speaking of pictures, 500ooo people draw Lena the Hyena, Bd. 21, 28. 10. 46, S. 14-16, New York 1459

LIFE: Comic strip dolls, Bd. 35, 19. 10. 53, S. 82, New York 1460

LIFE: Famous cartoonists share Silver Jubilee, 7. 12. 59, S. 94-99, New York 1461

Maloney, R.: Li'l Abner's Capp, in: Life, Bd. 20, 24. 6. 46, S. 58-62, New York 1462

Markow, Jack: Cartoonist's and Gag Writer's Handbook, in: The Cartoonist, Januar 1968, S. 20-22, Westport 1463

Markow, Jack: Jack Markow writes about the cartoon editor, in: Newsletter, April 1966, S. 15-17, Westport 1464

May, Carl: Discovering Gordon Campbell,in:The World of Comic Art,Bd.1, No.3,1966/67,S.32-37,Hawthorne 1465

Mc Greal,Dorothy: Robert Seymour melancholy humorist,in:The World of Comic Art,Bd.2,No.1,Sommer 1967,S.34 -39, Hawthorne 1466

Mc Greal,Dorothy: Welcome to the world of comic art,in:The World of Comic Art,Bd.1,No.1,Juni 1966,S.4-5, Hawthorne 1467

Mead,Ronald: Comics are big business, in:Printing Magazine,August 1947,S.52, New York 1468

Mendez,Toni: Cartoonists and secondary rights,in:The Cartoonist,Sommer 1957,S.24-25,29, New York 1469

NEW YORK DAILY MIRROR: Judge Parker of Mirror honored,18.3.54,S.16, New York 1470

Moses,George: Why´s and how´s of comic book advertising,in:Advertising Agency,Februar 1953,S.71,New York 1471

NEW OUTLOOK: Men of comics,April 1935,S.34-40,New York 1472

NEW OUTLOOK: Men of comics,Mai 1935,S.43-47,64, New York 1473

NEWSLETTER: Murphy:drew Toots-Casper cartoon strip,März 1965,S.16, Greenwich 1474

NEWSLETTER: Charles M.Schulz,Reuben winner 1965,Mai 1965,S.10,Greenwich 1475

NEWSLETTER: Cartoonists honor Boyd Lewis as ace,Mai 1965,S.15, Greenwich 1476

NEWSLETTER: Alberto Dorne 1904-1965,Januar 1966,S.9-12,Westport 1477

NEWSWEEK: American Funnies at home throughout the world,26.5.34, S.328, New York 1478

NEWSWEEK: Ghost cartoonists assure immortality to strips,23.12.36,Bd.8, S.34, New York 1479

NEWSWEEK: Laughs for a warring world: U.S.Comics circle the globe, 25.8.41,S.46, New York 1480

NEWSWEEK: Krazy Kat´s creator,8.5. 44, New York 1481

NEWSWEEK: Who is Mollie Slott?Boss of Chikago-Tribune-New York-Syndicate,Bd.27,7.1.46,S.64,New York 1482

NEWSWEEK: Caniff,Canyon and Calhoon,Bd,29,20.1.47,S.64,New York 1483

NEWSWEEK: Three men on a cartoon,Ching Chow,Bd.29,10.2.47,S. 58, New York 1484

NEWSWEEK: Li´l Abner´s mad Capp, Bd.30,24.11.47,S.60,New York 1485

NEWSWEEK: Peter Rabbit´s new creator,Bd.32,20.9.48,S.67, New York 1486

NEWSWEEK: Money from mice,13.2. 50,S.36-38, New York 1487

NEWSWEEK: Ketcham´s menace,Billy de Beck award,Bd.41,4.5.53,S.57, New York 1488

NEW YORKER: Comicon:second annual convention of academy of comic-book fans and collectors,Bd.41,21.8.65,S. 23-24, New York 1489

OHIO SCHOOLS: Milton Caniff,master craftsman,Oktober 1957,S.8-44,Ohio 1490

Oxstein,Walter H.: Cowpoke cassidy piles sales high for ninety happy manufacturers,in:Wall Street Journal,10.5.50,S.1, New York 1491

Perry,George: Inside the Wham!Zap! Pow! business,in:The Sunday Times Magazine,26.11.67,S.64-65,67,69, New York 1492

Price,Bob: The men behind the mask of Zorro,in:Screen Thrills Illustrated,No.9, August 1964,S.7-15,Philadelphia 1493

PUBLISHERS WEEKLY: Cartoon's magazine for children big success,Bd.139, 8.3.41,S.1127, New York 1494

PUBLISHERS WEEKLY: 540 million comics published during 1946,Bd.152,6.9.47,S.1030, New York 1495

PUBLISHERS WEEKLY: ECA denies granting credits for comics in Germany,Bd. 154,11.12.48,S.2346, New York 1496

PUBLISHERS WEEKLY: Pogo,Dennis star at lunch club meeting,Bd.162,20.12.52,S.2377-2378, New York 1497

PUBLISHERS WEEKLY: From cartoon to big business with Dennis the Menace, Bd.179,9.1.61,S.34-35,New York 1498

THE RAINBOW: Ed Dodd earns SDX cartooning award,Februar 1950,S.57, New York 1499

Rhyne,Charles S.: Comic books-municipal control of sale and distribution-a preminary study,in:National Institute of Municipal Law Officers, Washington 1949 1500

Robinson,M.: Pogo's papa,in:Colliers, Bd.129,8.3.52,S.20-21,New York 1501

Russell,Scott: Dynamic Kubert,master artist,in:Masquerader,No.6,Frühling 1964,S.22-25, Pontiac 1502

Seldes,G.V.: Some sour commentators,in:New Republic,Bd.43,10.6.25, S.74, New York 1503

Sheridan,Martin: Comics and their creators,Hale and Co.,Boston, 1944 1504

Spencer,Dick: Pulitzer price cartoons the men and their masterpieces,The Iowa State College Press,1951 1505

Taub,Sam: National cartoonists show at the hotel Commodore,a great Knockout,in:The Cartoonist,Januar 1968,S.46, Westport 1506

Thorndike,Chuck: The business of cartooning,The House of Little Books, 1939,55 S., New York 1507

TIME: De Beck dies,23.11.42,S.51-52, New York 1508

NEW YORK TIMES: Gus Edson dies, cartoonist 1965;1966, New York 1509

NEW YORK TIMES: Lindsay returns Barb from Barb,at conference with cartoonist,Mai 1967, New York 1510

NEW YORK HERALD TRIBUNE: Comic strip wins BAR award,18.8.54,S.12, New York 1511

VANGUARD: An interview with another one of the men behind the mouse:George Sherman,No.2,Februar 1968, S.31-33, New York 1512

Vinson, Stan: J. Allen St. John, in: The World of Comic Art, Bd. 1, No. 2, S. 16-17, Herbst 1966, Hawthorne 1513

Wagner, M.: Psychiatrist at the drawing board: Nick Dallis, in: Todays Health, Bd. 41, August 1963, S. 14-17, New York 1514

Walker, Mort: ...and about Reuben, in: The Cartoonist, Sondernummer, 20.4.65, New York 1515

Webb, W.: Glyas Williams, a superb noticer whose humor is never harsh, in: Christian Science Monitor Magazine Section, 6.1.51, S. 10, Iowa City 1516

White, Ted: A conversation with the man behind Marvel Comics: Stan Lee, in: Castle of Frankenstein, No. 12, 1968, S. 8-10, 60, New York 1517

Willette, Allen: These top cartoonists tell how they create America's favorite comics, Allied Publications Inc., 1964, Fort Landerdale, Fla. 1518

Winterbottom, Russel R.: How comic strips are made, Girard, 1964, New York 1519

THE WORLD of COMIC ART: Meet artist-author Bill Boynansky, Bd. 1, No. 1, Juni 1966, S. 16, Hawthorne 1520

THE WORLD of COMIC ART: Meet cartoonist Skip Williamson, Bd. 1, No. 1, Juni 1966, S. 17, Hawthorne 1521

THE WORLD of COMIC ART: Jay N. Darling, more than a cartoonist, Bd. 1, No. 1, Juni 1966, S. 18-25, Hawthorne 1522

Die Leserschaft der Comics und ihre Meinung über die Comics
The Readership of Comics and its Opinions

ARGENTINIEN:

ADAN: La caida del dólar, No. 21, April 1968, S. 40-41, Buenos Aires 1523

ANALISIS: Tarzan en el Di Tella, No. 382, 8.7.68, S. 62-63, Buenos Aires 1524

DIBUJANTES: Vlamos trabajar a Breccia, No. 2, Oktober 1953, S. 26-29, Buenos Aires 1525

DIBUJANTES: El asombroso exito de Ozark Ike, No. 13, S. 4-5, Mai 1955, Buenos Aires 1526

DIBUJANTES: Tres pasiones de George Wunder, No. 16, Oktober 1955, S. 17-19, Buenos Aires 1527

DIBUJANTES: Fantasio: notable ejemplo de dedicación, No. 17, November-Dezember 1955, S. 17-19, Buenos Aires 1528

DIBUJANTES: El Bultre y Julio de Diego: Aley Raymond extrajo de la vida real uno de sus más conocidos personajes, No. 29, 1959, S. 18, Buenos Aires 1529

DIBUJANTES: Reportaje relampago a un consagrado, No. 29, 1959, S. 31, Buenos Aires 1530

DIBUJANTES: Conozcamos a nuestros argumentistas, No. 29, 1959, S. 35, Buenos Aires 1531

DIBUJANTES: Conozca a nuestros argumentistas: Julio Almada, No. 30, Mai 1959, S. 33, Buenos Aires 1532

GENTE: Batman, Mandrake, Superman y Cia, invaden la Argentina, No. 154, 5. 7. 68, S. 22-23, Buenos Aires 1533

Mactas, Mario: Retornan los héroes de papel, in: Atlantida, No. 1217, August 1968 S. 30-32, Buenos Aires 1534

Masotta, Oscar: Reflexiones sobre la historieta, in: Tecnica de la historieta, Escuela Panamericana de Arte, 1066, S. 7-9, Buenos Aires 1535

Morrow, Hugh: El exito de un fracaso total, in: Dibujantes, No. 29, 1959, S. 7-9, Buenos Aires 1536

PRIMERA PLANA: Ahí vienen los gauchos, No. 254, 7. 11. 67, Buenos Aires 1537

PRIMERA PLANA: La visita del padre de Tarzan, No. 303, 15. 10. 68, Buenos Aires 1538

Roux, Raul: El porqué de una afición y de una especialidad, in: Dibujantes, No. 3, November 1953, S. 4-5, 30-31, Buenos Aires 1539

Spadafino, Miguel: Los monitos vendedores, in: Dibujantes, No. 4, Dezember 1953-Januar 1954, S. 14-15, Buenos Aires 1540

BELGIEN:

Clausse, Roger: A propos de la bande dessinée, Vorwort zu "La bande dessinée belge", Brüssel 1968, S. 7-9 1541

Decaigny, T.: La presse enfantine, in: Service national de la jeunesse, Brüssel 1958 1542

Feron, Michel: Comic-books, courtes considerations critiques, in: Le Sac à Charbon, No. 1, 1965, Hannut 1543

Geerts, Claude: Vingt-cinq ans d'évolution de la presse enfantine, in: Techniques de diffusion collective, Bd. 9-10, 1963, S. 85-175, Brüssel 1544

Leborgne, André: Le jardin des curiosités: le rayon de la mort, in: Rantanplan, No. 12, Oktober 1968, S. 13-14, Brüssel 1545

Leborgne, André: Tillieux et le roman noir, in: Rantanplan, No. 8-9, Januar 1968, S. 13-14, Brüssel 1546

Leborgne, André: Safari en Italie, in: Rantanplan, No. 7, Oktober 1967, S. 4-8, Brüssel 1547

Lefevre, Gaston: Bandes pour vieux, in: Rantanplan, No. 5, 1967, S. 12-13, Brüssel 1548

Martens, Thierry: Tintin au tournant, in: Rantanplan, No. 12, Oktober 1968, S. 7-8, Brüssel 1549

Martens, Thierry: Tribune d'essai..., in: Vo n'polez nin comprind, No. 4-5, August-September 1967, Hannut 1550

RANTANPLAN: Editorial: Comics, No. 2, April-Juni 1966, S. 1, Brüssel 1551

RANTANPLAN: Editorial: Le temps de la patience..., No. 3, September-Oktober 1966, S. 1, Brüssel 1552

RANTANPLAN: Editorial: Un an déjà... No. 4, November-Dezember 1966-Januar 1967, S. 1, Brüssel 1553

Van Herp, Jacques: Urnaghur, in: Rantanplan, No. 12, Oktober 1968, S. 9, Brüssel 1554

Vankeer, Pierre: Editorial, in: Rantanplan, No. 7, Oktober 1967, S. 3, Brüssel 1555

Vankeer, Pierre: Editorial, in: Rantanplan, Supplement zu No. 8-9, Januar 1968, S. 1, Brüssel 1556

Vankeer, Pierre: Le rayon U ou le maillon retrouve, Vorwort zu "Le rayon U" C.A.B.D., 1967, Brüssel 1557

Van Passen, Alain: Fuisons le point..., in: Rantanplan, No. 3, September-Oktober 1966, S. 7-8, Brüssel 1558

BRASILIEN:

Augusto, Sergio: O americano tranquilo de cachimb na bôca, in: Jornal do Brasil, 14.7.67, Rio de Janeiro 1559

Augusto, Sergio: O opusentado cowboy de cabelos de fogo, in: Jornal do Brasil, 20.10.67, Rio de Janeiro 1560

Augusto, Sergio: Batman, deus en demonio?, in: Jornal do Brasil, 17.2.67, Rio de Janeiro 1561

Augusto, Sergio: O bom espirito do espirito, in: Jornal do Brasil, 12.5.67, Rio de Janeiro 1562

Augusto, Sergio: As criancas de verdade, in: Jornal do Brasil, 14.4.67, Rio de Janeiro 1563

Augusto, Sergio: O dia da Maria Cebola, in: Jornal do Brasil, 17.11.67, Rio de Janeiro 1564

Augusto, Sergio: Um gibi marginal na base do suspiro, in: Jornal do Brasil, 1.3.68, Rio de Janeiro 1565

Augusto, Sergio: Os herois estao cansados, in: Jornal do Brasil, 21.4.67, Rio de Janeiro 1566

Augusto, Sergio: Um héroi sem aquêle algo mais, in: Jornal do Brasil, 28.7.67, Rio de Janeiro 1567

Augusto, Sergio: Novos delírios em Gotham City, in: Jornal do Brasil, 2.6.57, Rio de Janeiro 1568

Augusto, Sergio: Quadrinho è cosa cada vez mais séria, in: Visao, 4.3.66, Sao Paulo 1569

Augusto, Sergio: As relacoes perigosas sob o balaozinho, in: Jornal do Brasil, 4.8.67, Rio de Janeiro 1570

Augusto, Sergio: Tarzan, o homem e o mito (I), A atualidade do faz de conta, in: Jornal do Brasil, 4.1.66, Rio de Janeiro 1571

Augusto, Sergio: Tarza, o homem e o mito (II), O pai do homem-macaco, in: Jornal do Brasil, 5.1.66, Rio de Janeiro 1572

Augusto, Sergio: Tarza, o homem e o mito (III), No principio foi o berro, in: Jornal do Brasil, 6.1.66, Rio de Janeiro 1573

Augusto, Sergio: Tarza, o homem e o mito (IV), As chaves do reino, in: Jornal do Brasil, 7.1.66, Rio de Janeiro 1574

Augusto, Sergio: Tarza, o homem e o mito (V), As faces do homem-macaco, in: Jornal do Brasil, 9.1.66, Rio de Janeiro 1575

Augusto, Sergio: O velho fanatismo, in: Jornal do Brasil, 20.1.67, Rio de Janeiro 1576

Augusto, Sergio: A visao russa do superhomem, in: Jornal do Brasil, 29.12.67, Rio de Janeiro 1577

Del Picchia, Menotti: Vitória dos quadrinhos, in: A Gazeta, 3.1.55, Sao Paulo 1578

DEUTSCHLAND:

ABENDPOST: Bumskopp, Frankfurt, (Nachtausgabe), 21.6.67 1579

ABENDPOST: Comics, Frankfurt, (Nachtausgabe), 28.6.67 1580

Andres, Stefan: Die Comics-eine neue Art des Lesens, in: Jugendschriften-Warte, 1955, H.3, S.17-18 1581

Andres, Stefan: Die Comics-eine neue Art des Lesens, in: Jugendliteratur, 1. Jg., 1955, H.2, S.63-64 1582

Arfort-Cochey, Edith: Comics contra Schriftsteller, in: Der Schriftsteller, 6. Jg., 1953, No.10, S.221 1583

B., E.: Für und gegen amerikanische Comic-strips, in: Die deutsche Zeitung, Düsseldorf, 4. Jg., 1950, No.11, S.26 1584

Bambergèr, Richard: Das Kind vor der Bilderflut des Alltags, in: Das Kind in unserer Zeit, Stuttgart, 1948, S.135-150 1585

Bamberger, Richard: Die Verführung der Unschuldigen, in: Jugendliteratur, 3. Jg., 1957, H.10, S.478-479 1586

Baumann, Max: Comics-Gefahr oder positiver Beginn? Die Wiedergeburt des Bildes, in: Der Schriftsteller, 6. Jg., 1953, No.10, S.218 1587

Beuche, Jürgen: Literatur des Großstadtkindes und ihr Einfluß auf das Spiel, in: Jugendschriften-Warte, 7. Jg., Neue Folge, No.2, 1955, S.12-13 1588

Bossert, A.: Zur Frage der Comics, in: Jugendliteratur, 1955, S.381 1589

Brauer, J.: Auswertung einer Schülerbefragung über gute und schlechte Heftreihen, in: Die Situation, No.6/7, 1954 1590

Brauer, J.: Auswertung einer Schülerbefragung über gute und schlechte Heftreihen, in: Jugendschriften-Warte, 1954, S.71 1590a

Brinkmann, G.: Der Giftstrom der Comic-Books, in: Der katholische Erzieher, Bochum, 8. Jg., 1955, S.68-69 1591

Buhl, Wolfgang: Für sechzig Pfennig Zärtlichkeit, in: Die Welt, No.38, 1961 1592

Bunk, Hans: Beziehung Jugendlicher zu Film und Bildserie, Köln-Klettenberg, Volkswartbund, 1955 1593

Burkholz, G.: Bildserien-Jugendzeitschriften, Gefahr für Dein Kind, in: Die Schul-Familie, München, 1954 1594

CHRIST und WELT: Esperanto der Analphabeten, Stuttgart, November 1953 1595

Cordt, Willy K.: Für und Wider die Comics, in: Jugendschriften-Warte, 8. Jg., 1956, No.4, S.69-70 1596

Cordt, Willy K.: Der Rückfall ins Primitive, in: Westermanns Pädagogische Beiträge, 6. Jg., 1954, H.4, S.161-181 1597

Cordt, Willy K.: Warum werden die Comics-Books von den Jugendlichen bevorzugt?, in: Blätter für Lehrerfortbildung, 7. Jg., H.5, 1954/55, S.178-180 1598

Cordt, Willy K.: Lesen Ihre Kinder auch Comic-Books?, in: Unser Kind, Essen, 5. Jg., 1954, No. 1, S. 4-5 1599

Couperie, Pierre: Mit Comics leben - Zur Soziologie der Comics, in: Tendenzen, München, 1. Sonderheft, No. 53, August-September 1968, S. 179-180 1600

Dahrendorf, Malte: Comic-Bravo-Befragung, Hamburg, Dezember-Januar 1968/69, unveröffentlichtes Manuskript 1601

Dangerfield, George: Über die "Funnies", in: Die amerikanische Rundschau, Januar 1947 1602

Döring, Karl-Heinz: Comics-Ein Überblick über die bisherigen Veröffentlichungen, in: Bücherei und Bildung, 9. Jg., 1957, No. 6, S. 237-242 1603

Eckart, Walter: Was ist es um die Comics?, in: Die Scholle, 27. Jg., 1959, H. 4, S. 215-216 1604

Ecker, Hans: Der König ist tot, es lebe der König (Comics und Desillusionierung), in: Jugend und Buch, 1964, H. 1, 1605

Ell, Ernst: Der Jammer mit den Bildheften. Bilderidiotismus oder Bildungsgut? Erlauben oder verbieten?, in: Jugendwohl, Freiburg i. Br., 42. Jg., 1961, H. 2, S. 75-80 1606

Ell, Ernst: Der Jammer mit den Bildheften, in: Die Mitarbeiterin, Düsseldorf, 12. Jg., 1961, No. 4, S. 116-119 1607

Ell, Ernst: Der Jammer mit den Bildheften, in: Leben und Erziehen, Aachen, 10. Jg., 1961, No. 11, S. 408-409 1608

Engelhardt, Victor: Versteppung des Geistes, in: Die neue Ordnung, 9. Jg., 1955, S. 30-37, 92-100 1609

Feld, Friedrich: Comics-immer brutaler, in: Zschr. f. Jugendliteratur, 1. Jg., 1967 H. 8, S. 505 1610

Freitag, Günther: Die literarischen Interessen von Schülern und Schülerinnen einer höheren Lehranstalt, in: Psychologische Beiträge, 1. Jg., 1953/54, H. 2, S. 264-311 1611

Geitel, Klaus: Traumlieferant oder Kulturvermittler?, in: Die Welt, No. 59, 1962 1612

Giachi, Arianna: Aus lauter Gier..., in: Bücherei und Bildung, 6. Jg., 1954, H. 4/5, S. 362 1613

Giachi, Arianna: Aus lauter Gier..., in: Gegenwart, 1954, H. 6, S. 179 1614

Glade, Dieter: Massen-Jugendliteratur, in: Mitteilungen des Vereins für Niedersächsisches Volkstum, 40. Jg., 1965, H. 75, (NF, H. 38), S. 44-50 1615

Goerlich, Ernst J.: Comic-books, in: Erziehung und Unterricht, 10. Jg., 1957, S. 584-587 1616

Groezinger, Wolfgang: Die komischen Streifen, in: Süddeutsche Zeitung, 27. 5. 53 1617

Guhert, Georg: Schmunzeln und Gänsehaut, in: Der DOM, No. 24, 12. 6. 66 1618

Habermann, Hilke: Comic-Hefte als Lektüre 11-15jähriger Volksschüler, Hausarbeit zur 1. Lehrerprüfung an Volks-und Realschulen, Hamburg, Mai 1968 1619

Hare, Peter: Abenteuergeschichten fast ohne Worte, in: Englische Rundschau, Köln, 4. Jg., No. 24, 18. 6. 54, S. 343 1620

Hembus,Joe: Intellektuelle dürfen lachen,in:TWEN,No.8,August 1965 1621

Herold,Heidrun: Zum Lesen von Comic-Strips. Untersuchungen an Volksschülern verschiedener Altersstufen,Hausarbeit für die 1. Lehrerprüfung für das Lehramt an Volks-und Realschulen,Hamburg, Herbst 1968 1622

Herr,Alfred: Comic-Sucht im frühen Grundschulalter,in:Westdeutsche Schulzeitung,Speyer,73.Jg.,1964,S.26-27 1623

Herr,Alfred: Grenzfall-Comics im frühen Grundschulalter,in:Hamburger Lehrerzeitung,17.Jg.,1964,H.15,S.516-519 1624

Herr,Alfred: Verbreitung der Comics bei Zehnjährigen,in:Die Schule,35.Jg., 1959,H.6,S.28 1625

Hesse,Kurt Werner: Schmutz und Schund unter der Lupe,Verl.:dipa,Frankfurt am Main,1955 1626

Hesse-Quack, Otto: Der Comic-Strip als soziales und soziologisches Phänomen, in:Kölner Zschr. f. Soziologie und Sozialpsychologie,21.Jg.,H.3,September 1969,S.680-703 1627

Hintz-Vonthron,Erna: Comic-books:Verderben der Jugend,in:Frau und Frieden, Wattenscheid,1955,No.8,S.8 1628

HÖR ZU: Die komischen Streifen,No. 14,5.4.69 1629

HÖR ZU: Evarella 68,No.52,1968,S.10 1630

Hoidal,J.: Das Übel der Comic-strips, in:Ludwigsburger Kreiszeitung,29.5.54, S.10 1631

Hoidal,J.: Das Übel der Comic-strips, in:Industriekurier,Düsseldorf,7.Jg.,No. 87,12.6.54,S.9 1632

Hoppe,Edda: Die Comics,in:Frankfurter Nachtausgabe,27.11.54 1633

Hoppe,Wilhelm: Der "Bild-Idiotismus" triumphiert,in:Bücherei und Bildung, 7.Jg.,1955,H.11,S.381-386 1634

Hoppe,Wilhelm: Der "Bild-Idiotismus" triumphiert,in:Freundliches Begegnen, Düsseldorf,6.Jg.,1956,No.5,S.1-6 1635

Hoppe,Wilhelm: Schluß mit den Comics,in:Kulturarbeit,8.Jg.,1956,H.5, S.96-100 1636

Hoyer,Franz: Bilderbücher-Comics,in: Hessische Hefte,5.Jg.,1955,H.10,S. 389-391 1637

JUGENDLITERATUR: Comics,H.1, München,1955 1638

JUGENDLITERATUR: Comics,H.2, 1955,S.285 1639

JUGENDLITERATUR: Comics,H.8, 1955,S.381-382 1640

JUGENDLITERATUR: Comics,H.7, 1956,S.349-350 1641

JUGENDLITERATUR: Comics,H.6, 1955,S.285 1642

JUGENDSCHRIFTEN-WARTE: Verdummung durch Comics,8.Jg., No.4,1956,S.26 1643

K.,A.: Gibt es gute Comics?Eine Entgegnung,in:Jugendliteratur,5.Jg., H.11,1959,S.258-259 1644

Kauka,Rolf: Fix und Foxi.Eine qualitative Leserschaftsuntersuchung, München 1965, unveröffentlichte Untersuchung 1645

Kauka, Rolf: Fix und Foxi; Leserhaushalte und deren demographische Zusammensetzung, München 1965, unveröffentlichte Untersuchung 1646

Kauka, Rolf: Fix und Foxi, Leseranalyse, München 1967, unveröffentlichte Untersuchung 1647

Klie, Barbara: Die Barbarei der comic-strips, in: Die Schule, Bielefeld, 32, Jg., 1956, H. 2, S. 16 1648

Klönne, Arno: Analphabetentum unserer Zeit: die Comics, in: Druck und Papier, Stuttgart, 8. Jg., 1956, S. 59 1649

Knehr, Edeltraud: Western und Comics kommen mir nicht über meine Schwelle!, in: Eltern, 7. Jg., 1966, H. 9, S. 31-33 1650

Köhlert, A.: Bilderbücher?, in: Jugendschriften-Warte, 1954 1651

Krause, Ursula: Comic-books als Lektüre von Volksschülern. Untersuchungen an einer Hamburger Schule, Hausarbeit für das 1. Staatsexamen für das Lehramt an Volks-und Realschulen, Hamburg, Mai 1962 1652

Krüger, Anna: Der Schmutz geht-der Schund bleibt, in: Leben und Erziehen, 10. Jg., 1965, S. 20f 1653

KURIER, Wiesbadener: Comic Strips sind komische Segnungen für die Jugend, Wiesbaden, 25. 7. 52 1654

Langfeldt, Johannes: Man kann den Schund nur mit der Jugend bekämpfen, in: Bücherei und Bildung, 8. Jg., 1956, S. 292-293 1655

Langosch, K.: Die Comics, in: Bücher-Wegbereiter fürs Leben, Aufsatzreihe, Verl.: Henn, Ratingen, 1956 1656

Lehmann, Bernd: Leseinteressen und Lesegewohnheiten 13-15jähriger Schüler, in: Zeitnahe Schularbeit, 22. Jg., 1969, H. 4/5, S. 107-126 1657

LEHRERZEITUNG, Allgemeine deutsche: Die Comics, 11. Jg., 1959, H. 6, Beilage S. 60-62 1658

Lenz, Heinrich: Comics-Reißer-Jugendlust, in: Die Bayrische Schule, 9. Jg., 1956, H. 1-2, S. 4-6 1659

Löschenkohl, Anneliese: Die Helden der Serie "Comics" erobern die Welt, in: Sonntagsblatt, 6. Jg., 1953, H. 6, S. 7 1660

Lucas, Robert: Pophelden siegten über Seehelden, in: Die Zeit, No. 25, 21. 6. 68 1661

Luft, F.: Comics, in: Der neue Vertrieb, 20. 7. 51, H. 54, S. 262 1662

M., I.: Lesen Sie auch Comic-Strips?, in: Hamburger Abendblatt, No. 64, 17. 3. 69, S. 12 1663

Maier, Karl-Ernst: Jugendschrifttum, Verl.: Klinckhardt, 1969 1664

Marsyas; Revolution in der Kinderstube?, in: Jugendschriften-Warte, 5. Jg., Neue Folge, 1953, No. 11, S. 73 1665

Martineau, P. D.: Artikel über eine Comic-Leseranalyse, in: Werbe-Rundschau, 1967, 1. Sommerheft, No. 81 1666

MERKUR, Rheinischer: Sind Comics komisch?, Mai 1955 1667

MITTAG, Der: Comic-Strips für Kinder, Düsseldorf, 11. 1. 54 1668

MORGENPOST, Hamburger: Auch Marylin liebt Comic-Helden, No. 210, 10. 9. 69, S. 1 1669

MORGENPOST, Hamburger: Charlie ist zu albern, No. 270, 20. 11. 69, S. 31 1670

MORGENPOST, Hamburger: Für und wider Charlie Brown, No. 276, 27. 11. 69, S. 30 1671

MOTORWELT, ADAC-: Donald Duck hat es schon, No. 2, Februar 1967, S. 6 1672

MUSCHEL, Die: Sind es wirklich Comic-Books?, Lübeck, 1949, No. 2, S. 46-47 1673

Nehls, Rudolf: Soll Texas-Bill hängen?, in: Publikation, Detmold, Juli 1954, No. 1, S. 6 1674

Nicolaus, K. N.: Der Triumpf der Blasenmenschen, in: DIE ZEIT, 8. Jg., No. 22, 28. 5. 53 1675

Nothmann, K. H.: Looping the loop!, in: Jugendschriften-Warte, 1952, No. 2, S. 61f 1676

Pirich, H.: Comics-das können wir besser, in: Kölnische Rundschau, 20. 6. 53 1677

Preußler, Otfried: Die Reise ins Märchenland findet nicht statt, in: Jugendliteratur, 4. Jg., 1958, H. 7, S. 326-329 1678

Rest, W.: Die Pest der Comic-Books, in: Die Kirche in der Welt, 7. Jg., 1954, Lieferung 3, S. 313-316 1679

Römhild, Wolfgang: Comic-strips und derartige Bildergeschichten für Kinder?, in: Westdeutsche Schulzeitung, 73. Jg., Speyer, 1964, S. 27-28 1680

Rosiny, Tony: Comics sind nicht komisch, in: Aachener Volkszeitung, 20. 11. 54 1681

RUNDSCHAU, Frankfurter: Richard und Kolumbus sollen bleiben, 12. 3. 66 1682

RUNDSCHAU, Frankfurter: Heute stimmen wir ab, 26. 2. 66 1683

Schad, Renate: Gangster, Grafen-Superhelden. Realität und Wunschwelt der Trivialliteratur, in: Sozialkundebriefe für Jugend und Schule, 1967, G/14 1684

Schaller, Horst: Die Welt der Comics (Buchbesprechung), in: Zschr. f. Jugendliteratur, 1. Jg., 1967, H. 2, S. 115-117 1685

Scheibe, Wolfgang: Jugendzeitschriften-kritisch gesehen!, in: Recht der Jugend, 4. Jg., H. 17, 1. Sept.-Heft 1956, S. 258-260 1686

Scherf, Walter: Gibt es gute Comics?, in: Jugendliteratur, September 1959, H. 9, S. 406-411 1687

Schmidt, Heiner: Jugend und Buch in der Gefährdung von Comics und Kitsch in: Unsere Volksschule, 6. Jg., September 1961, S. 260-264 1688

Schmidt-Rogge, C. H.: Die Comics und die Phantasie. Inflation der Bilder und visueller Dadaismus, in: Schule und Leben, 9. Jg., 1958, H. 12, S. 469-470 1689

Schmidt-Rogge, C. H.: Die Comics und die Phantasie. Inflation der Bilder und visueller Dadaismus, in: Polizei, Polizeipraxis, Köln, 49. Jg., 1958, S. 170-171 1690

Scholl, Robert: Die Comic-Hefte, in: Unsere Jugend, München, 8. Jg., 1956,

No. 8, S. 363-364 1691

SCHULE, Bayrische: Comics, 20. 9. 52 1692

SCHULE, Neue deutsche: Comics, Essen, H. 22, 1954 1693

S., E.: Comics sind nicht komisch, in: Münchner Illustrierte, 14. 6. 52 1694

Salzer, M.: "Superman" gehört zur Familie, in: Die Welt, 22. 2. 66, 1695

Seeliger, Rolf: Comics, Esperanto der Analphabeten, in: Junge Gemeinschaft, Bonn, 10. Jg., 1958, No. 10, S. 5 1696

Specht, A.: Stars und Strips-zum Problem der Comics, in: Jugendschriften-Warte, 1954, S. 29 1697

SPIEGEL, Der: Comic-strips, No. 46, 10. 11. 65 1698

SPIEGEL, Der: Comics-Flucht vom Stuhl No. 41, 3. 10. 66, S. 148 1699

SPIEGEL, Der: Ständig amüsiert, No. 16, 14. 4. 69 1700

SPIEGEL, Der: Comics-Opium der Kinderstube, 1951, No. 12, S. 39-41 1701

SPIEGEL, Der: Comics, No. 18, 29. 4. 68 1702

SPIEGEL, Der: Jünger-Strip-Detail, No. 47, 18. 11. 68 1703

SPIEGEL, Der: Comics: "Micky Maus" Jünger Maos, No. 43, 20. 10. 69, S. 65, 67 1704

STERN, Der: Donald Duck hob ein Schiff, No. 39, 26. 9. 65 1705

STERN, Der: Mickey Mouse, No. 50, 12. 12. 65 1705a

STERN, Der: Zwischendurch Spaghetti mit Tomatensauce, No. 46, 12. 11. 67, S. 221f 1706

SÜDKURIER: Die Flut der minderwertigen bunten Hefte, Konstanz, 23. 7. 52 1706a

ÜBERBLICK: Eine literarische Untergrundbewegung, München, 10. 12. 49 1707

Usko, Hans-Jürgen: Für ein paar Groschen Blut und Eisen, in: Die Welt, No. 140, 1960 1707a

Vater, Theo: Das Komische und der Humor, in: Der Deutschunterricht, 1962, H. 5, S. 61-105 1708

VERTRIEB, Der neue: Die Jagd nach dem Atomgeheimnis, 5. Jg., No. 108, 20. 10. 53, S. 434 1708a

VORWÄRTS, Neuer: Rote Affen, Hannover, November 1952 1709

Voß, Herbert: Charlie ist besser, in: Hamburger Morgenpost, No. 210, 10. 9. 69, S. 27 1709a

Weise, Gerhard: Warum kaufen Kinder immer wieder Schundliteratur?, in: Jugendschriften-Warte, 18. Jg., 1966, H. 3, S. 10 1710

WELTBÜHNE, Die: Comics oder die Züchtung des unpolitischen Arbeitsmenschen, Berlin, 10. Jg., 1955, S. 1006-1009 1710a

WELT, Die: Comics, 23. 4. 68 1711

WELT-STIMMEN: Comic-strips-Bilder unserer Zeit, Stuttgart, 25. Jg., 1956, S. 534-538 1711a

Westlund, Kaare: Tagespresse und Unterhaltung, unveröffentlichtes Manuskript, 1965 1712

Wichmann, Jürgen: Comics, die bunte Jugendpest, in: Echo der Zeit, Münster, No. 51, 9.12.54, S. 3 1712a

W., K.: Kleine Bilder für Millionen, in: Berliner Telegraf, 4.5.52 1713

Wolfradt, Willi: Der Killer und die Hexen, in: Der Schriftsteller, 6. Jg., 1953, No. 10, S. 224 1713a

Wurm, Wolfgang: Jugend-Micky Maus auf Abwegen, in: Bayernkurier, No. 39, 27. 9.69, S. 13 1714

Zeiger, Ivo A.: Comic-books, in: Stimmen der Zeit, Freiburg, 77. Jg., April 1952, H. 7, S. 64-67 1714a

ZEITSCHRIFT für Jugendliteratur: Comics in Kürze, 1. Jg., 1967, H. 1, S. 52, 54 1715

ZEITSCHRIFT für Jugendliteratur: Comics -kaum komisch, 1. Jg., 1967, H. 5, S. 315 1716

ZEITSCHRIFT für Jugendliteratur: Comics-ernst genommen, 1. Jg., 1967, H. 8, S. 504-505 1717

ZEITUNG, Allgemeine: Blondie macht das Rennen, Mainz, 7.4.51 1718

ZEITUNG, Frankfurter Allgemeine: Comics 10.1.66 1719

ZEITUNG, Frankfurter Allgemeine: Ausgeschaltete Phantasie, 18.3.67 1720

ZEITUNG, Westdeutsche Allgemeine: Moderner Herd für Blondie, 28.12.65 1721

ZENTRALBLATT für Jugendrecht und Jugendwohlfahrt: Comic-strips, Köln, 41. Jg., 1954, S. 168-169 1722

ZENTRALBLATT für Jugendrecht und Jugendwohlfahrt: Comics-Schundhefte, Köln, 41. Jg., 1954, S. 242-243 1723

ZENTRALBLATT für Jugendrecht und Jugendwohlfahrt: Comics, Köln, 43. Jg., 1956, S. 29-31 1724

ENGLAND:

Albert, A.: What shall we read?, Collins, London 1930 1725

Bacon, Edward: Oeath of the B.O.P., in: Illustrated London News, 21.1.67, S. 25, London 1726

Capp, Al: 1994, in: Time and Tide, 25. 10.-1.11.62, S. 12, London 1727

Chesterton, G.K.: A defence of penny dreadfuls, in: The Defendant, 1901, S. 17, London 1728

Pickard, P.M.: I could a tale unfold, violence, horror and sensationalism in stories for children, Tavistock Publications, 1967, London 1729

Pumphrey, George H.: Childrens comics, Epworth Press, 1955, London 1730

THE TIMES LITERARY SUPPLEMENT: The Comics, 25.2.55, London 1731

FRANKREICH:

Andriola, Alfred: Pas question de faire ca, in: Giff-Wiff, No. 20, 1966, S. 29, Paris 1732

Appel, Kyra: Batman, L´homme chauve-souris est devenue l´idole no. I des américains, in: Cinémonde, No. 1647, 15. 4.66, Paris 1733

Ballande,Bernard: Journaux d'enfants, in:Educateurs,No.7-8,1947,Paris 1734

Bauchard,Philippe: The child audience, a report on press,film and radio for children,UNESCO,1952,198 S.,Paris 1735

Berger,Arthur A.: La castration dans la comédie cappienne,in:Giff-Wiff,No.23, März 1967,S.16-18, Paris 1736

Bergman,Boris: Arrghh,Woo,Gffhh,ou Superman dans la société américaine, in:Bande à part,No.5,März 1967,Paris 1737

Boivin,Jacques: Sexophonie dans la planetarium,in:Miroir du Fantastique,Bd.1, No.8,Dezember 1968,S.401-402,Paris 1738

Boudard,Alphonse: Pour un boulevard des pieds nickelés,in:Azur,1965, Paris 1739

Boujut,Michel: Le Jazz avec nous!,in: Giff-Wiff,No.22,Dezember 1966,Paris 1740

Bouquet,Jean-Louis: Beauté en graine, in:Giff-Wiff,No.7,1965, Paris 1741

Brauner,A.: Poissons sans paroles,in:Les journaux pour enfants,1954,Presses Universitaires de France,Paris 1742

Caen,Michel: La blonde explosive,in: Giff-Wiff,No.14,1965,S.14,Paris 1743

CANDIDE: Les bandes des vieux,No. 272,11.7.66,S.20, Paris 1744

Cantenys,A.: Le monde clos des illustrés,in:Les Lettres Francaises,23.4.56, Paris 1745

Cappe,Jeanne: Littérature enfantine et sens international,in:Educateurs,No.40, Juli-August 1952, Paris 1746

Cappe,Jeanne: Les illustrés pour la jeunesse,aus:Littérature de la jeunesse, 1951,S.9, Paris 1747

Couperie,Pierre: Le public dans la bande dessinée,Ausstellungskatalog, Musée des Arts Décoratifs,S.147-153, 1967, Paris 1748

Dela Potterie,Eudes: Le journal de Mickey,répond-il a son programme publicitaire?,in:Educateurs,No.44, März-April 1953,S.137-138, Paris 1749

Dela Potterie,Eudes: Le marché de la presse enfantine en 1956,in:Educateurs,No.61,1956,S.3-18, Paris 1750

Dela Potterie,Eudes: Nouvelles observations sur la presse enfantine,in:Eudcateurs,No.73,Januar-Februar 1958,S. 28-37, Paris 1751

Dela Potterie,Eudes: Presse enfantine et famille,in:Educateurs,No.48,November-Dezember 1953,S.533-541, Paris 1752

Dubois,Raoul: Une bibliographie sur les études concernant les publications destinées à la jeunesse,in:Vers l'Education nouvelle,No.107,Oktober-November 1956, Paris 1753

Dubois,Raoul: Une bibliographie sur les études concernant les publications destinées à la jeunesse,in:Vers l'Education nouvelle,No.109,Januar-Februar 1957, Paris 1754

Dubois,Raoul: La presse pour enfants de 1934-1953,in:Les Journaux pour enfants,Presses Universitaires de France,1954, Paris 1755

Dubois, Raoul: La mauvaise presse pour enfants, est-elle un mal nécessaire?, in: Education Nationale, No. 5, und 12, 1953. Paris 1756

Dubois, Raoul: Les journaux pour enfants in: La Pensée, No. 37, 1951, Paris 1757

Dubois, Raoul: La presse enfantine francaise, in: Franc et Franches Camarades, 1957, Paris 1758

Duranteau, Josanne: Le temps et l´espace, in: Les Lettres Francaises, No. 1138, 30.6.-6.7.66, Paris 1759

Empaytaz, F. Frédéric: Les copains de votre enfance, Denoel, 1963, Paris 1760

L´EXPRESS: Astérix passe aux actes, No. 855, 6.11.12.11.67, S. 60, Paris 1761

Fermigier, André: Un scoutisme planétaire, in: Le Nouvel Observateur, No. 127, 19.4.-26.4.67, S. 32-33, Paris 1762

Forest, Jean-Claude: Plus d´épinards pour Popeye, in: Giff-Wiff, No. 3, 1965, S. 21, Paris 1763

Forlani, Remo: I am souris, Mister Disney, in: Giff-Wiff, No. 23, März 1967, S. 35, Paris 1764

Forlani, Remo: Félix, quand les chats écrivaient leurs mémoires, in: Giff-Wiff, No. 21, 1966, Paris 1765

Fouilhe, Pierre: La presse enfantine, in: L´Ecole des parents, No. 10, März 1965, Paris 1766

Fouilhe, Pierre: L´enfant devant son journal, in: L´Ecole des parents, No. 9, August-September 1953, S. 39-42, Paris 1767

Fouilhe, Pierre: Journaux d´enfants, journaux pour rire?, Centre d´activité pedagogique, 1955, S. 30-31, Paris 1768

Fouilhe, Pierre: Les héros et ses ombres, in: Les Journaux pour enfants, Sondernummer von "Enfance", 1954, Paris 1769

Fouilhe, Pierre: La presse enfantine et son public, aus: "Eventail" de l´histoire vivante, Hommage à Luvien Febvre, 1953, 385 S., Paris 1770

Fronval, George: Fascicules et brochures populaires d´autrefois, in: Phénix No. 2, Januar 1967, S. 24-26, Paris 1771

Gauthier, Guy: Les bandes dessinées, in: Image et Son, 1968, 20 S., Paris, (Mitautor: J. Zimmer) 1772

Gerin, Elisabeth: Tout sur la presse infantine, Collection pédagogique "Connâitre et juger", No. 1, Centre de Recherches de la bonne presse, 1958, 190 S., Paris 1773

Goscinny, René: Vorwort zu "Les chefs d´oeuvres de la bande dessinée", Anthologie Planète, Edition Planète, 1967, Paris 1774

Gosset, Philippe: Les chevaliers du ciel voyagent beaucoup, in: Télémagazine, No. 656, 18.5.-24.5, 68, S. 6-9, Neuilly 1775

Grandjean, Raymond: Souveniers de l´âge d´or, in: Giff-Wiff, No. 9, 1965, Paris 1776

Greg, Michel: La bande dessinée, phénomène social?, in: Phénix, No. 7, 3. Trimester 1968, S. 70-71, Paris 1777

Guegan, Gerard: Bandes à part, in: Lui, Dezember 1966, Paris 1778

Guth, Paul: Le naif, Edme, et les bulles, in: Giff-Wiff, No. 23, März 1967, S. 37-38, Paris 1779

Hahn, Otto: A l'enseigne des bandes dessinées, in: L'Express, No. 747, 11.10.65, Paris 1780

Heymann, Danièle: Barbarella sous les lauriers roses, in: L'Express, No. 842, 7.8.-13.8.67, S. 46-48, Paris 1781

Hilleret, Georges: Pierre Tchernia: Astérix était un monstre, in: Tele 7 Jours, No. 362, 25.2.-3.3.67, Paris 1782

Hoog, Armand: L'Archange à tête de chauve-rosis, in: Les Nouvelles Littéraires, No. 2042, 20.10.66, Paris 1783

Juin, Hubert: Aux arènes de la bande dessinée, in: La Dépeche de Midi, 6.11.66, Toulouse 1784

Juin, Hubert: Le droit de rêver, in: Les Lettres Francaises, No. 1138, 30.6.-6.7.66, Paris 1785

Juin, Hubert: Les héros de papier, in: Les Lettres Francaises, No. 1138, 30.6.-6.7.66, Paris 1786

Lacassin, Francis: Mandrake en liberté provisoire, in: Midi-Minuit Fantastique, No. 3, Oktober-November 1962, S. 49, Paris 1787

Lacassin, Francis: La bande dessinée, art mineur réservé aux mineurs?, in: Giff-Wiff, No. 20, 1966, S. 1, Paris 1788

Lacassin, Francis: Popeye ou le matelot venu par hasard, in: Giff-Wiff, No. 17, Januar 1966, S. 3-8, Paris 1789

Lacassin, Francis: La bande dessinée, in: Oeuvres laiques de la Seine, No. 92-93, November-Dezember 1967, Paris 1790

Lacassin, Francis: Les bandes dessinées, produit d'une civilisation, in: Europress-Junior, 1966, Paris 1791

Lacassin, Francis: A la poursuite de Mandrake, in: Midi-Minuit Fantastique, No. 6, Juni 1963, S. 88, Paris 1792

Lacassin, Francis: Rien n'est vrai, tout est permis, in: Les Lettres Francaises, No. 1138, 30.6.-6.7.66, Paris 1793

Laclos, Michel: Prolégoménos a une étude de la bande comique, in: Giff-Wiff, No. 12, 1965, S. 5, Paris 1794

Lacroix, S.: La presse pour enfants en France, in: Bulletin des bibliothèques de France, Bd. 1, No. 2, Februar 1956, Paris 1795

Le Gallo, Claude: Le mystère de la grande pyramide, in: Phénix, No. 2, Januar 1967, S. 29-30, Paris 1796

Le Gallo, Claude: A propos de la castafiore, in: Phénix, No. 2, Januar 1967, S. 27-28, Paris, (Mitautor: E. Francois) 1797

Le Gallo, Claude: Q.R.N. sur Bretzelburg, in: Phénix, No. 3, 1967, S. 33, Paris 1798

Le Gallo, Claude: Vol 714 pour Sidney in: Phénix, No. 7, 3. Trimester 1968, S. 74-75, Paris 1799

Leguebe, Eric: Les avators de l'éternel féminin, in: Arts, 27.4.66, Paris 1800

Leguebe, Eric: Bataille d'Hernani pour Tarzan, in: Arts, 2.3.66, Paris 1801

Leguebe, Eric: L'Amérique à l'heure des comics troupiers, in: Arts et Loisirs, 18.5.-24.5.66, No. 34, S. 3-5, Paris 1802

Lentz,Serge: Il suffisait de faire parler une souris,in:Candide,No.296,25.12.66, S.45-46, Paris 1803

Levin,Marc-Albert: Sans but lucratif, in:Les Lettres Francaises,No.1138,30.6.-6.7.66, Paris 1804

Litran,Manuel: Astérix devient star,in: Paris-Match,No.976,23.12.67,Paris,(Mitautor: V.Merlin) 1805

Lob,Jacques: Au pays de comics,in: Giff-Wiff,No.16,Dezember 1965,S.17, Paris 1806

LUI: La palme à Ronald,No.53,Mai 1968, Paris 1807

Manjarrez,Froylan C.: Comics:l'école de la violence,in:Révolution,Bd.12,No. 13,1964,S.42-56, Paris 1808

Marker,Chris: L'Amérique rêve,Editions du Seuil,Paris,1961 1809

Marny,Jacques: Le monde étonnant des bandes dessinées,in: Le Centurion Science Humaines,1968,320 S.,Paris 1810

Mauge,Roger: Adieu à Walt Disney,in: Paris-Match,No.924,24.12.66,S.38-51, Paris 1811

Ménard,P.: Journaux d'enfants,journaux encore dangereux,in:Hygiene Mentale,Bd.2,1957,S.198, Paris 1812

Merlin,Virginie: Astérix devient star,in: Paris-Match,No.976,23.12.67,Paris, (Mitautor:M. Litrán) 1813

Morand,Claude: Les trois messages de Goscinny,in:Arts,19.10.66,Paris 1814

Morin,E.: Tintin héros d'une génération,in:La Nef,No.13,Januar 1958, Paris 1815

LA NATION EUROPEENNE: Les aventures de Tintin,Oktober 1967,S.45, Paris 1816

LA NATION EUROPEENNE: Quand eros fait des bulles,No.19,August 1967,S. 16-20, Paris 1817

Noel,Jean-Francois: Laids band daissinez...,in:Les Lettres Francaises,No. 1138,30.6.-6.7.66, Paris 1818

PARIS-MATCH: Deux institutrices enfoncent James Bond/Ellenes inventent Diabolik,un Superman,et en font un héros de cinéma,No.995,4.5.68, Paris 1819

PARIS-PRESSE-L'INTRANSEGEANT: Les increvables Superman de la Maison-Blanche,1967, Paris 1820

Pascal,David: Hogarth répond,in:Giff-Wiff,No.18,1966, Paris 1821

Perec,Georges: Astérix au pouvoir,in: Arts,No.59,9.11.-15.11.66,Paris 1822

Pottier,A.: La presse de mineurs,Cujas,Paris,1956 1823

Prasteau,Jean: Les intellectuels découvrent un huitième art:la bande dessinée,in:Le Figaro Litteraire,No.984,25. 2.-3.3.65,S.20, Paris 1824

Raillon,Louis: Où en la question des journaux d'enfants,in:Educateurs,No. 14,März-April 1948, Paris 1825

RECORD: Journaux des jeunes à traves l'Europe,Supplement,No.70,Oktober 1967,16.S.,Paris 1826

Resnais,Alain: Entretien avec Al Capp in:Giff-Wiff,No.23,März 1967,S.23-28, Paris 1827

Resnais, Alain: Dick Tracy ou L'Amérique en 143 visages, in: Giff-Wiff, No. 21, 1966, Paris 1828

Rioux, Lucien: D'Astérix aux westerns, ceux qui font le vent, les snobs et les intellectuels, in: Constellation, Oktober 1967, Paris 1829

Rolin, Gabrielle: Du sang, de la volupté, et de la mort, in: Le Monde, Supplement, No. 6926, 19.4.67, S. 5, Paris 1830

Rolin, Gabrielle: La "sous-littérature": le trois grands du circuit populaire, in: Le Monde, Supplement, No. 6926, 19.4.67, S. 4, Paris 1831

Rouvroy, Maurice A.: Images et enfants, in: Littérature de Jeunesse, 1951, S. 11, Paris 1832

Roy, Claude: Clefs pour l'Amérique, Gallimard, 1947, Paris 1833

Sadoul, Anne: Panorama du comic-book, in: Giff-Wiff, No. 14, 1966, S. 22, Paris 1834

Sadoul, Jacques: Deux études phylactérologiques, in: Fiction, No. 164, Juli 1967, S. 148-151, Paris 1835

Sadoul, Jacques: L'Enfer des bulles, J.-J. Pauvert, Mai 1968, 254 S., Paris 1836

Sadoul, Jacques: Panorama du comic-book, in: Giff-Wiff, No. 14, 1966, S. 22, Paris 1837

Sadoul, Jacques: La science-fiction dans le comic-book, in: Ausstellungskatalog, Musée des Arts Décoratifs, 1967, S. 31-32, Paris 1838

Sadoul, Jacques: Vie et mort d'un prince, in: Midi-Minuit Fantastique, No. 17, 1967, S. 136-137, Paris 1839

Sullerot, Eveline: Popeye cause, in: Giff-Wiff, No. 17, Januar 1966, S. 9-10, Paris 1840

Sullerot, Eveline: La presse féminine, Colin, Colection Kiosque, 1963, Paris 1841

Sullerot, Eveline: Chèr Goscinny, vous oubliez vos gauloises, in: Giff-Wiff, No. 21, 1966, Paris 1842

Sullerot, Eveline: La presse d'aujourd'hui, in: Blond et Gay, 1966, Paris 1843

Sullerot, Eveline: Superman, le héros qui nous venge de nos défaites, in: Arts, 26.10.66, Paris 1844

Tchernia, Pierre: Deux Romais en Gaule, in: Télé-Magazine, No. 593, 4.3.-10.3.1967, S. 86-90, Paris 1845

Tchernia, Pierre: Walt Disney au Paradis, in: Les Nouvelles Littéraires, No. 2051, 22.1.67, S. 3, Paris 1846

Tercinet, Alain: Deux gamins au coeur de l'Afrique, in: CELEG, 1964, Paris 1847

Thiriant, Jean: Non à Astérix, in: La nation européenne, No. 19, August 1967, S. 15, Paris 1848

Thomas, Pascal: Des héros à chaque page, in: Nouveau Candide, No. 312, 17.4.-23.4.66, Paris 1849

Thuly, Gisèle: Les comics ne sont pas ce que vous croyez, in: L'Express, 1965, Paris 1850

Trout, Bernard: En quelques lignes.... Le Fantôme contre le Baron Pirate, Vorwort zum Buch gleichen Titels, CELEG, Dezember 1965, Paris 1851

Trout, Bernard: La butte contre le dominateur, in:Giff-Wiff, Supplement, No. 22,1966, Paris 1852

Vidal, Leo: Pourquoi cette folie des bandes dessinées?, in:Blanc et Noir, 30. 12. 65, S. 8-9, Paris 1853

Zimmer, Jacques: Les bandes dessinées, in:Image et Son, 1968, 20 S., Paris, (Mitautor:G. Gauthier) 1854

ITALIEN:

Ajello, Nello: La stampa infantile in Italia, in:Nord e Sud, 1959, Mailand 1855

Albertarelli, Rino: La civiltà del cavallo, in:Linus, No. 18, Bd. 2, September 1966, S. 1-5, Mailand 1856

Aspesei, Natalia: Giallo, sesso, brivido siamo bravi. Nelle risate, poco, in:Il Giorno, 26. 9. 66, Genua 1857

Banas, Pietro: Omaggio a Braccio di Ferro, in:Linus, No. 40, Juli 1968, S. 1-7, Mailand 1858

Battistelli, V.: La letteratura infantile moderna, Vallecchi, Florenz, 1923 1859

Battistelli, V.: Il libro del fanciullo, in: La nuova Italia, 1948, Florenz 1860

Bertieri, Claudio: La massa e la communicazione, in:Il Lavoro Nuovo, 22. 2. 64, Genua 1861

Bertieri, Claudio: Un fenómeno contemporaneo come specchio della società, in:Il Lavoro Nuovo, 2. 3. 65, Genua 1862

Bertieri, Claudio: Immagine, segno del nostro tempo, in:Cinema 60, No. 52, April 1965, Rom 1863

Bertieri, Claudio: Immagine in poltrona, in:Cinema 60, No. 57, 1965, Rom 1864

Bertieri, Claudio: Ballata per un pezzo da novanta, in:Il Lavoro, 13. 11. 66, Genua 1865

Bertieri, Claudio: E'tempo di supereroi, in:Il Lavoro, 4. 10. 66, Genua 1866

Bertieri, Claudio: Gli eroi giovani, in: Il Lavoro, 2. 8. 68, Genua 1867

Bertieri, Claudio: Gli eroi senza tempo in:Il Lavoro, 7. 2. 65, Genua 1868

Bertieri, Claudio: La famiglie dei mostri, in:Il Lavoro, 26. 5. 65, Genua 1869

Bertieri, Claudio: Fumetto e costume, in:Il Lavoro, 22. 6. 63, Genua 1870

Bertieri, Claudio: L'occulata saggezza di un mago, uno dei primi persuasori occulti, in:Il Lavoro, 17. 12. 66, Genua 1871

Bertieri, Claudio: A ondate successive, in:Il Lavoro, 1. 12. 67, Genua 1872

Bertieri, Claudio: Un prosit disincantato, in:Il Lavoro, 3. 2. 68, Genua 1873

Bertieri, Claudio: I ragazzi dell avorio, in:Il Lavoro, 20. 10. 67, Genua 1874

Bertieri, Claudio: La società che consuma e immagini publicitarie, in: Il Lavoro, 6. 10. 67, Genua 1875

Bertieri, Claudio: Still life, in:Sgt. Kirk No. 4, Oktober 1967, S. 1-5, Genua 1876

Bertieri, Claudio: Va a zonzo per la foresta Uup-Uup candido cavernicolo, in:Il Lavoro Nuovo, 3. 8. 66, Genua 1877

Bertieri, Claudio: Viaggio nella fantasia, in: Il Lavoro, 29.12.67, Genua 1878

Bertoluzzi, Attilio: Fortunello e la cecca, Vorwort zum Buch gleichen Titels, Garzanti, Mailand. 1965 1879

Biagi, E.: La fantasia d'oro, in: L'Europeo, 29.12.66, Rom 1880

Bocca, Giorgio: La posta delle anime morte, in: Il Giorno, 25.1.68, Genua 1881

Bocca, Giorgio: Risposte ai difensori della stampa cochonne, in: Il Giorno, 27.1.68, Genua 1882

Bologna, Mario: La rivolta dei racchi, in: Comics Almanacco, 1967, S. 4-5, Rom 1883

Bono, G.: La pipa, in: Comics World, No. 2, Sondernummer, März 1968, Genua 1884

Brunoro, G.: Sergente Fury riposa in pace, in: Sgt. Kirk, No. 16, Oktober 1968, S. 58-65, Genua, (Mitautor: E. Ferraro) 1885

Brunoro, G.: Terra di Santi..., in: Sgt. Kirk, No. 11-12, Mai-Juni 1968, S. 92-95, Genua 1886

Buzzati, Dino: Fumetti 1952, tomba della fantasia infantile, in: Atti del congresso internazionale sulla stampa periodica, cinematographica e radio per ragazzi, 1954, Giuffre, Mailand 1887

Calisi, Romano: Nei fumetti lo specchio della società americana, in: Paese Sera, 22.9.-24.9.64, Mailand 1888

Calisi, Romano: Stampa a fumetti, cultura di massa, società contemporanea, in: Quaderni di communicazioni di massa, No. 1, 1965, S. 9-15, Rom 1889

Calisi, Romano: Annibale alle porte, in: Linus, No. 3, 1965, Mailand 1890

Camerino, Aldo: Fumetti, in: Il Salotto Giallo, 1958, Padua 1891

Cannata, Nino: A suon di pugni arriva Fulmine, in: Avanti, 10.6.67, Mailand 1892

Caputo, T.: Serso e pazzia nel fumetto per adulti, in: L'Osservatore di Borsa, Januar 1967, Mailand 1893

Carano, R.: America the beautiful, in: Linus, No. 42, September 1968, S. 50, Mailand 1894

Carpi, Pier: L'Automazione nella nuvoletta, 1967, (Mitautor: M. Gazzarri) 1895

Carpi, Pier: Il giallo a fumetti, 1967, (Mitautor: M. Gazzarri) 1896

Carpi, Pier: Il lettore diventa spettatore, 1967, (Mitautor: M. Gazzarri) 1897

Carpi, Pier: Libertà di fumetti, 1967, (Mitautor: M. Gazzarri) 1898

Carpi, Pier: Pappagone un'occasione mancata, 1967, (Mitautor: M. Gazzarri) 1899

Carpi, Pier: Pinocchio rivisto da manca, 1967, (Mitautor: M. Gazzarri) 1900

Carpi, Pier: Una satira sterilizzata, 1967, (Mitautor: M. Gazzarri) 1901

Castelli, Alfredo: Carnet di Tarzan, in: Comics Club, No. 1, April-Mai 1967, S. 45-56, Mailand 1902

Castelli, Alfredo: Il fandom americano in: Linus, No. 19, Oktober 1966, Mailand 1903

Castelli, Alfredo: Il fandom americano, in:Fantascienza Minore, Sondernummer, 1967, S.48-51, Mailand 1904

Castelli, Alfredo: Le fanzines di Tarzan, in:Comics Club, No.1, April-Mai 1967, S.44, Mailand 1905

Castelli, Alfredo: No al lutulento marasma ovvero senti chi parla!, in:Comics, No.4, Dezember 1966, S.25, Mailand 1906

Castelli, Alfredo: Tarzan a fumetti nei quotidiani, in:Comics Club, No.1, April-Mai 1967, S.24-26, Mailand 1907

Castelli, Alfredo: Il Western all'italiana è nato dai fumetti, in:Eureka, No. 2, Dezember 1967, S. 65-66, Mailand 1908

Cavalinna, P.: Un passatempo per ragazzi che piace agli adulti, in:Il Quotidiano, 18.10.64, Mailand 1909

Cavallina, P.: Dal mondo dei fans a quello degli studiosi, in:Il Quotidiano, 10.11.64, Mailand 1910

Cavallone, Franco: L'Impiegato del diavolo, in:Linus, No.27, Juli 1967, S.1-5, Mailand 1911

Cavallone, Franco: Il topo amoroso, in: Linus, No.22, Januar 1967, S.33, Mailand 1912

Cavallone, Franco: Toporama, in:Linus, No.38, Mai 1968, S.1-7, Mailand 1913

Charlton, Warwich: Batman batte Bond, in:L'Europeo, 22.12.66, S.66-69, Rom 1914

Cremaschi, I.: Diavolacci ma cosi, all' ingrosso, in:Corriere d'Informazione, 6.5.-7.5.65, Mailand 1915

Cuesta, U.: Problemi attuali della letura infantile e giovanile, in:Atti del congresso del sindicato nazionale de autori e scrittori, Rom, 1940 1916

De Giacomo, Fr.: Como restaurare vecchi giornalini, in:Linus, No.31, Oktober 1967, S.79, Mailand 1917

Del Bianco, Berto: Gente che va e gent che viene nei fumetti di Paese Sera, in:Paese Sera, 25.10.60, Mailand 1918

Del Buono, Oreste: Braccio di ferro, Garzanti, Mailand, 1965 1919

Del Buono, Oreste: Il ritorno del primi eroi della nostra infanzia, in:L'Europeo, No.46, 11.11.65, S.34-37, Rom 1920

Del Buono, Oreste: Guerra e fumetti: ma chi si rivede?, in:Linus, No.29, August 1967, S.62, Mailand 1921

Del Buono, Oreste: La nube purpurea, in:Linus, No.41, August 1968, S.58, Mailand 1922

Della Corte, Carlos: I fumetti, Mondadori, Mailand, 1961 1923

Della Corte, Carlos: Gordon e Mandrake preannunciarono la fantascienza, in:Italia Domani, 8.11.59, Mailand 1924

Della Corte, Carlos: Fumetti a peso d'oro, in: Avanti, 3.2.59, Mailand 1925

Della Corte, Carlos: L'Olimpio in quadricomia, in:La lettura del medico, August 1958, Mailand 1926

Della Corte, Carlos: Meritano diffusione i fumetti intelligenti, in:Paese Sera, 3.9.59, Mailand 1927

Della Corte, Carlos: Allegri e natale,

in:Eureka, Supplement, No. 2, Dezember 1967, S. 1-2, Mailand 1928

Della Corte, Carlos: Appunti in margine, in:Eureka, No. 6, April 1968, S. 1-2, Mailand 1929

Della Corte, Carlos: I nostri amici di carta, in:Bella, 13. 2. 66, Mailand 1930

De Rossignoli, Emilio: La stampa per ragazzi prepara una generazione senza fantasia, in:La Tribuna, 5. 1. 58, Mailand 1931

Eco, Umberto: Apocalittici e integrati, Bompiani, Mailand, 1956 1932

Eco, Umberto: Il mito di Superman e la dissoluzione del tempo, in:Archivio di Filosofia, No. 1-2, 1962, Rom 1933

Faust: I rumori disegnati, in:La Domenica del Corriere, 19. 4. 59, Mailand 1934

Faustinelli, Mario: Davide uno dell´Asso in:Sgt. Kirk, No. 16, Oktober 1968, S. 2-3, Mailand 1935

Ferraro, Ezio: I fumetti nel dopoguerra, in:Comicsrama, No. 4, 15. 3. -31. 3. 68, S. 21, Mailand 1936

Ferro, Marise: Ragazzi, libri e fumetti, in:Stampa Sera, 9. 11. 60, Mailand 1937

LA FIERA LETTERARIA: I polli non hanno sedie, No. 22, Bd. 43, 30. 5. 68, Rom 1938

Forte, Gioacchino: Allegretto, lettera ai dotti, in:Sagittarius, Dezember 1965, S. 3, Mailand 1939

Forte, Gioacchino: I fumetti della guerra fredda, in:Quaderni di Communicazioni di Massa, No. 1, 1965, S. 103-110 Rom 1940

Fossati, Franco: Appunti sulla considdetta fantascienca minore, in:Nuovi Orizzonti, No. 9, August 1966, Mailand 1941

Fossati, Franco: Introduzione, in: Fantascienza Minore, Sondernummer, 1967, S. 1-2, Mailand 1942

DICK FULMINE: Il fumetto in mano ai politicanti, No. 9, 1967, Mailand 1943

Gandini, Giovanni: Il sogni nel fumetto, in:Sttegioni, Bd. 2, No. 41, 24. 3. 68, Rom 1944

Gasca, Luis: Bandes dessinées et publicité, in:I fumetti, No. 9, Juni 1967, S. 71-79, Rom 1945

Gazzarri, Michele: L´Automazione nella nuvoletta, 1967, (Mitautor:P. Carpi) 1946

Gazzarri, Michele: Il giallo a fumetti 1967, (Mitautor:P. Carpi) 1947

Gazzarri, Michele: Il lettore diventa spettatore, 1967, (Mitautor:P. Carpi) 1948

Gazzarri, Michele: Pappagone un´occasione mancata, 1967, (Mitautor:P. Carpi) 1949

Gazzarri, Michele: Una sartira sterilizzata, 1967, (Mitautor:P. Carpi) 1950

Ghirotti, Gigi: Uno svago di prendersi con misura, in:La Stampa, No. 269, 1965, Mailand 1951

Giammanco, Roberto: Il sortilegio a fumetti, Mondadori, Mailand, 1965 1952

Laura, Ernesto G.: La stampa italiana a fumetti nel periodo fascista, in: I Fumetti, No. 9, Juni 1967, S. 87-113, Rom 1953

Laura,Ernesto G.: Che cosa accadrá ora che il Mago di Burbank non c e più,in:Sgt.Kirk,No.6,Dezember 1967, S.3-9,Genua 1954

Leydi,Roberto: Il trionfo del supercretino,in:L´Europeo,14.4.66,Rom 1955

Listri,Francesco: Fumetti senza poesia, in:La Nazione,1.7.67, Florenz 1956

Maglietto,William: Giustizia per i fumetti,in:Cinquedue,November 1957, Mailand 1957

Manisco,Estella: Se muore un eroe dei fumetti,piangono milioni di Americani, in:Il Messaggero,11.6.54, Rom 1958

Mannucci,Cesare: Un diluvio di fumetti in:Corriente della Sera,24.3.65,Mailand 1959

Massari,G.: I compagni dell´infanzia, in:Il Mondo,24.2.63,Mailand 1960

Millo,Stelio: Appunta sul fumetto fascista,in:Linus,No.10,1965,Mailand 1961

Minuzzo,Nerio: La fidanzata del robot, in:L'Europeo,6.7.67,S.34-39,Rom 1962

Müller,Elsa: Il corsario salgariano,in: Sgt.Kirk,No.10,April 1968,S.20-24, Genua 1963

Occhiuzzi,Franco: La leggenda di Pinkerton,in:Domenica del Corriere,12.12. 67,S.58-63,Mailand 1964

Ongaro,Alberto: L´Asso di picche,in: Sgt.Kirk,No.6,Dezember 1967,S.72-74, Genua 1965

Orlando,R.: Dove corrie,Charlie Brown?, in:L´Europeo,24.1.65, Rom 1966

Paderni,S.: L´Immagine,in:Gazzetta di Modena,2.2.53,Modena 1967

PANORAMA: Due superuomini di carta conquistano l´America,No.47,August 1966, Mailand 1968

Pivano,Fernanda: America rossa e nera,Feltrinelli, Mailand,1964 1969

Pivano,Fernanda: I fumetti hanno sessent´anni,in:Il Giorno,13.-17.9.57, Mailand 1970

PLANETA: Chi vuole uccidere Jessie?, No.13,November-Dezember 1966, Turin 1971

Prezzolini,Guiseppe: Non c'e figura più popolare degli eroi dei fumetti americani,in:Il Tempo,31.1.65,Mailand 1972

Quilici,Folco: La verde batalla,in:Sgt. Kirk,No.9,März 1968,S.1,Genua 1973

Rava,Enzo: Fallito il tentativo di mettere ai fumetti la museruola della censura,in:Paese Sera,26.9.66,Mailand 1974

Re,Marzo: Tarzan delle scimmie,in: Comics Club,No.1,April-Maí 1967, S.21-23, Mailand 1975

Resnais,Alain: La disturba il fumetto?, in:L´Europeo,25.8.66,Rom 1976

Roca,Albert: Los Comics:Superman,in: Realidad,No.4,November-Dezember 1964,S.77,Rom 1977

Rossignoli,Emilio de: La stampa per ragazzi prepara una generazione senza fantasia,in:La Tribuna,5.1.68, Mailand 1978

Rubino,Antonio: Tavole a quadretti, in:Paperino,18.8.38,Mailand 1979

Rubino, Antonio: Salgari a fumetto nel dopoguerra, in: L'Asso di Picche, Sondernummer, Juni 1966, S. 12-14, Mailand 1980

Sach, Anne: Nostalgia del vecchio fumetto, in: Sipra Uno, No. 1, Januar-Februar 1965, S. 113-120, Turin 1981

Sala, Paolo: Rassegna del número uno, in: Comics Club, No. 1, April-Mai 1967, S. 5-17, Mailand 1982

Sala, Paolo: Il supermanismo, ovvero i miti della civiltà delle macchine, in: Comics, Sondernummer, April 1966, S. 13, Mailand 1983

Sambonet-Bernacchi, Luisa: America, in: Sgt. Kirk, No. 16, Oktober 1968, S. 20-22, Genua 1984

Sambonet-Bernacchi, Luisa: I comics dei consumi, in: Sgt. Kirk, No. 4, Oktober 1967, S. 49-52, Genua 1985

Santucci, Luigi: I fumetti, in: L'Educatore italiano, 20. 12. 57, Mailand 1986

SELEARTE: Fumetti del rinascimento, März-April 1953, Mailand 1987

Serafini, Don Luigi: Su, Vitt, coraggio!, in: Linus, No. 22, Januar 1967, S. 6, Mailand 1988

Spinazzola, Vittorio: Comic di protesta e fumetti d'apprendice, in: Linus, No. 27, Juli 1967, S. 63-64, Mailand 1989

Spinazzola, Vittorio: Donne e fumetti, in: Linus, No. 37, April 1968, S. 1-5, Mailand 1990

Traini, Rinaldo: I Fumetti, in: Enciclopedia del tempo libero, Ed. Radar, Mai 1968, 62 S., Padua, (Mitautor: S. Trinchero) 1991

Traini, Rinaldo: I prodotto comics, primera parte, in: Sgt Kirk, No. 2, August 1967, Genua 1992

Traini, Rinaldo: I prodotto comics, segunda parte, in: Sgt. Kirk, No. 6, Dezember 1967, Genua 1993

Traini, Rinaldo: Il risveglio del dinosauro, in: Filatelia Italiana, No. 10, Oktober 1965, Mailand, (Mitautor: S. Trinchero) 1994

Trevisani, Guiseppe: Il giorno in cui mòri de amici, in: Le Ore, 1964, Mailand 1995

Trinchero, Sergio: Trenta mila pagine di fumetti, in: I Fumetti, No. 9, Juni 1967 S. 57-70, Rom 1996

Trinchero, Sergio: Appunti sui fumetti di guerra, in: Dick Fulmine, Collana Anni Trenta, No. 9, 26. 9. 67, Mailand 1997

Trinchero, Sergio: Away or not away, in: Sgt. Kirk, No. 8, Februar 1968, S. 101-103, Genua 1998

Trinchero, Sergio: La banda disegnata sposa la banda stagnata, in: Italsider, 22. 9. 67, Mailand 1999

Trinchero, Sergio: I cattivi, in: Super Albo, No. 121, Fratelli Spada, 24. 1. 65, Mailand 2000

Trinchero, Sergio: I cattivi e le eroine dei fumetti, in: Fichel Club, No. 8-9, September 1967, Mailand 2001

Trinchero, Sergio: I comics, un' offerta di differenziata fantasia, in: Comics Club, No. 1, April-Mai 1967, S. 1-3, Mailand 2002

Trinchero, Sergio: L'Eredità della vecchia guardia, in: Sgt. Kirk, No. 13, Juli 1968, S. 96-98, Genua 2003

Trinchero, Sergio: I Fumetti, in: Enciclopedia del tempo libero,Ed.Radar,Mai 1968,62 S.,Padua,(Mitautor:R. Traini) 2004

Trinchero,Sergio: Ieri fantasia,domani realtà?,in:Sgt.Kirk,No.5,November 1967,S.78-80,Genua 2005

Trinchero,Sergio: Il lettore di comics; un´anima angosciata,in:Hobby,No.5, April 1967,Mailand 2006

Trinchero,Sergio: I miei fumetti,in: Edizioni Comic Art,Ed.Radar,April 1967,126 S.,Padua 2007

Trinchero,Sergio: Preistoria per tutti,in: Sagittarius,No.9,September 1965,Mailand 2008

Trinchero,Sergio: Proponiamo,in:Comic Art in Paper Back,No.1,April 1966, Mailand 2009

Trinchero,Sergio: Ridere,ridere,ridere, in:Sgt.Kirk,No.10,April 1968,S.1-5, Genua 2010

Trinchero,Sergio: Il risveglio del dinosauro,in:Filatelia Italiana,No.10,Oktober 1965,Mailand,(Mitautor:R. Traini) 2011

Trinchero,Sergio: Il tempo della nonna, in:Sgt,Kirk,No.4,Oktober 1967,S.82-83,Genua 2012

Trinchero,Sergio: Trenta mile pagine dei fumetti,in:Comic Art in Paper Back, No.4,Januar 1967, Mailand 2013

Venantino,Gianni: I Vip,in:Sgt.Kirk, No.15,September 1968,S.2-4,Genua 2014

Volpicelli,Luigi: Dall´infanza all´ adolescenza,in:La Scuola,1952, Brescia 2015

Volpicelli,Luigi: I fumetti,spettaculo e lettura,April-Mai 1965,Rom 2016

Volpicelli,Luigi: Lettera a Piero Bargellini sui fumetti,in:Puer,Bd.3,No.2, Dezember 1953,Siena 2017

Zanotto,Piero: Sulle tavole delle storie a fumetti le testoline dei fanciulli d'oggi, in:Gazzettino Sera, 6.3.58, Venedig 2018

Zanotto,Piero: Ritornano i primi eroi di carta,in:Il Lavoro,5.1.66,Genua 2019

Zanotto,Piero: Al Capp riduce gli uomini alle dimensioni di una verme, in:Il Gazzettino,17.7.67,Venedig 2020

Zanotto,Piero: Anche il franchesi hanno il loro Linus,in:Nazione Sera, 12.7.66,Florenz 2021

Zanotto,Piero: Anche il franchesi hanno il loro Linus,in:Carlino Sera, 13.7.66,Bologna 2022

Zanotto,Piero: Ammira Chaplin il padre di Li´l Abner,in:Nazione Sera, 26.7.66,Florenz 2023

Zanotto,Piero: Ammira Chaplin il padre de Li´l Abner,in:Carlino Sera, 26.7.66,Bologna 2024

Zanotto,Piero: La BB della fantascienza,in:Nazione Sera,1.4.65,Florenz 2025

Zanotto,Piero: Beppe,Cucciolo,Tiramolla nuovi idoli dei piú piceini,in: Corriere di Triest,18.3.58,Triest 2026

Zanotto,Piero: Una breve inchiesta sui fumetti,in:Il Paese,23.3.58,Rom 2027

Zanotto,Piero: Una candelina per i Peanuts,in:Nazione Sera,17.5.66,Florenz 2028

Zanotto,Piero: Chi vuolo uccidere Jessie?,in:Linus,No.19,Oktober 1966,Mailand 2029

Zanotto,Piero: La civiltà dell´immagini è fatta anche di questi fumetti, in:La Nueva Sardegna,2.1.66,Sassari 2030

Zanotto,Piero: Combattiamo con i dadi la battaglia di Waterloo,in:Nazione Sera,15.2.66,Florenz 2031

Zanotto,Piero: I comics esistano,in: Corriere del Giorno,13.8.66,Tarent 2032

Zanotto,Piero: E´nata a Parigi la cugina di Barbarella,in:Nazione Sera,21.1.67,Florenz 2033

Zanotto,Piero: L'età d'oro del fumetto: Quadratino a amici,in:Nazione Sera,8.12.67,Florenz 2034

Zanotto,Piero: L'età d'oro del fumetto: Quadratino e amici,in:La Nuova Sardegna,13.12.67,Sassari 2035

Zanotto,Piero: Fu fascista in camicia bianca il forzutissima Dick Fulmine?, in:Il Gazzettino,11.11.67,Venedig 2036

Zanotto,Piero: Fumetti amorosi e ragazze d´oggi,in:Il Lavoro,26.5.58, Genua 2037

Zanotto,Piero: I fumetti nella science-fiction:si rimova il mito di Atlantide, in:Il Gazzettino,22.6.67,Venedig 2038

Zanotto,Piero: Libri:I miei fumetti,di S.Trinchero,in:Il Piccolo,9.6.67,Triest 2039

Zanotto,Piero: I miei fumetti,di S. Trinchero,in:Carlino Sera,24.6.67, Bologna 2040

Zanotto,Piero: La magica arcivenice del prof. Lambicchi,in:Corriere del Triest,20.6.67,Triest 2041

Zanotto,Piero: Parliamo ancora di me, o Zavattini contro la terra,in:Linus, No.43,Oktober 1968,S.1-10,Mailand 2042

Zanotto,Piero: Un Pinocchio a fumetti, in:Il Gazzettino,24.1.68,Venedig 2043

Zanotto,Piero: Planète representa i fumetti-capolavoro,in:Il Piccolo,9.5.67, Triest 2044

Zanotto,Piero: Planète representa i fumetti-capolavoro,in:Carlino Sera, 13.5.67,Bologna 2045

Zanotto,Piero: Il provocatorio candare di Charlie Brown,in:Corriere del Giorno,8.3.67,Tarent 2046

Zanotto,Piero: Quando Topolino,strizza l´occhio a Verne,in:Il Gazzettino,20.3.67,Venedig 2047

Zanotto,Piero: Questi benedetti fumetti in:Enciclopedia Motta,No.106,23.9.58, Mailand 2048

Zanotto,Piero: Questi benedetti fumetti in:Il Lavoro,18.4.58,Genua 2049

Zanotto,Piero: Ribolle di iniziative il calderone dei fumetti,in:Nazione Sera, 17.6.67,Florenz 2050

Zanotto,Piero: Ritorna il nonno dei comics di fantascienza,in:Nazione Sera,13.12.66,Florenz 2051

Zanotto,Piero: Ritorna il nonno dei comics di fantascienza,in:La Nuova

Sardegna,20.12.66,Sassari 2052

Zanotto,Piero: Tra le nuvole dei fumetti le testoline dei fanciulli d'oggi, in:La Nuova Sardegna,19.3.58,Sassari 2053

Zanotto,Piero: Tornano gli eroi di carta,in:Tribuna del Mezzogiorno,12.11. 65,Venedig 2054

Zanotto,Piero: Un umorista ha ideato la scritura a fumetti,in:Il Paese,12.5. 59,Genua 2055

Zanotto,Piero: La vetrina dell'insolito, in:Nazione Sera,30.7.66,Florenz 2056

Zucconi,Guglielmo: Ragazzini e signore-bene divorano i fumetti dell'orido, in: La Domenica dell Corriere, 1965, Mailand 2057

KUBA:

BOHEMIA: La batalla de los comics, No.49,1958,S.23,La Habana 2058

NORWEGEN:

Haxthausen,Toerk: Opdragelse til terror, Forlaget Fremad, Oslo, 1955 2059

ÖSTERREICH:

Führing,Dr.: Comic-strips im Vormarsch,in:Österreichischer Jugend-Informationsdienst,Bd.7,1953,Folge 3,S.9, Wien 2060

Görlich,Ernst J.: Von den Comic-Strips und dem visuellen Zeitalter,in:Neue Wege,Oktober 1954,Wien 2061

Görlich,Ernst J.: Zur Frage der Comic-Strips,in:Österreichische Lehrer-Zeitung,8.Jg.,1954,No.12,S.181-182, Wien 2062

Görlich,Ernst J.: Zur Frage der Comic Books,in:Österreichische Monatshefte,11.Jg.,1955,No.5,S.21-22, Wien 2063

Pittioni,Hans: Micky Maus und die Comics,in:Die Furche,1957,No.2,S.10, Wien 2064

POLEN:

Arski,Stefan: Der Superman und der Rückanalphabetismus,in:Nowa Kultura, Jahrbuch 3,No.2,1952,S.2,Warschau 2065

Piasecki,Wladislaw: Le problème de american comics et les bibliothèques brittaniques,in:Przeglad biblioteczny, Bd.21,1953,S.219-226,Warschau 2066

PORTUGAL:

DIARIO de LISBOA: Banda desenhada: primado da violencia?,in:Diario de Lisboa,1.8.68,S.8,Lissabon 2067

Granja,Vasco: De fesa da banda desenhada,in:Republica,18.1.67,S.3,Lissabon 2068

Mc Colvin,Lionel M.: Os servicos de leitura publica para criancas,in: Seara Nova,No.1466,Dezember 1967, Lissabon 2069

SCHWEDEN:

Blomberg,Stig: Fantomens fantastika come-back,in:Vecko Revya,No.22,31. 5.67,S.15-42,Stockholm 2070

Bryman,Werner: Seriemagasinen-ord och innehäll,in:Folkskolan,1954,S.123, Stockholm 2071

Ehrling,Ragnar: Vart behov av seriefigurer,in:Studiekontakt,1965,S.1,Stockholm 2072

Elgström,Jörgen: De komiska stryptagen, in:Biblioteksbladet,1955,S.61-65, Stockholm 2073

Fransson,Evald: Serielitteraturen,in: Folkskolan,1955,S.104-108,Stockholm 2074

Gustafson,Axel: Seriemagasinen-en samhällsfara,Förlaget Filadelfia,Stockholm,1955 2075

Haste,Hans: Läsning för barn?,Folket i Bilds förlag,Stockholm,1955 2076

Hegerfors,Sture: Titta in i pratbubblan!, in:Expressen,15.12.65,Stockholm 2077

Hegerfors,Sture: Visst läser ni serier?, in:Hund-Sport,1967,S.8-9,Stockholm 2078

Hegerfors,Sture: Batman är nog bra... men inte som roman,in:GT Söndags Extra,6.8.67,Göteborg 2079

Hegerfors,Sture: När serierna drog i krig,in:Expressen,6.11.66,Stockholm 2080

Hegerfors,Sture: Varför läser vi tecknade serier?,in:Röster i Radio-TV,No. 32,6.8.66,Stockholm 2081

Hegerfors,Sture: Varvär gifte sig inte Fantomen?,in:Idun-Veckojournalen, No.1,5.1.66,Stockholm 2082

Hegerfors,Sture: Stalkvinnan?,in:Expressen,24.1.66,Stockholm 2083

Hegerfors,Sture: Apropo Kalle Anka!, in:Göteborgs-Posten,17.1.64,Göteborg 2084

Hegerfors,Sture: Ar den "sjuka" humorn rolig?,in:Göteborgs-Posten,1.10. 61,Göteborg 2085

Hegerfors,Sture: Han är den mest kände dansken i världen,in:Kvällsposten,27.8.67,Malmö 2086

Hegerfors,Sture: Handen pa hjartat: visst läser ni serier?,in:Hund-Sport, No.8-9,1967,Stockholm 2087

Hegerfors,Sture: Kalle Anka egentligen ett plagiat,in:GT Söndags Extra, 14.1.68,Göteborg 2088

Hegerfors,Sture: Man drake-mon amour, in:Expressen,27.5.67,Stockholm 2089

Hegerfors,Sture: Mandrake var en gang Hitlers favorit-serie,in:GT Söndags Extra,5.11.67,Göteborg 2090

Hegerfors,Sture: Mannen med tio tigrars styska,Dragos,in:Göteborgs-Tidningen,22.10.67,Göteborg 2091

Hegerfors,Sture: Mannen som gjorde vad som föll honan in,in:Kvällsposten, 12.11.67,Malmö 2092

Hegerfors,Sture: När kommer 91:an?, in:Expressen,28.3.66,Stockholm 2093

Hegerfors,Sture: Nenni i en naken

kvinnas armar,in:Expressen,2.8.67, Stockholm 2094

Hegerfors,Sture: Som nanna näktergal ställt till det!,in:GT Söndags Extra, 20.8.67,Göteborg 2095

Hegerfors,Sture: Styrkta av mistelsoppa bekrigar gallerna USA,in:Expressen,20. 4.67,Stockholm 2096

Hegerfors,Sture: Tacksamma spenatodlare i Texas reste staty över Karl-Alfred,in:GT Söndags Extra,12.11.67, Göteborg 2097

Hjerten,Henrik: I serielandet,in:Samtid och Framtid,1954,S.44-47,Stockholm 2098

Larson,Lorentz: Barn matas vald,mord, sadism,in:Barn,1960,S.7,Stockholm 2099

Larson,Lorentz: Barn och serier,Almkvist och Wiksell,Stockholm,1954 2100

Larson,Lorentz: Children and comic books,in:Norsk pedagogisk tidsskrift,Bd. 38,1954,S.25-32,Stockholm 2101

Leijonhielm,Christer: Serietidningarnas verkan,in:Pedagogisk Tidskrift,1954,S. 105-110,Stockholm 2102

Leijonhielm,Christer: Ungdomens läsvanor,199 S.,Stockholm,1955 2103

Leistikow,Gunnar: Kampen mot raketens förhärligande,in:Popular tidskrift för psykologi och sexualkonskap,1955,S.66-69, Stockholm 2104

Nirje,Bengt: Valdets pornografi,in:Hörde Ni,1954,S.825-831,Stockholm 2105

Runnquist,Ake: Tankar om serier,in: Borniers litterära magasin,1948,S.430-437,Stockholm 2106

Runnquist,Ake: Till Stalmannens miuve,in:Borniers litterära magasin,1967, S.222-225,Stockholm 2107

SCHWEIZ:

Antonioli,J.A.: Les bandes dessinées: littérature d'expression graphique ou balbutiment d'illettrés,in:Tribune de Lausanne,5.4.63,S.3,Lausanne 2108

Brunner-Lienhart,Fritz: Der Schlag ins Gesicht-zu den Problemen um die jugendgefährdenden Schriften,in:Neue Zürcher Zeitung,7.4.65,Zürich 2109

Couperie,Pierre: 100,ooo.ooo de lieues en ballon. La science-fiction dans la bande dessinée,Ausstellungskatalog, Kunsthalle Bern,8.7.-10.9.67,S.6-7, Bern 2110

GELD. Les bandes dessinées antichambre de la culture,45 S.,1966,Genf 2111

Görlich,Ernst J.: Die Comic-Books,in: Civitas,10.Jg.,1955,H.11,S.567-568, Immensee 2112

Joakimidis,Demetre: De la nostalgie à la renaissance,in:Construire,25.9.68, Genf 2113

Mauron,Sylvette: Pleins feux sur les journaux pour enfants et adolescents, in:Construire,21.2.68,Genf 2114

Pasche,Daniel H.: Bandes dessinées: roman de domain?,in:La Tribune de Genève,26.11.-27.11.66,S.11, Genf 2115

PENCIL: Editorial:Comics,No.1,GELD, 1968,Genf 2116

Schiele, J.K.: Was sind Comics und wie stellen wir uns dazu?, in: Bericht der Internationalen Tagung für das Jugendbuch, unveröffentlicht, 1953, S. 131-133, Aarau 2117

DER STANDPUNKT: Comic-books, 4. 6. 54, Meran 2118

TRIBUNE de LAUSANNE: Les bandes dessinées, No. 21, 21. 1. 65, Lausanne 2119

SPANIEN:

Ansón, Francisco: Opiniones sobre algunos numéros de Superman, Estudios psicologico y medico, Januar 1965, 11 S., Madrid 2120

Bourgeron, Jean-Pierre: Superman y la parafrenia, in: Cuto, No. 2-3, Oktober 1967, S. 31-33, San Sebastian 2121

Bouvard, Maria L.: La prensa para adolescentes en España, in: Gaceta de la prensa española, No. III, Juni-Juli 1957, S. 40-57, Madrid 2122

Cebrián, Julio: La nueva frontera del humor español, in: La Actualidad española, No. 729, 23. 12. 65, Madrid 2123

ESCAPADA: Deadlier than the male, März 1967, S. 28-31, Madrid 2124

Gasca, Luis: Un arte menor, in: La Voz de España, 12. 11. 63, Madrid 2125

Gasca, Luis: Tebeo y cultura de masas, 249 S., Madrid, 1966 2126

Grimalt, Manuel: Los niños y los libros, Barcelona, 1962 2127

Hazard, Paul: Los libros, los niños y los hombres, Barcelona, 1965 2128

Lebrato, Jaime R.: Los Comics, in: Prensa infantil, Diario de Mallorca, Dezember 1965, Palma de Mallorca 2129

Manent, A.: La revista infantil en Barcelona, in: ABC, 16. 2. 65, Madrid 2130

Martin, Antonio: Los Comics, in: Triunfa No. 148, 3. 4. 65, S. 66-71, Madrid 2131

Martin, Antonio: Alienación y prensa infantil, in: Claustro, Januar 1962, Valencia 2132

Martin, Antonio: Alienación y prensa infantil, in: La estafeta literaria, 14. 8. - 28. 8. 65, Madrid 2133

Martinez, Antonio M.: Apuntes de Superman, in: Cuto, No. 2-3, Oktober 1967, S. 4-24, San Sebastian 2134

Montañes, Luis: La publicación de cuadernos de historietas graficas, in: Bibliografía hispanica, No. 6, Juni 1945, Madrid 2135

Nadal Gaya, C.: Temática de la actual prensa infantil española, in: Gaceta de la prensa española, No. 130, September-Oktober 1960, Madrid 2136

Reyna Domenech, Consuelo: Prensa juvenil, tesis fin de carrera, unveröffentlicht, Escuela oficial de periodismo, Madrid 1963 2137

Rovira, M. Theresa: La revista infantil en Barcelona, in: Disputación de Barcelona, 1965, Barcelona 2138

Saladrigas, Roberto: Los niños y la literatura que no tienen, in: Siglo XX, No. 30, 25. 12. 65, Madrid 2139

Sanchez Brito, Margarita: Prensa infantil, in: Gaceta de la prensa española No. 124, 1959, Madrid 2140

Sayre, Joel: RinTinTin triunfa otra vez, in:Selecciones del Reader´s Digest, Januar 1966, S. 67-75, Madrid 2141

Toral, Carolina: Literatura infantil espànola, Editora Coculsa, Madrid, 1957 2142

Vazquez, Jésus: La prensa infantil y juvenil en España, in:Gaceta de la prensa española, No. 59-6o, 1964, Madrid 2143

Vazquez, Jésus: La prensa infantil en España, Doncel, Madrid, 1963 2144

Vazquez, Jésus: Sociologia infantil Encuesta sobre la lectura de los niños en un sector de Madrid, in:Revista Educación, No. 67, 1957, S. 41-48, Madrid 2145

Vazquez, Jésus: Panorama de las publicaciones infantiles en España, in:Curso de prensa infantil, 1964, Madrid 2146

Vazquez, Jésus: Deontología del periodista en publicaciones infantiles y juveniles, in:Curso de prensa infantil, 1964, S. 295, Madrid 2147

Volpi, Domenico: Panorama internacional de la prensa infantil, in:Curso de la prensa infantil, 1964, S. 285, Madrid 2148

LA VOZ de ASTURIAS: Vuelve Superman, el heroe de los tebeos de nuestra juventud, 30. 3. 66, Oviedo 2149

USA:

Abel, Robert H.: One shade of gray: the art of personal journalism complicated by clear conscience, in:The Funnies:an American idiom, Hrsg. D. M. White, The free press of Glencoe, 1963, S. 113-127, Boston 2150

ACOLYTE: The comics evaluated, Januar 1944, S. 22, Huntington 2151

Albig, William: Modern public opinion, Mc Graw-Hill, 518 S., New York, 1956 2152

André, A.: World menace in Brazil, in: Americas, Bd. 7, Februar 1955, S. 39, New York 2153

Andriola, Alfred: Don´t sit on your big fat complacency!, Newspaper Comics Council, unveröffentlichte Rede, 15. 3. 67, New York 2154

Andriola, Alfred: The most for your money, in:The Cartoonist, Herbst 1957, S. 11-12, 36, New York 2155

Arbuthnot, M. H.: Children and the comics, in:Elementary English Review, Bd. 24, März 1947, S. 171-182, Chicago 2156

Arbuthnot, M. H.: Children and books, Scott, Foresman and Co, Chicago 1964, 3. Auflage 2157

Armstrong, D. T.: How good are the comic books?, in:Elementary English Review, Bd. 21, Dezember 1944, S. 283-285, Chicago 2158

Arnold, Henry: Some comments on comics, in:The Cartoonist, Februar 1967, S. 29-33, Westport 2159

ATLANTIC MONTHLY: Time and the funnies, Bd. 158, Oktober 1936, S. 510-511, Boston 2160

Bagdikian, B. H.: Stop laughing, it´s the funnies, in:New Republic, Bd. 146, No. 2, 8. 1. 62, S. 13-15, New York 2161

Bainbridge, John: Chester Gould:the harrowing adventures of his cartoon hero Dick Tracy give vicarious thrills to millions,in:Life,14.8.44,S.43-53, New York 2162

Bainbridge,John: Significant sig and the funnies,in:New Yorker,8.1.44,S.25-32,New York 2163

Barlow,Tany: We´re all in the same boat,in:New York Herald Tribune,23.11.48,New York 2164

Bean,R.I.: Comic bogey,in:American Home,Bd.34,November 1946,S.29, New York 2165

Beaumont,Charles: Who's got the funnies?, aus:"Remember, Remember?", Mc Millan Co., New York, 1963 2166

Bechtel,Louis S.: The comics and children´s books,in:Horn Book,Juli 1941,S. 296-303,New York 2167

Becker,St.: Comic art in America,in: New Republic,Bd.142,4.1.60,S.17-18, New York 2168

Benchley,Robert: The comics,in:Literary Digest,Bd.72,12.12.36,S.18,New York 2169

Bender,Jack H.: The outlook for editorial cartooning,in:The World of Comic Art,Bd.1,No.3,1966/67,S.38-41, Hawthorne 2170

Benson,John: Wood has done it!,in:The Cartoonist,Oktober 1966,S.31,Westport 2171

Blank,Dennis M.: Comics aren´t funny telling off the world,in:Editor and Publisher,Bd.99,No.26,25.6.66,S.7,52, Chicago 2172

Bogart,Leo: Adult talk about newspaper comics,in:American Journal of sociology,Bd.61,No.1,Januar 1956,S.26-30, Chicago 2173

Bogart,Leo: Comic-strips and their adult readers,phil.diss,University of Chicago,1950 2174

Bogart,Leo: Comic-strips and their adult readers,in:Mass culture,1957,S. 189-199,New York 2175

Bogart,Leo: Comic-strips and their adult readers,in:The Funnies:an American idiom,The free press of Glencoe (Hrsg. D. M. White),1963,Boston,S.232-246 2176

Bothwell,A.: Who reads the comics?, in:Library Journal,Bd.72,15.9.47,S. 1263,New York 2177

Bottrell,H.R.: Reading the funny paper out loud,in:English Journal,Bd.34,Dezember 1945,S.564,New York 2178

Bowie,P.: Coiffures are not comic,in: Colliers,Bd.121,17.1.48,S.58-59,New York 2179

Boynansky,Bill: From roughs to riches, in:The World of Comic Art,Bd.1,No. 1,Juni 1966,S.26-29,Hawthorne 2180

Brady,Margaret E,: Comics,to read or not to read,in:Wilson Library Bulletin,Bd.24,Mai 1950,No.9,S.662-667, New York 2181

Brisbane,Arthur: The Comics,in:Literary Digest,Bd.72,12.12.36,S.19,New York 2182

BROADCASTING-TELECASTING: Kiddies like the funnies,10.12.51,S.38, New York 2183

Brodbeck,Arthur J.: How to read Li´l Abner intelligently,in:The Funnies:an American idiom,Hrsg.D.M.White,The free press of Glencoe, 1963,S.218-223, Boston 2184

Brodbeck,Arthur J.: How to read Li'l Abner intelligently,in: Mass culture,1957, New York 2185

Brogan,D. W.: Reading adventures still top them all,in:New York Times Book Review,Children's Book Section,Section 7,Part 2,1952,S.1,New York 2186

Broun,Heywood: Fifty million readers, in:The Funnies:an American idiom,Hrsg. D. M. White,The free press of Glencoe, 1963,S.152-155,Boston 2187

Brown,Francis J.: The sociology of childhood,Prentiss Hall Co., New York 1939 2188

Browne,Dick: The night we took in shing-Dang-Dong-Sung-Dong-Ku,in:The Cartoonist,Jahresheft,24.4.67,New York 2189

Brumbaugh,Florence N.: Stimuli which cause laughter in children,diss.phil. New York University, 1939 2190

Brumbaugh,Florence N.: Childrens laughter,in:Journal of genetic psychology, 1940,S.3-29,New York,(Mitautor:F.T. Wilson) 2191

INLAND BULLETIN: Another view on comics-all categories of them have lost readership,says Philadelphia editor,in: Inland Bulletin,16.3.55,New York 2192

WILSON LIBRARY BULLETIN: On behalf of dragons:need to combat the comics, März 1941,New York 2193

Burma,John H.: Humor as a technique in race conflict,in:American sociological review,Bd.11,Dezember 1946,710-711,New York 2194

Burton,Dwight L.: Comic books:a teacher s analysis,in:Elementary School Journal,Oktober 1955,S.73-75, Chicago 2195

BUSINESS WEEK: Selling the youth market,4.10.47,S.5,New York 2196

BUSINESS WEEK: Pigeons-eye view of the market,blue chips comic strips, 26.5.62,S.143,New York 2197

Caniff,Milton: Don't laugh at the comics,in:Cosmopolitan,Bd.145,November 1958,S.43-47,New York 2198

Capp,Al: There is a real shmoo,in: New Republic,Bd.120,21.3.49,S.14-15,New York 2199

Capp,Al: It's hideously true,Li'l Abner,in:Life,Bd.32,31.3.52,S.100-102, New York 2200

Capp,Al: It's hideously true,Li'l Abner,in:Life,Bd.32,21.4.52,S.11,New York 2201

Capp,Al: Discourse of humor:the comedy of Charlie Chaplin,in:The Funnies:an American idiom,Hrsg.D.M. White,the free press of Glencoe,1963, S.263-273,Boston 2202

Capp,Al: From Dogpatch to Slobbovia, in:Saturday Review,Bd.47,29.2.64, S.29,New York 2203

Capp,Al: My life as an immortal myth,in:Life,14.6.65,S.57-62,New York 2204

Cardozo,Peter: The world of children, in:Good Housekeeping,1957,New York 2205

Carrick,Bruce R.: Comics,in:Saturday review of literature,Bd.31,19.6.48,

S.24,New York 2206

THE CARTOONIST: Joe Palooka... them and now!,Februar 1967,S.19-23,Westport 2207

THE CARTOONIST: Lindsay returns Barb from Barb at conference with cartoonists, August 1967,S.3,Westport 2208

THE CARTOONIST: Lunch with Paul Terry,August 1967,S.18-20,Westport 2209

Cary,J.: Horror Comics,in:Spectator,Bd. 194,25.2.56,S.220,New York 2210

Cazedessus,Camille: Epilogue,in:E.R.B.-Dom,No.21,Juli 1967,S.17,Westminster 2211

Center,Stella S.: Survey of reading in typical highschools of New York City, in:Monograph No.1,New York City Association of Teachers of English, 1936,S.76,New York 2212

Chamberlain,John: Low,Jack and Game, in:New Republic,Bd.100,23.8.39,S.80-81,New York 2213

Chaplin,Charles: Foreward to the World of Li'l Abner,Vorwort zu: "The World of Li´l Abner",Ballantine,1966,New York 2214

CHICAGO DAILY NEWS: AMA cites Dr.Dallis "Rex Morgan" author,22.6. 1954,S.4,Chicago 2215

CHICAGO DAILY NEWS: Legal aid lawyers cite "Judge Parker",18.8.54, S.39,Chicago 2216

CHILD STUDY: Looking at the comics, Sommer 1943,S.112-118,New York 2217

CHRISTIAN CENTURY: What about the comic books?,Bd.72,30.3.55,S.389, New York 2218

Clements,R.J.: European literary scene: penetration into precincts of art and literature,in:Saturday Review,Bd.49, 1966,S.23,New York 2219

Clifford,K.: Common sense about comics,in:Parents magazine,Bd.23,Oktober 1948,S.30-31,New York 2220

Clifford,K.: Common sense about comics,in:Reader´s Digest,Bd.53, November 1948,S.56-57,New York 2221

Collier,James L.: Learning about sex in Mickey Mouse land,in:The Village Voice,6.7.67,S.9-10,22,New York 2222

COLLIERS: The old folks take it harder than junior,Bd.124,9.7.49,S.74, New York 2223

Collings,James L.: Comics,in:Editor and Publisher,29.5.54,Chicago 2224

THE COMICS: The comics:what books for children,Doubleday-Doran,New York,1941 2225

Commer,Anne: Reading the comics in grades 7 and 8 ,in:Journal of educational psychology,Bd.33,März 1942, S.173-182,Baltimore,(Mitautor:P.Witty) 2226

Commer,Anne: Reading the comics in grades 9 to 12,in:Educational aministration and supervision,Bd.28, Mai 1942,S.344-353,Baltimore,(Mitautor:P.Witty) 2227

COMMUNICATIONS RESEARCH CENTER: Comic reading in America,Report No.5,August 1952,University of

Boston,Boston,Mass. 2228

Conrad,B.: You're a good man, Charlie Schulz,in:New York Times Magazine, 16.4.67,S.32-35,New York 2229

Conrad,B.: You're a good man,Charlie Schulz,in:Reader's Digest,Bd.91,Juli 1967,S.168-172,New York 2230

Conway,R.: Children rate the comics, some sixth grader opinions,in:Parents magazine,Bd.26,März 1951,S.48-49, New York 2231

Coons,Hannibal: The fighting funnies, in:Colliers,Bd.113,29.1.44,S.34,New York,(Mitautor:J.C.Mattimore) 2232

Cort,D.: Comics etc.,in:Commonweal, Bd.82,9.7.65,S.503-505,New York 2233

Christ,J.K.: Horror in the nursery,in: Colliers,Bd.121,27.3.48,S.22-23,New York 2234

Cutright,Frank Jr.: Shall our children read the comics?Yes!,in:Elementary English Review,Bd.19,Mai 1942,S.165-167,Chicago 2235

Dangerfield,George:I'll see you in the funnies,in:Harper's Bazaar,Oktober 1939 S.87,112-114,New York 2236

Davis,Danny: Where are they now?, Nostalge Mdse-Co.,New York, 1966 2237

Delaney,James R.: The Comics,Magisterarbeit,University of Arcansas,1959 2238

Denecke,Lena: Fifth graders study the comic books,in:Elementary English Review,Januar 1945,S.6-8,Chicago 2239

Denney,Reuel: The revolt against naturalism in the funnies,Chicago University Press,1957,Chicago 2240

Denney,Reuel: The revolt against naturalism in the funnies,in:The Funnies:an American idiom,Hrsg.D.M. White,The free press of Glencoe, 1963,S.55-72,Boston 2241

Derleth,August: Vorwort zu "Little Nemo in Slumberland",Mc Cay Features Syndicate,New York,1957 2242

Dibert,George C.: Greater leisure,in: People,Mai 1937,S.11-13,New York, (Mitautor:C.E.Pritchard) 2243

Doherty,Nell: The comics:Mercury and Atlas,Thor and Beowulf,in:Clearing House,Bd.19,12.1.45,S.310-312, New York 2244

STEWART DOUGAL and Assoc.: Adult interest in comic reading,165 S., 1947,New York 2245

Dunn,Robert: Future:Bob predicts,in: The Cartoonist,Sondernummer,1966,S. 38-40,New York 2246

Eble,Kenneth E.: Our serious comics, in:The American Scholar,1958/59, New York 2247

Eble,Kenneth E.: Our serious comics, in:The Funnies:an American idiom, Hrsg.D.M.White,'The free press of Glencoe,1963,S.99-110,Boston 2248

Eco,Umberto: Mass communication, in:Newsletter,Januar 1966,S.14-18, Westport 2249

ECONOMIST: Killing the comics,Bd. 174,Februar 1955,S.615,New York 2250

EDITOR and PUBLISHER: Drummer Bailey,18.2.58,S.74,Chicago 2251

CHILDHOUSE EDUCATION: National disgrace and a challenge to American parents, Oktober 1940, S. 56, New York 2252

Eisner, Will: The comics, in: New York Herald Tribune Magazine, 9.1.66, S. 8, New York 2253

Ellsworth, Whitney: Are the comics a part of a child's life?, in: Newsdealer, Juli 1951, S. 11, New York 2254

Emery, James N.: Those vicious(?) comics!, in: Teacher's Digest, Bd. 4, September 1944, S. 32-34, New York 2255

Ernst, K.: Mary Worth and us, in: Colliers, Bd. 123, 8.1.49, S. 45, New York 2256

Erwin, Ray: Comics need better position, promotion, in: Editor and Publisher, 17.3.62, Chicago 2257

ESQUIRE: O.K. you passed the 2-S-Test-now you're smart enough for comic-books, September 1966, New York 2258

ESQUIRE: As Barry Jenmins, Ohio says: a person has to have intelligence to read them, Bd. 66, 1966, S. 116-117, New York 2259

Fagan, Tom: Thoughts of youth... long thoughts, in: The golden age, No. 2, 1959, S. 15-33, Miami 2260

Feiffer, Jules: Interview with Jules Feiffer, in: Mademoiselle, Bd. 52, Januar 1961, S. 64-65, New York 2261

Field, Walter: A guide to literature for children, Gimm and Co., 1928, New York 2262

Frank, Josette: The comics, what books for children, Doubleday-Doran, New York 1941 2263

Frank, Josette: Some questions and answers for teachers and parents, in: Journal of educational sociology, Bd. 23, Dezember 1949, S. 206-214, Baltimore 2264

Frank, Josette: Let's look at the comics, in: Child Study, Bd. 19, April 1942, S. 76-77, 90-91, New York 2265

Frank, Josette: Looking at the comics, in: Child Study, Sommer 1943, S. 112-118, New York 2266

Frank, Josette: The role of comic-strips and comic-books in child life, in: Supplementary educational monographs, Dezember 1943, S. 158-162, Baltimore 2267

Frank, Josette: Your child's reading today, Doubleday, Gordon City, N.Y. 1954 2268

Frank, L.K.: Status of the comic books, in: New York Times Magazine, 6.2.49, S. 36, New York 2269

Frankes, Margaret: Comics are no longer comics, in: Christian Century, Bd. 59, November 1942, S. 1349-1351, New York 2270

Free, Ken: Tarzan and the Barton Werper, in: Oparian, Bd. 1, No. 1, September 1965, S. 40-42, Saratoga 2271

Free, Ken: Pal-ul-don, in: Oparian, Bd. 1, No. 1, September 1965, S. 25-33, Saratoga 2272

Gaines, M.C.: Good triumphs over evil-more about the comics, in: PRINT, Herbst 1942, S. 1-8, New York 2273

Garrison, J.W.: Billy reads the comics, in: Woman's Home Companion, Bd. 69, Dezember 1942, S. 98, New York, (Mitautor:K. Shippen) 2274

Gemignani, Margaret: What happened to Hourman?, in:Masquerader, No. 2, November-Dezember 1962, S. 14, Pontiac 2275

Gent, George: The love to be mean to Batman, in:New York Times, 1. 5. 66, New York 2276

Gleason, L.: In defense of comic books, in:Today Health, Bd. 30, September 1952, S. 40-41, New York 2277

Goldberg, Reuben L.: From Reuben..., in:The Cartoonist, Sondernummer, 20. 4. 65, New York 2278

Goldwater, John L.: Americana in four colors, in:Comics Magazine, 1964, New York 2279

Gordon, George N.: Can children corrupt our comics?, in:The Funnies:an American idiom, Hrsg. D. M. White, The free press of Glencoe, 1963, S. 158-166, Boston 2280

Gourley, M. H.: Mother's report on comic books, in:National Parent Teacher Bd. 49, Dezember 1954, S. 27-29, New York 2281

Gray, W. S.: Issues relating to the comics, in:Elementary School Journal, Bd. 42, Mai 1942, S. 641-654, Chicago 2282

Greenberg, D. S.: Funnies on Capitol Hill, in:Science, Bd. 155, 10. 3. 67, S. 1222, New York 2283

Greene, F. F.: Comic art for the newspaper, in:School Arts Magazine, Bd. 34, November 1934, S. 141-144, Chicago 2284

Greene, W.: Not for the ladies, satire, in:Recreation, Bd. 44, Oktober 1950, S. 273-274, New York 2285

Greere, Herb: The Batman cometh, or the transmutation of Dracula by the alchemy of character merchandising, in:Penthouse, Bd. 1, No. 10, S. 25-27, Juni 1966, New York 2286

Gruenberg, Sidonie M.: New voices speak to our children, in:Parents Magazine, Juni 1941, S. 23, New York 2287

Gruenberg, Sidonie M.: The comics, in:Encyclopaedia of child care and guidance, Doubleday, New York, 1954 2288

Haenigsen, H.: Penny and me, in:Colliers, Bd. 123, 5. 2. 49, S. 22, New York 2289

Hamlin, V. T.: Alley Oop and me, in: Colliers, Bd. 123, 19. 3. 49, S. 28, New York 2290

Hanscom, Sally: Color them suburban, in:The World of Comic Art, Bd. 1, No. 3, 1966/67, S. 42-47, Hawthorne 2291

Hart, Jonny: One man's family, in:The World of Comic Art, Bd. 2, No. 1, Sommer 1967, S. 22-24, Hawthorne 2292

Harwood, John: Korak, son of Tarzan?, in:The Burroughs Bulletin, No. 16, 1967 S. 8-27, Kansas City 2293

Haydock, Ron: The exploits of Batman and Robin, in:Alter Ego, No. 4, 1962, S. 23-30, Detroit 2294

Heming, G. Edwin: Say it with pictures, in:Banking, März 1947, S. 27, New York 2295

Henne, F. E.: Comics again, in:Elementary School Journal, Bd. 50, März 1950, S. 372, Chicago 2296

Higgins, Robert: Mickey Mouse, where

are you?, in:Top Cel, April 1968, New York 2297

Hill,G.E.: Taking the comics seriously in:Childhood Education,Bd.17,Mai 1941, S.413-414, Washington 2298

Hill,G.E.: Children's interest in comic strips, in:Educational Trends,Bd.1,1939, Washington 2299

Howard,John: I'm not flabby, in:Movieland, Mai 1966, Hollywood 2300

Hubental,Karl: Reflections of an editorial cartoonist, in:Newsletter, April 1966, S.9-13, Westport 2301

Ilg,Frances L.: Comic books loose lure as child ages, in:Los Angeles Times, 1954, Los Angeles 2302

Ilg,Frances L.: Comic books loose appeal at age of 10, in:Los Angeles Times 1954, Los Angeles 2303

ILLINOIS LIBRARIES: What about the comics?,Bd.28,1958,S.192-203, Illinois 2304

Inglis,R.A.: Comic books problems, in: American Mercury,Bd.81, August 1955, S.117-121, New York 2305

PHILADELPHIA INQUIRER: Caniff inducted into Air Police,11.11.59,S.49, Philadelphia 2306

Irwin,Wallace: The Comics, in:New York Times,22.10.11, New York 2307

JEM: The maddest comedy on the boards,Bd.8,No.6,Juni 1967,S.10-12,16, New York 2308

Jennings,C.R.: Good grief, Charlie Schulz!, in:Saturday Evening Post,Bd. 237,25.4.64,S.26-27, Chicago 2309

Jezer,Martin: Quo Peanuts, in:The Funnies:an American idiom,Hrsg.D.M. White,The free press of Glencoe, 1963,S.167-176,Boston 2310

Johnson,B.L.: Children's reading interests as related to sex and grade in school, in:School review, April 1932,S. 257-272, Chicago 2311

Jones,Ruth M.: Competing with the comics, in:Wilson Library Bulletin,Bd. 23,1949,No.10,S.782,New York 2312

ENGLISH JOURNAL: In answer to many attacks,Bd.38, April 1949,S.236, Chicago 2313

WALL STREET JOURNAL: Readers catch up on comics, ads, news as three Cleveland papers publish again,28.11. 56,S.1,New York 2314

JOURNAL of EXPERIMENTAL EDUCATION: A comparative study, Dezember 1941, Baltimore 2315

Kagan,Paul: The return of the superhero:comic books aim beyond the bubble-gum brigade, in:The National Observer,11.10.65,New York 2316

Kahn,E.J.: Why I don't believe in Superman, in:New Yorker,Bd.16,29.6. 40,S.64-66,New York 2317

Katz,B.: Comics scene:magazines in the library, in:Library Journal, Bd. 93, 1.1.68,S.59,New York,(Mitautor:A.E. Prentice) 2318

Kaselow,Joseph: Nothing to laugh at, in:New York Herald Tribune,16.12. 56,S.35,New York 2319

Kelley,Etna M.: Look who's buying comics now!, in:Sales Management, 15.2.51, part 1,S.118,New York 2320

Kelley,Etna M.: Look who´s buying comics now!,in:Sales Management,1.3.51,part 2,S.68,New York 2321

Kelly,Walt: Ten ever-lovin' blue eyed years with Pogo,Simon and Schuster, New York,1959 2322

Kelly,Walt: Pogo looks at the abominable snowman,in:Saturday Review,30.8.58,New York 2323

Kelly,Walt: Pogo looks at the abominable snowman,in:The Funnies:an American idiom,Hrsg.D.M.White,The free press of Glencoe,1963,S.284-292, Boston 2324

Kelly,Walt: Our comic heritage,in:The Cartoonist,Sondernummer,20.4.65,New York 2325

Keltner,Howard: MLJ leads the way!, in:Alter Ego,No.4,1962,S.9-18,Detroit 2326

Kempe,M.: Comic books,in:Senior Scholastic (Teacher ed.),Bd.56,26.4.50,S.16,Chicago 2327

Kerr,Walter: You´re a good man,Charlie Brown,in:The New York Times,9.3.67,New York 2328

Kessel,Lawrence: Some assumptions in newspaper comics,in:Childhood Education,Bd.14,1938, S.349-353,Washington 2329

Ketcham,Hank: Hank Ketcham writes from Switzerland,in:Newsletter,September 1965,S.15-17,Westport 2330

Key,Theodore: Wrong number,in:Saturday Evening Post,Bd.220,1.5.48,S.36-37,Chicago 2331

Kinneman,F.C.: Comics and their appeal to the youth of today,in:English Journal,Bd.32,Juni 1943,S.331-335,Chicago 2332

Klemfuss,Dick: Bowling tournament!, in:Newsletter,Dezember 1965,S.7-8, Westport 2333

Klonsky,M.: Comic-strip-tease of time,in:American Mercury,Bd.75,Dezember 1952,S.93-99,New York 2334

Kris,I.: Ego development and the comics,in:International Journal of Psychoanalysis,Bd.19,1938,S.77-90,New York 2335

Kuhn,W.B.: Don´t laugh at the comics,opportunity for the freelancer, in:Writer,Bd.64,Februar 1951,S.46-48, New York 2336

Kunitz,S.J.: Comics menace,in:Wilson Library Bulletin,Bd.15,Juni 1941, S.846-847,New York 2337

Lacassin,Francis: Dick Tracy meets Muriel,in:Sight and Sound,Bd.36,No.2,Frühling 1967,S.101-103,New York 2338

La Cossitt,H.: Jiggs and I,G.Mc Manus,in:Colliers,Bd.129,19.1.52,S.9-11,New York 2339

La Cossitt,H.: Jiggs and I,G.McManus,in:Colliers,Bd.129,26.1.52,S.24-25,New York 2340

La Cossitt,H.: Jiggs and I,G.McManus,in:Colliers,Bd.129,2.2.52,S.30-31,New York 2341

LADIES-HOME-JOURNAL: What parents don´t know about comic-books, 1953/54,Philadelphia,Pa. 2342

Lahne,Kalton C.: Continued next week,

in:Norman,University of Oklahoma Press,1964,Oklahoma 2343

Lardner,J.: What we missed,in:Newsweek,Bd.42,21.12.53,S.80,New York 2344

Lardner,J.: How to lick crime,in:Newsweek,Bd.45,7.4.55,S.58,New York 2345

Lawson,Robert: The Comics,in:Chicago Tribune,13.11.49,Chicago 2346

Leacock,Stephen: Soff stuff for children,in:The Rotarian,Oktober 1940,S. 16-17,New York 2347

Leaf,M.: Lollipops or dynamite?,in: Christian Science Monitor Magazine Section,13.11.48,S.4,Iowa City 2348

Lee,Harriet E.: Discrimination in reading,in:English Journal,Bd.31,S.677-678, Chicago 2349

Lee, R.: The Comics,in:Christian Century,Bd.72,11.5.55,S.569,New York 2350

Levi,R.: Friend of Batman,in:Dennis Review,Bd.87,März 1966,S.1-2,New York 2351

Lewin,Herbert S.: Facts and fears about in:Nation´s Scholars,Bd.52,Juli 1953, S.46-48,New York 2352

LIFE: Comic-strips are America´s favorite fiction,5.6.39,S.8-11,New York 2353

LIFE: Blondie and Dagwood are America´s favorites,17.8.42,S.8-11,New York 2354

LIFE: Barnaby has his I.Q. for cartoon-strip humor,4.10.43,S.10-13,New York 2355

LIFE: Al Capp puts the likeness of famous people in his Li´l Abner, 12.1.44,S.12-15,New York 2356

LIFE: The Comics,25.9.44,New York 2357

LIFE: Speaking of pictures:little-businessman Skeezix hires his ex-sergeant Bd.20,15.4.46,S.14-15,New York 2358

LIFE: Sparkle Plenty:from comic-strip Dick Tracy,Bd.23,25.8.47,S.42,New York 2359

LIFE: Teen-age hats,6.9.48,S.66, New York 2360

LIFE: Capp-italist revolution,Al Capp s shmoo offers a parable of plenty, Bd.25,20.12.48,S.22,New York 2361

LIFE: Speaking of Pictures:Happy Hooligan,Bd.31,30.7.51,S.2-4,New York 2362

LIFE: Speaking of Pictures:Pogofenokee land,Bd.32,12.5.52,S.12-14,New York 2363

LIFE: Speaking of pictures:Pogofenokee land,Bd.34,11.5.53,New York 2364

LIFE: Speaking of pictures:Boys resembling Dennis the menace,Bd.34, 30.3.53,S.14-15,New York 2365

LIFE: Whole country goes supermad, Bd.60,11.3.66,S.22-23,New York 2366

LIFE: Inept heroes,winners at last,17.3.67,S.74-78,New York 2367

Lochte,Richard S.: The comics,in: Chicago Daily News,27.1.68,Chicago 2368

Logasa, Hannah: The comics spirit and the comics, in: Wilson Library Bulletin, Bd. 21, No. 3, November 1946, S. 238-239, New York 2369

Loizeaux, M. D.: Talking shop, in: Wilson Library Bulletin, Bd. 21, November 1946, S. 243, New York 2370

Loizeaux, M. D.: Talking shop, in: Wilson Library Bulletin, Bd. 23, November 1948, S. 257, New York 2371

Loizeaux, M. D.: Talking shop, in: Wilson Library Bulletin, Bd. 28, Juni 1954, S. 884, New York 2372

Loizeaux, M. D.: Talking shop, in: Wilson Library Bulletin, Bd. 29, April 1955, S. 651, New York 2373

LOOK: Dennis the menace and his family go on the great American weekend, in: Look, Bd. 17, 2. 6. 53, S. 88, New York 2374

LOOK: Dennis gets dressed, Bd. 17, 6. 10. 53, S. 87, New York 2375

Lowrie, S. D.: Comic-strips, in: Forum, Bd. 79, April 1928, S. 527-536, New York 2376

FAMOUS ARTISTS MAGAZINE: Green Berets and Pink Mongoose, in: The Cartoonist, Januar 1966, S. 35-36, Westport 2377

HARPER'S MAGAZINE: After hows Mt. Harper, Bd. 195, Juli 1947, S. 93-94, New York 2378

HARPER'S MAGAZINE: Superman and the atom bomb, Bd. 196, April 1948, S. 355, New York 2379

PARENTS MAGAZINE: The Comics, Oktober 1950, Baltimore 2380

PARENTS MAGAZINE: The Funnies, März 1951, Baltimore 2381

PARENTS MAGAZINE: Comics good for children?, November 1952, Baltimore 2382

PARENTS MAGAZINE: Comics again, Oktober 1953, Baltimore 2383

PARENTS MAGAZINE: Comics, August 1954, Baltimore 2384

Makey, H. O.: Comic books a challenge, in: English Journal, Bd. 41, Dezember 1952, S. 547-549, Chicago 2385

Maloney, Russell: The Comics, in: Talks Bd. 12, April 1948, S. 18-19, New York 2386

Maloney, Russell: Forever Superman, in: New York Times Book Review, 21. 12. 47, New York 2387

Mannes, Marya: Junior has a craving, in: New Republic, Bd. 116, 17. 2. 47, S. 20-23, New York 2388

Markey, Morris: The comics and little Willy, in: Liberty, 24. 8. 40, S. 9, New York 2389

Marston, W. M.: The Comics, in: Time, Oktober 1945, New York 2390

Mattimore, J. Cl.: The fighting funnies in: Colliers, Bd. 113, 29. 1. 44, S. 24, 44-46, New York, (Mitautor: H. Coons) 2391

Mc Callister, David F.: Miss Lace's pappy, in: Pegasus, 1945, New York 2392

MC CALLS: New Peanuts happiness books, Bd. 95, Oktober 1967, S. 90-91, New York 2393

Mc Carthy, M. Katherine: The much-discussed comics,in:Elementary School Journal,Bd.44,Oktober 1943,S.97-101, Baltimore,(Mitautor:M.W.Smith) 2394

Mc Carthy,M.Katherine:Those horror comics!,in:Teacher´s Digest,Bd.7, Januar 1947,S.44-46,New York 2395

Mc Cord,David F.: The social rise of the comics,in:American Mercury,Bd.35, Juli 1935,S.360-364,New York 2396

Mc Greal,Dorothy: The Burroughs no one knows,in:The World of Comic Art, Bd.1,No.1,Juni 1966,S.12-15,Hawthorne 2397

Mc Greal,Dorothy: The curious case of the ink-stained attorney,in:The World of Comic Art,Bd.2,No.1,Sommer 1967,S.17-21,Hawthorne 2398

Mc Greal,Dorothy: The inimitable George,in:The World of Comic Art,Bd. 1,No.1,Juni 1966,S.34-40,Hawthorne 2399

Mc Greal,Dorothy: More irons in the fire than a blacksmith,in:The World of Comic Art,Bd.1,No.4,Frühling 1967, S.44-55,Hawthorne 2400

Mc Greal,Dorothy: Silence is golden, in:The World of Comic Art,Bd.1,No.3, 1966/67,S.10-17,Hawthorne 2401

Mc Guff,M.B.: The comics,in:Library Journal,Bd.93,1.4.68,S.1390,New York 2402

Mc Intire,G.L.: Not so funny funnies, in:Progressive Education,Bd.22,Februar 1945,S.28-30,New York 2403

Meek,Frederic M.: Sweet land of Andy Gump,in:Christian Century,Bd.52,8.5. 35,S.605-607,New York 2404

Mercer,Marilyn: The only read middle-class crimefighter,in:New York Sunday Herald Tribune Magazine,9.1.66, S.8,New York 2405

Miller,B.E.: At long last,in:Horn Book,Bd.24,Juli 1948,S.233,New York 2406

Miller,Michael: Letter from the Berkely underground,in:Esquire,September 1965,S.85-161,New York 2407

Miller,Raymond: Clue comics,in:The golden Age,No.2,1959,S.35-39, Miami 2408

Milton,Jenny: Children and the comics,in: Childhood education,Bd.16, Oktober 1939,S.60-64,Washington 2409

MOVIE MIRROR: The Green Hornet´s buzz bomb,Oktober 1966,Hollywood 2410

Mitchell,Ken: Don Dixon:introduction to an unwritten article,in:Vanguard, No.2,Februar 1968,S.58-59,New York 2411

Mitchell,W.B.J.: The Comics,in: America,Bd.92,11.12.54,S.308,New York 2412

Moellenhoff,F.: Remarks on the popularity of Mickey Mouse,in:American Imago,Bd.1,1940,S.3,19-32,New York 2413

FANTASTIC MONSTERS OF THE FILM: Flash Gordon´s flight for life,Bd.1, No.1,San Francisco,1965 2414

FANTASTIC MONSTERS OF THE FILM: Matinee idol,Bd.1,No.1,1965,San Francisco 2415

FANTASTIC MONSTERS OF THE FILM: Killer Ailler ape,Bd.1,No.1,1965,San

Francisco 2416

Moore, D.: Interest in reading the comics among negro children, in: Journal of educational psychology, Bd. 36, Mai 1945, S. 303-308, Baltimore 2417

Morrow, H.: Success of an utter failure: Peanuts, in: Saturday Evening Post, Bd. 229, 12.1.57, S. 34-35, Chicago 2418

Morton, Charles W.: Accent on living, in: Atlantic monthly, Bd. 197, No. 3, März 1956, S. 90-91, New York 2419

MOTION PICTURE: Adam West, the most charming scoundrel, Juni 1966, Hollywood 2420

Moulton, William: The comics, in: The American Scholar, 1943/44, New York 2421

Mühlen, Norbert: Comic books and other horrors, in: Commentary, Bd. 7, 1949, S. 80-88, New York 2422

Mulberry, Harry M.: Comic-strips and comic-books?, in: Supplementary Educational Monographs, Dezember 1943, S. 163-166, Baltimore 2423

Munger, E. M.: Preferences for various newspaper comic-strips as related to age and sex differences in school children, Magisterarbeit, Ohio State University, 1939, 65 S., Ohio 2424

Murphy, John C.: Letter from Dublin, in: Newsletter, Juni 1966, S. 39-40, Westport 2425

Murphy, Stan: Adam West says: My girls' gangster lover tried to kill me, in: Screenland, Mai 1966, Hollywood 2426

Murphy, T. E.: For the kiddies to read, in: Reader's Digest, Bd. 64, Juni 1954, S. 5-8, Hartford, Conn. 2427

Murphy, T. E.: Face of violence, in: Reader's Digest, Bd. 65, November 1954, S. 54-56, Hartford, Conn. 2428

Murrell, J. L.: How good are the comic books?, in: Parents Magazine, Bd. 26, November 1951, S. 32-33, Baltimore 2429

Murrell, William A.: A history of American graphic humor, Macmillan and Co., New York, 1953 2430

Musial, Joseph W.: Comic books and public relations, in: Public Relations Journal, November 1951, New York 2431

Naimark, George M.: Introduction for children, Vorwort zu "The incredible Upside-Downs of Gustave Verbeck", Raja Press, 1963, New Jersey 2432

LA NATION: Little Orphan Annie, Bd. 141, 23.10.35, S. 454, New York 2433

LA NATION: Napoleon and Uncle Elby, Bd. 164, 10.5.47, S. 531, New York 2434

LA NATION: Comic-book, Bd. 168, 19.3.49, S. 319, New York 2435

NATIONAL EDUCATION ASSOCIATION JOURNAL: Ubiquitous comics, Bd. 37, Dezember 1948, S. 570, New York 2436

Nelson, Roy P.: The day a cartoonist fought Kid Mc Coy, in: The World of Comic Art, Bd. 1, No. 2, Herbst 1966, S. 18-19, Hawthorne 2437

Neuhaus, Cynthia: Emmy Lou, in: Newsletter, Juni 1966, S. 8, Westport 2438

NEWSLETTER: It's Mauldin's war again. Cartoonist's Reunion with some a noisy one, März 1965, S. 6, Greenwich 2439

NEWSLETTER: Fans are loyal to Mutt and Jeff, März 1965, S. 6, Greenwich 2440

NEWSLETTER: General Caniff does it again!, Juni 1966, S. 32-35, Westport 2441

NEWSLETTER: Morrie Turner: Wee plas, Oktober 1966, S. 20, Westport 2442

NEWSWEEK: Funnies: colored comic strips in the best of health at 40, Bd. 4, 1.12.34, S. 26-27, New York 2443

NEWSWEEK: Jiggs: the 25th anniversary of a corned beef and cabbage craze, 16.11.35, S. 29, New York 2444

NEWSWEEK: Joe Palooka, public hero, 18.12.39, S. 42-43, New York 2445

NEWSWEEK: Barney Google´s birthday, 14.10.40, S. 59-60, New York 2446

NEWSWEEK: Twenty years of Skeezix, Bd. 17, 17.2.41, S. 41, New York 2447

NEWSWEEK: Jiggs: the 25th anniversary of a corned beef and cabbage craze, 25.8.41, S. 46, New York 2448

NEWSWEEK: Raven, nevermore, 3.11.41, S. 56, New York 2449

NEWSWEEK: Jiggs 30 years, 23.11.42, S. 64-65, New York 2450

NEWSWEEK: Barney Google man, 23.11. 42, S. 62-63, New York 2451

NEWSWEEK: Skeezix scoops, 24.5.43, S. 93-94, New York 2452

NEWSWEEK: Airborne crime, 23.8.43, S. 42-43, New York 2453

NEWSWEEK: Annie doesn´t live there, 30.8.43, S. 78-79, New York 2454

NEWSWEEK: Cushlamochree, 4.10.43, S. 192, 203, New York 2455

NEWSWEEK: Barney Google´s birthday, 14.10.43, S. 10-13, New York 2456

NEWSWEEK: Gumption, 10.7.44, S. 80, New York 2457

NEWSWEEK: Skippy on a hobby horse, Bd. 26, 30.7.45, S. 63, New York 2458

NEWSWEEK: The comics, Bd. 26, 23.7. 45, S. 76, New York 2459

NEWSWEEK: Comics, Bd. 26, 6.8.45, S. 67-68, New York 2460

NEWSWEEK: The Funnies, Bd. 27, 7.1. 46, S. 64, New York 2461

NEWSWEEK: Mr. O´Malley, Ph. D., Bd. 28, 30.9.46, S. 89, New York 2462

NEWSWEEK: Mary Worth faces life, Bd. 29, 10.3.47, S. 64, New York 2463

NEWSWEEK: Buck Brady rides in Paris, Bd. 29, 24.3.47, S. 66, New York 2464

NEWSWEEK: Supersuits: right to Superman, Bd. 29, 14.4.47, S. 65, New York 2465

NEWSWEEK: Happy the humbug, Bd. 31, 17.5.48, S. 67, New York 2466

NEWSWEEK: 25 years of the Nebbs, Bd. 31, 31.5.48, S. 53, New York 2467

NEWSWEEK: Palooka and Ann? Yes!, Bd. 31, 7.6.48, S. 56, New York 2468

NEWSWEEK: Nancy, Sluggo and Ernie, Bd. 31, 28.6.48, S. 60, New York 2469

NEWSWEEK: Superseding Superman,P-D color comics,Bd. 32,19.7.48,S. 51-53, New York 2470

NEWSWEEK: Gordo con carne,Bd. 32, 2.8.48,S. 54,New York 2471

NEWSWEEK: Trib comics:shipping?,Bd. 32,11.10.48,S. 62,New York 2472

NEWSWEEK: Shmoos make noos,Bd. 32, 11.10.48,S. 62,New York 2473

NEWSWEEK: Blondie's Pop,Bd. 32, 1.11.48,S. 54,New York 2474

NEWSWEEK: Leviticus vs. Yokums,Bd. 32,29.11.48,S. 58,New York 2475

NEWSWEEK: Big for her age:Honeybelle,Bd. 33,24.1.49,S. 48,New York 2476

NEWSWEEK: Pogo´s progress,Bd. 33,30. 5.49,S. 56,New York 2477

NEWSWEEK: Taming of the shmoo,Bd. 34,5.9.49,S. 49,New York 2478

NEWSWEEK: Kigmy sweet,Bd. 34,3.10. 49,S. 58,New York 2479

NEWSWEEK: Stirrup strips,Bd. 34,12.12. 49,S. 55,New York 2480

NEWSWEEK: Comfort for comics,Bd. 35, 9.1.50,S. 30,New York 2481

NEWSWEEK: Comics stripped,Bd. 35,13. 3.50,S. 32,New York 2482

NEWSWEEK: Silent sport,Bd. 35,27.3.50, S. 33,New York 2483

NEWSWEEK: Dumas from Ohio,Bd. 35, 24.4.50,S. 34-37,New York 2484

NEWSWEEK: Li´l Abner´s chillum,Bd. 35,17.7.50,S. 38-39,New York 2485

NEWSWEEK: Li'l Abner,Bd. 35,7.8.50, S. 40,New York 2486

NEWSWEEK: More friends for comics, Bd. 36,27.11.50,S. 50,New York 2487

NEWSWEEK: Medizine,Bd. 36,27.11. 50,S. 76,New York 2488

NEWSWEEK: Hoppy´s Re-deal,Bd. 37, 8.1.51,S. 36,New York 2489

NEWSWEEK: Two little nuns,Bd. 37, 22.1.51,S. 75,New York 2490

NEWSWEEK: Reading interest of adults, Bd. 37,29.1.51,S. 28,New York 2491

NEWSWEEK: Mutt and Jeff,Bd. 37, 23.4. 51,S. 40,New York 2492

NEWSWEEK: Joe Palooka,Bd. 37,4.6. 51,S. 33,New York 2493

NEWSWEEK: Fräulein Stateside,Bd. 39, 17.3.52,S. 44,New York 2494

NEWSWEEK: Little man,what now?, Bd. 39,16.6.52,S. 41,New York 2495

NEWSWEEK: Comics by H.T. Webster, Bd. 40,6.10.52,New York 2496

NEWSWEEK: Pruning the pulps,Bd. 40, 29.12.52,S. 30,New York 2497

NEWSWEEK: Caspar rides again,Bd. 41, 13.4.53,S. 31,New York 2498

NEWSWEEK: Beetle busted,Bd. 43, 18. 1.54,S. 29,New York 2499

NEWSWEEK: Are comics horrible?,Bd. 43,3.5.54,S. 49,New York 2500

NEWSWEEK: Crime and comics,Bd. 43, 21.6.54,S. 1,New York 2501

NEWSWEEK: Our archives of culture:

enter the comics and Pogo,Bd.43,21. 6.54, S. 31-34, New York 2502

NEWSWEEK: Our archives of culture, Bd.44,12.7.54,S.6,New York 2503

NEWSWEEK: Pogo against Mc Carthy, Bd.44,6.9.54,S.42,New York 2504

NEWSWEEK: In defense of comics,Bd. 44,27.9.54,S.30,New York 2505

NEWSWEEK: No more werewolves,Bd. 44,8.11.54,S.55,New York 2506

NEWSWEEK: Passing of Olive Oyl,Bd. 44,27.12.54,S.38,New York 2507

NEWSWEEK: Fact and fiction,Bd.47,23. 1,56,S.2,New York 2508

NEWSWEEK: Much gore?,Bd.47,13.2. 56,S.62,New York 2509

NEWSWEEK: Pogo for President,Bd.48, 2.7.56,S.48-49,New York 2510

NEWSWEEK: Cartoon candidates,Bd.48, 6.8.56,S.1,New York 2511

NEWSWEEK: Candles for Tracy,Bd.49, 22.10.56,S.30,New York 2512

NEWSWEEK: The cartoon triumphant, Bd.49,20.5.57,S.40-41,New York 2513

NEWSWEEK: Change to chuckle,Bd.51, 12.5.58,S.64,New York 2514

NEWSWEEK: Primitive in the papers, Bd.55,11.4.60,S.110,New York 2515

NEWSWEEK: Li´l Al,Bd.58,17.7.61,S. 54,New York 2516

NEWSWEEK: Dick Tracy in orbit,Diet Smith´s coupe,Bd.61,14.1.63,S.47, New York 2517

NEWSWEEK: Redrawing the color line, integrated comic-strip,Bd.65,1.2.65, S.45,New York 2518

NEWSWEEK: Superfans and batmaniacs,Bd.65,15.2.65,S.89-90,New York 2519

NEWSWEEK: No laughing matter,Bd. 65,8.3.65,S.39,New York 2520

NEWSWEEK: Where are they now?,Bd. 67,25.4.66,New York 2521

NEWSWEEK: Man of bronze:Doc Savage,latest hero,Bd.67,23.5.66,S. 118,New York 2522

NEWSWEEK: Annie orphaned,Bd.70, 7.7.67,No.5,S.49,New York 2523

NEWSWEEK: Drawing the line,14.7. 69,S.38,New York 2524

NEW YORK DAILY NEWS: Dick Tracy (Chester Gould) cops,10.10.49,S.17, New York 2525

NEW YORKER: Significant sig and the funnies,8.1.44,S.25-37,New York 2526

NEW YORKER: Vulnerable,Funngoman, Bd.24,25.12.48,S.13-15,New York 2527

NEW YORKER: Shmoos,Bd.24,1.1.49, S.14-15,New York 2528

NEW YORKER: Bonny Braids,Bd.27,7. 7.51,S.14-15,New York 2529

NEW YORKER: Shmoo´s return,Li´l Abner strip,Bd.39,26.10.63,S.39-40, New York 2530

Norman,Albert E.: This world...comic books put on spot ´down under;

in:Christian Science Monitor,8.9.52, Washington 2531

North,Sterling: The antidote for comics in:National Parent Teacher,März 1941, S.16-17,New York 2532

North,Sterling: National disgrace and a challenge to American parents,in: Childhood Education,Oktober 1940,S. 56,Washington 2533

North,Sterling: The creative way out, in:National Parent Teacher,November 1941,S.14-16,New York 2534

North,Sterling: A national disgrace,in: Chicago Daily News,8.5.40,Chicago 2535

North,Sterling: Good project for local associations:antidote to the comic magazine poison,in:Journal of the National Education Association,Bd.29,Dezember 1949,S.158,Chicago 2536

North,Sterling: A major disgrace,in: Childhood Education,Oktober 1940, Washington 2537

Ochs,Malcom B.: Sunday comics reach widest teen market,in:Editor and Publisher,Bd.100,22.4.67,No.16,S.26, Chicago 2538

Oliphant,H N.: Skeezix:king of the comics,in:Coronet,Bd.25,Februar 1949, S.77-80,New York 2539

Olson,Neil Br.: Sunday with the American gods,in:The Funnies:an American idiom,Hrsg.D.M.White,The free press of Glencoe,1963,S.149-151,Boston 2540

O'Shea,Michael S.: The Sardi set,in: Back Stage,14.5.65,New York 2541

Ostrander,Sheila: From Russia with laughs,in:The World of Comic Art, Bd.1,No.3,1966/67,S.48-52,Hawthorne 2542

Outlook: The comic nuisance,No.91, 6.3.1909,S.527,New York 2543

Packard,Oaks: The sanguinary squire from pawnee,in:The World of Comic Art,Bd.1,No.3,1966/67,S.28-31,Hawthorne 2544

Panetta,G.: Comic strip,dramatization of Jimmy Potts gets a haircut, in:America,Bd.99,21.6.58,S.359,New York 2545

Panetta,G.: Comic strip,dramatization of Jimmy Potts gets a haircut, in:Catholic World,Bd.187,August 1958, S.386-387,New York 2546

Partch,Virgil: God bless Colliers,in: The World of Comic Art,Bd.1,No.4, Frühling 1967,S.4-12,Hawthorne 2547

Pascal,David: 10 millions d'images, in:Newsletter,Juni 1966,S.17-21,Westport 2548

Patterson,Russell: A tribute to Gus..., in:The Cartoonist,Februar 1967,S.25-28,Westport 2549

Patterson,W.D.: Mr. and Mrs. Comic America,SRL reader poll,in:Saturday Review of Literature,Bd.33,16.12.50, S.33,New York 2550

Pearson,Louise S.: Comics,in:Saturday Review of Literature,Bd.31,19.6. 48,S.24,New York 2551

Pennell,Elisabeth R.: Our tragic comics,in:North American Review,Bd. 211,Februar 1920,S.248-258,New York 2552

Penny,E.J.: Are comics bad for children?,in:The Rotarian,Bd.56,Mai 1940, S.2,New York 2553

Peppard,S.Harcourt: Science contributes children's fears and fantasies and the movies, radio and comics, in:Child Study, Bd.19, April 1942, S. 78-79, Chicago 2554

Perrin,Steve: He who walked the might, in:Comic Art,No.5,Oktober 1964,S.28-30,Cleveland 2555

Perrin,Steve: What´s wrong with the jaguar,in:Masquerader,No.2,November-Dezember 1962,S.15-17,Pontiac 2556

PLAYBOY: The Vargas girl,Januar 1968, Chicago 2557

PLAYBOY: Playboy interview:Al Capp, Dezember 1966,S.89-100,Chicago 2558

Poling,J.: Reyder of the comic page, in:Colliers,Bd.122,14.8.48,S.16-17, New York 2559

Pope,Dean: Comics craze covers campus,in:The Philadelphia Inquirer,17.3.66,Philadelphia 2560

Pope,Dean: ZAP!POW! Comics sweep Princeton,in:The Philadelphia Inquirer, 17.3.66,Philadelphia 2561

Prentice,A.E.: Comics scene:magazines in the library,in:Library Journal,Bd. 93,1.1.68,S.59,New York 2562

Price,Bob: Shazam!,in:Screen Thrills Illustrated,No.2,September 1962,S.12-19,Philadelphia 2563

Pritchard,C.Earl: Greater leisure,in: People,Mai 1937,New York,(Mitautor: G.C.Dibert) 2564

PUBLISHERS WEEKLY: Comics and their audience,Bd.141,18.4.42,S.1477-1479, New York 2565

PUCK,the COMIC WEEKLY: Adult America´s interest in comics,Dezember 1948,S.19,New York 2566

PUCK,the COMIC WEEKLY: America reads the comics,Januar 1954,S.24, New York 2567

Pumphrey,George H.: Comics,in:The School Librarian,Bd.6,1953,No.5,S. 310,Baltimore 2568

Pumphrey,George H.: What children think of comics,Epworth Press,1964, 48 S.,New York 2569

Punke,Harold H.: The home and adolescent reading interest,in:School Review,Bd.45,Oktober 1937,S.612-620,Chicago 2570

Randolph,Nancy: Chic-chat. What´s going on here? Annie Dick,Abner., in:Sunday News,16.5.65,New York 2571

Rawlinson,Lynn: Cartoonist Bill Mauldin ponders ideals in bath,in:The Cartoonist,Februar 1967,S.41,Westport 2572

Ray,Erwin: Good news Charlie Brown: Peanuts wins,in:Editor and Publisher, Bd.99,No.28,9.7.66,S.57,Chicago 2573

THE LIBRARY ASSOCIATION RECORD: The Comics,Bd.54,No.7,1952,S.9-10, 12,Chicago 2574

RECREATION: Regarding comic magazines,Bd.35,Februar 1942,S.689,New York 2575

Reilly,Maurice T.: The payoff is at drawing board,in:The Cartoonist,Herbst 1957,S.4,6,34,New York 2576

Reinert,Rick: No lessons,just the right father,in:Newsletter,Juni 1966,S.41, Westport 2577

ARIZONA REPUBLIC: Symphony gives traders world trip,The Cartoonist,August 1967,S.38,Westport 2578

NEW REPUBLIC: Little Orphan Annie, Bd.136,25.2.57,S.6,New York 2579

NEW REPUBLIC: Pok! Ach! Pitooon!, in:New Republic,Bd.136,11.3.57,S.7, New York 2580

NEW REPUBLIC: Mary Worm and Mr. Rapp,Bd.137,23.9.57,S.8,New York 2581

Reston,James: Daddy Warbucks finds the answer,in:New York Times,11.5.58, S.8 E,New York 2582

SUNDAY REVIEW of LITERATURE: Macbeth or local thane makes good,Bd.33, 2.12.50,S.13-14,New York 2583

Reynolds,George R.: The children´s slant on comics,in:School Executive, Bd.72,September 1942,S.17-18,Baltimore 2584

Richards,Edmond: Kiddies know best, in:Sunday review of literature,Bd.31, 1.5.48,S.21,New York 2585

Roberts,Elzey: What is a comic page?, in:St. Louis Star Times,17.3.38,St.Louis 2586

Robinson,Edward J.: Who reads the funnies-and why?,in:The Funnies:an American idiom,Hrsg. D. M. White,The free press of Glencoe,Boston 1963,S. 179-189 2587

Robinson,Edward J.: An exploratory study of the attitudes of children in grads three through nine toward the comic strips,Report No.4,Communications Research Center,Boston University,Boston 1962,(Mitautor:D. M. White) 2588

Robinson,Edward J.: An exploratory study of the attitudes of more highly educated people toward the comic strips,Communications Research Center,Boston University,Boston 1960, (Mitautor:D. M. White) 2589

Robinson,Edward J.: Comic strip reading in the United States,Report No. 5,Communications Research Center, Boston University,Boston 1962,(Mitautor:D. M. White) 2590

Robinson,Jerry: Herblock,in:The Cartoonist,Sommer 1957,S.2,New York 2591

Robinson,Jerry: Holman revisited,in: The Cartoonist,Februar 1957,S.7-8, 33,New York 2592

Robinson,Jerry: Pleasantry and mirth, in:The Cartoonist,Sondernummer,20. 4.65,New York 2593

Rogow,Lee: Can the comic strip be art?,in:Saturday review of literature, Frühling 1950,New York 2594

Roland,Leila: Batman´s hidden children,in:Silver Screen,Juli 1966,Hollywood 2595

Rollin,B.: Return of the (whoosh!, there goes one!) superhero!,in:Look, Bd.30,22.3.66,S.113-114,New York 2596

Rosenberg,Harold: The tradition of the new,Horizon press,New York 1959 2597

Rosencrans,L. L.: What about comics?,

in:Instructor,Bd. 54,Mai 1945,S. 25,New York 2598

Roth,Brothers: The grapes of Roth,in: The Cartoonist,Herbst 1957,S.13-14, 24,New York 2599

Rowland,Gil: Creator of David Crane strip sees ethics in everyday living,in: Newsletter,Juni 1966,S.9,Westport 2600

Ryan,J.K.: Are the comics moral?,in: Forum,Bd.95,Mai 1936,S.301-304, New York 2601

Ryan,Stephen P.: Orphan Annie must go!,in:America,Bd.96,No.10,8.12.56, S.293-295,New York 2602

Ryan,Stephen P.: Orphan Annie must go!,in:America,Bd.96,19.1.57,S.437, New York 2603

Saltus,Elinor C.: Comics aren´t good enough,in:Wilson Library Bulletin,Bd. 26,No.5,5.1.52,S.382-383,New York 2604

Sampsell,B.: They pick their books with care,in:Parents Magazine,Bd.25, November 1950,S.48,Chicago 2605

Samuels,Stuart E.: Batmania,in:Castle of Frankenstein,No.9,November 1966, S.18-23,New York 2606

Sandburg,Carl: Cartoons? Yes!,in:The Cartoonist,Sommer 1957,S.3-4,27, New York 2607

Saunders,Allen: A career for your child in the comics?,in:The Newspaper Comics Council,1959,12 S.,New York 2608

Saunders,Allen: Mary Worth and the affluent society,in:The Funnies:an American idiom,Hrsg.D.M.White,The free press of Glencoe,Boston 1963,S.274-283 2609

Saunders,Allen: It´s a sin to be serious?,in:The Cartoonist,Sommer 1957, S.11-12,New York 2610

Scharff,Monroe B.: American newspaper comics:even the funnies have serious public relations,in:Public Relations Journal,Mai 1964,New York 2611

Schmidt,Carl F.: An ad exec reins it up the flagpole,in:Newsletter,1965, The Newspaper Comics Council,New York 2612

Schoenfeld,Amram: The laugh industry,in:The Saturday Evening Post,Bd. 202,1.2.30,S.12-13,46-49,Chicago 2613

SENIOR SCHOLASTIC: Who reads the comics?,Bd.52,17.5.48,S.3,Chicago 2614

SENIOR SCHOLASTIC: Good and bad comics,Bd.55,4.1.50,S.12,Chicago 2615

SENIOR SCHOLASTIC: Linus in love, Bd.75,4.11.59,S.1,Chicago 2616

SCHOOL and SOCIETY: How much of a menace are the comics?,Bd.54,15. 11.41,S.436,Baltimore 2617

Schramm,Wilbur: Age,education and economic status:factors in newspaper reading,in:Journalism Quarterly,Bd. 26,1949,S.149-166,Iowa City,(Mitautor:D.M.White) 2618

Schroeder,Lynn: From Russia with laughs,in:The World of Comic Art, Bd.1,No.3,1966/67,S.48-52,Hawthorne,(Mitautor:S.Ostrander) 2619

Schultz,H.E.: Comics as whipping boy, in:Recreation,Bd. 43,August 1949,S.239, New York 2620

SCIENCE DIGEST: Why children read comics,Bd. 27,März 1950,S. 37,New York 2621

SCIENCE NEWSLETTERS: It´s humor children want in comic books,Bd. 59, 16.6.51,S. 376,New York 2622

SCREEN THRILLS ILLUSTRATED: Continued next week,No.1,Juni 1962,S.16-29,Philadelphia 2623

SCREEN THRILLS ILLUSTRATED: Flicks in the future,No.2,September 1962,S. 7-11,Philadelphia 2624

SCREEN THRILLS ILLUSTRATED: Behind the shadow mask,No.4,April 1963,S. 28-29,Philadelphia 2625

SCREEN THRILLS ILLUSTRATED: Nemesis of the underworld,No.8,Mai 1964, S.7-11,Philadelphia 2626

SCREEN PARADE: Batman´s most intimate secrets,August 1966,Hollywood 2627

MOVIE SCREEN YEARBOOK: Holy Batmania,No.15,August 1966,Hollywood 2628

TEEN SCREEN: Batman and Robin lost!, Mai 1966,Hollywood 2629

TEEN SCREEN YEARBOOK: Holy Popcorn,is Batman doomed?,No.12,August 1966,Hollywood 2630

Seldes,Gilbert: The Krazy Kat that walks by himself,in:The Funnies:an American idiom,Hrsg. D. M. White,The free press of Glencoe,Boston 1963,S. 131-141 2631

Seldes,Gilbert: Preliminary report on Superman,in:Esquire,November 1942, S. 63,153,New York 2632

Shaffer,Lawrence F.: Children´s interpretations of cartoons,Bureau of publications,Teachers College,Columbia University,New York,1930 2633

Shalett,S.: Nature lore,Ed Dodd´s Mark Trail,in:Americas,Bd. 10,No. 7, Juli 1958,S.14-18,Washington 2634

Sheppard,Eugenia: Penny says yes to hats,in:New York Herald Tribune,12. 8.48,S.20,New York 2635

Sheridan,Martin: This serious business of being funny,in:St. Nicholas,Bd. 65, Dezember 1937,S.21-23,New York 2636

Sherman,Sam: The case Charlie Chan lost,in:Screen Thrills Illustrated,No.6, Oktober 1963,Philadelphia 2637

Sherry,Richard: Zot! The King is a fink!,in:The World of Comic Art,Bd. 2,No.1,Sommer 1967,S.25-33,Hawthorne 2638

Shippen,Katherine: Billy reads the Comics,in:Woman´s Home Companion, Bd. 69,Dezember 1942,S. 98,New York, (Mitautor:J. Garrison) 2639

Short,Robert L.: Gospel according to Peanuts,John Knox Press,1965,Richmond,Va. 2640

Short,Robert L.: Gospel according to Peanuts,in:Christian Century,Bd. 82,3. 3.65,S.276,New York,(Mitautor:R.P. Nelson) 2641

Short,Robert L.: The gospel according to Peanuts,in:Coronet,Mai 1968, S.126-161,New York 2642

Short, Robert L.: The gospel according to Peanuts, Bantam Books, 1968, New York 2643

Shulman, Arthur: How sweet it was, Shorecrest Inc., 1966, 448 S., New York 2644

Simpson, L. L.: Hall of infamy, in: Alter Ego, No. 4, 1962, S. 31-33, Detroit 2645

Sitter, Albert J.: Manuring cartoons speak lucidly, in: Newsletter, Juni 1966, S. 29, Westport 2646

Skard, Granda Ase: The problem of the comic books, in: Norsk pedagogisk tedsskrift, Bd. 38, 1954, S. 39-48, New York 2647

Sloane, Allyson: I like to make love! Batman tells all!, in: Movieland, Juni 1966, Hollywood 2648

Small, Collie: Strip teaser in black and white: M. Caniff's Terry and the Pirates, in: Saturday Evening Post, Bd. 219, 10. 8. 46, S. 22-23, Chicago 2649

Smith, A. M.: Circus in cartoons, in: Hobbies, Bd. 52, Oktober 1947, S. 30, New York 2650

Smith, Ethel: Reading the comics in grades 7 and 8, in: Journal of educational psychology, Bd. 33, März 1942, S. 173-182, Baltimore 2651

Smith, Helen: Comic books in our house!, in: Wilson Library Bulletin, Bd. 20, No. 4, Dezember 1945, S. 290, New York 2652

Smith, L. E.: Protest against ad for Wertham book, in: Publishers Weekly, Bd. 165, No. 12, 1954, S. 1399, Chicago 2653

Smith, Marion W.: The much discussed comics, in: Elementary School Journal, Bd. 44, Oktober 1943, S. 97-101, Chicago 2654

Smith, Marion W.: Those comic horrors, in: Teachers Digest, Bd. 7, Januar 1947, S. 44-46, Chicago, (Mitautor: M. Katherine) 2655

Smith, S. M.: Friends of the family, the comics, in: Pictorial Review, Bd. 36, Januar 1935, S. 24-25, New York 2656

Snider, Arthur J.: Like weekend comics? Here are reasons why, in: Chicago Daily News, 25. 5. 56, S. 16, Chicago 2657

SPADEA SPECTACULARS: Syndicate producing books from colour comic strips, Bd. 187, 22. 3. 65, S. 52, New York 2658

SPECTATOR: Horror Comics, 25. 2. 55, S. 208, New York 2659

SPECTATOR: Horror Comics, 25. 2. 55, S. 220, New York 2660

SPECTATOR: Comics: a guide for parents and teachers, Bd. 195, 30. 12. 55, S. 899, New York 2661

Spock, B.: TV, radio, comics and movies, in: Ladies Home Journal, Bd. 77, April 1960, S. 61, New York 2662

SPORTS ILLUSTRATED: Woes of a Peanuts manager: Charlie Brown, Bd. 24, 20. 1. 66, S. 46-50, New York 2663

Spraker, Nancy: He's your dog, Charlie Brown, in: Woman's Day, Februar 1968, S. 58-60, III, Greenwich, Conn. 2664

Staunton, Helen M.: Milton Caniff unveils his new strip with hero who has been around, in: Editor and Publisher, 23.11.46, Chicago 2665

Stempel, Guido H.: Comic strip reading: effect of continuity, in Journalism Quarterly, Bd. 33, 1956, S. 366, Iowa City 2666

STEWARD DOUGAL and ASSOCIATES: Adult interest on comic reading, New York, 1947 2667

Stoeckler, Gordon: Comics, in:Saturday Review of Literature, Bd. 31, 19.6.48, S. 24, New York 2668

Stone, Sylvia S.: Let´s look at the funnies, in:People, Mai 1937, S. 5-9, New York 2669

Strang, R.: Why children read comics, in:Elementary School Journal, Bd. 43, 1942/43, S. 336-342, Chicago 2670

Strong, Rick: A hot ideal, in:Alter Ego, No. 7, Herbst 1964, S. 15-17, St. Louis 2671

Stuart, N. G.: We let our kids read comic books, in:Readers Digest, Bd. 85, Juli 1964, S. 124-126, Chicago 2672

Sturges, F. M.: Comics, they are called, in:Christian Science Monitor Magazine Section, 6.8.49, S. 12, Salt Lake City 2673

Sullivan, Beryl K.: Superman licked, in: The Clearing House, Bd. 17, März 1943, S. 428-429, New York 2674

NEW YORK SUNDAY HERALD MAGAZINE: Your friends-the comics, 10.3.57, New York 2675

SUPPLEMENTARY EDUCATIONAL MONOGRAPHS: The role of comic strips and comic-books in child life, Dezember 1943, S. 158-162, Chicago 2676

Sutton, M. F.: So we commemorate the vegetable for heroes, in:Saturday Evening Post, Bd. 226, 27.2.54, S. 108, Chicago 2677

Swabey, M. C.: The comics nonsense, in:Journal of psychology, September 1958, S. 819-833, New York 2678

Swanson, Charles E.: What they read in 130 daily newspapers, in:Journalism Quarterly, Bd. 32, 1955, S. 411-421, Iowa City 2679

Takayama, George: Batman's mixed marriage!, Hollywood, 1966 2680

Tarcher, J. D.: The serious of the comic strip, in:Printers Ink, 28.4.32, New York 2681

Taylor, Robert: With Nancy, shopping is more fun, in:Boston Herald, 17.12.59, S. 23, Boston 2682

Tebbel, J.: Who says the comics are dead?, in:Saturday Review of Literature, Bd. 43, 10.12.60, S. 44-46, Chicago 2683

NEW YORK TELEGRAM: Grim comic strip pamphlet depicts U.S. seized by Telegram, 5.12.47, S. 12, New York 2684

Thomas, Kay: Chatter!, in:Daily News, 11.5.65, New York 2685

Thompson, B. J.: After you buy the book, in:Catholic World, Bd. 164, Dezember 1946, S. 248-249, Baltimore 2686

Thompson, D.: There was a child went forth, in:Ladies Home Journal, Bd. 71, September 1954, S. 11, Chicago 2687

Thompson, Lovell: America´s day dream:the funnies, in:Saturday Review of literature,Bd.17,13.11.37,S.3-4,16, New York 2688

Thompson,Lovell: How serious are the comics?,in:Atlantic monthly,Bd.170, September 1942,S.127-129,New York 2689

Thompson,Thomas: A place in the sun all her own,in:Life,15.4.68,S.66-70, New York 2690

Thruelsen,R.: Saddest man in the funnies,in:Saturday Evening Post,Bd.226, 24.10.53,S.22-23,Chicago 2691

TIME: Hoosegaw Herman,17.10.38,S. 36-37,New York 2692

TIME: Grandpa´s Pa,14.11.38,S.47, New York 2693

TIME: 1848320 of them,3.7.39,S.30, New York 2694

TIME: Superman,11.9.39,S.56,New York 2695

TIME: Superman stymied,11.3.40,S.46-47,New York 2696

TIME: Cowboy cartoonist,Bd.34,13.5.40,S.57-59,New York 2697

TIME: Comics for kids,30.9.40,S.38, New York 2698

TIME: Successful sailor,12.10.40,S.48, New York 2699

TIME: Skeezix is 21,23.2.42,S.65, New York 2700

TIME: Superman´s dilemma,13.4.42, S.78,New York 2701

TIME: Comics woes,20.4.42,S.62, New York 2702

TIME: The world´s greatest newspaper,11.5.42,S.55,New York 2703

TIME: Schools open-for war,14.9.42, New York 2704

TIME: Deathless dear,19.10.42,S.94, New York 2705

TIME: Joe and Joe,30.11.42,S.68-70,New York 2706

TIME: Apology for Margaret,11.1.43, S.70-71,New York 2707

TIME: Sub for Burma,1.2.43,S.50, New York 2708

TIME: The death of deathless dear, 2.8.43,S.62,New York 2709

TIME: Pepito y Lorenzo,4.10.43,S. 73,New York 2710

TIME: Lady Jane,18.10.43,S.38,New York 2711

TIME: Captain Midi is not himself, 17.1.44,S.77,New York 2712

TIME: Among the unlimiteless ethos (Krazy Cat and his creator) 8.5.44, S.94-96,New York 2713

TIME: O´Malley for Dewey,18.9.44, S.50,New York 2714

TIME: Are the comics fascist?Are they good for children?,Bd.46,22.10.45, S.67-68,New York 2715

TIME: Daisy Mae´s friends,Bd.47,27.5.46,S.92,New York 2716

TIME: Escape artist,Barnaby strip, Bd. 48,2.9.46,S.49-50,New York 2717

TIME: Adventures in dreamland,Bd.48,

16.12.46,S.77-78,New York 2718

TIME: Comics and Joseph Patterson, (Escape artist),Bd.49,13.1.47,S.59-62, New York 2719

TIME: Little guy:Louie,British comic strip,Bd.49,21.4.47,S.49,New York 2720

TIME: Ace Harlem to the rescue,Bd.50, 14.7.47,S.75,New York 2721

TIME: Million Dollar Baby,18.8.47,S. 42,New York 2722

TIME: Tain´t funny,Li´l Abner walks a dangerous rope,Bd.50,29.9.47,S.79, New York 2723

TIME: Stuff of dreams,Bd.50,1.12.47, S.71,New York 2724

TIME: First stone,Bd.50,22.12.47,S. 62,New York 2725

TIME: Paddles of blood,Bd.51,29.3.48, S.66,New York 2726

TIME: Superman adopted,Bd.51,31.5. 48,S.72,New York 2727

TIME: Harvest shmoon,Bd.52,13.9.48, S.29,New York 2728

TIME: Not so funny,Bd.52,4.10.48,S. 46,New York 2729

TIME: Mercy killings,Street and Smith, Bd.53,18.4.49,S.42,New York 2730

TIME: Love on a dime,Bd.54,22.8.49, S.41,New York 2731

TIME: Take it from Buzzy,Bd.54,29. 8.49,S.46,New York 2732

TIME: Die monstersinger,Bd.56,6.10.50, S.72-78,New York 2733

TIME: Possum time:Pogo,Bd.58,18.12. 50,S.81-82,New York 2734

TIME: Detective Tracy's mansion, Bd. 56,25.12.50,S.35,New York 2735

TIME: End of a fairy tale:Barnaby,Bd. 59,28.1.52,S.77,New York 2736

TIME: Unthinkable:Li´l Abner´s marriage,Bd.59,31.3.52,S.53,New York 2737

TIME: The firendly home-wrecker, 16.2.53,S.84,New York 2738

TIME: Horror comics,Bd.63,No.18, 3.5.54,S.78,New York 2739

TIME: Horror on the newsstands,Bd. 64,No.13,27.9.54,S.77,New York 2740

TIME: Comic strips down. Comic-strips and comic-books in the U.S., Bd.65,No.11,14.3.55,S.34,New York 2741

TIME: Horror Comics,Bd.65,No.20, 16.5.55,S.50,New York 2742

TIME: Little Orphan Deliquent:Little Orphan Annie,Bd.67,No.12,19.3.56, S.70-71,New York 2743

TIME: Rap for Cap,Bd.70,No.11,9.9. 57,S.89-90,New York 2744

TIME: Buck´s luck,Bd.71,No.8,24.2. 58,S.57,New York 2745

TIME: Child´s garden of reverses,Bd. 71,No.9,3.3.58,S.58,New York 2746

TIME: Passing the buck,Bd.71,No.26, 30.6.58,S.42,New York 2747

TIME: Out goes Pogo,Bd.72,No.22, 1.12.58,S.40,New York 2748

TIME: Woo for the kiddies,Bd.73,No. 16,20.4.59,S.46,New York 2749

TIME: Tip for whiskers,Bd.74,No.3, 20.7.59,S.52,54,New York 2750

TIME: Educator in orbit:Our new age, Bd.74,3.8.59,S.74,New York 2751

TIME: Comic battlefront,Bd.79,No.9, 2.3.62,S.30-31,New York 2752

TIME: Cartoonists,road maps to opinion,Oktober 1963,New York 2753

TIME: Tougher than hell with a heart of gold,Little Orphan Annie,Bd.84,No. 10,4.9.64,S.55-56,New York 2754

TIME: Gospel according to Peanuts,Bd. 85,No.1,1.1.65,S.28,New York 2755

TIME: The return of Batman,26.11.65, S.52,New York 2756

TIME: Holy flypaper,Bd.87,No.4,28.1. 66,S.38,New York 2757

TIME: Comics:which one is the phoanie?,Bd.89,No.3,20.1.67,S.47,New York 2758

TIME: Comics:extinction of the longhorn,29.3.68,S.48,New York 2759

TIME: Too harsh in putting down evil, 28.6.68,S.53,New York 2760

THE TIMES LITERARY SUPPLEMENT: The comic strip in American life:a British view,17.9.54,New York 2761

CHANGING TIMES: Dirt and thrash that kids are reading,Bd.8,November 1954,S.25-29,New York 2762

CHANGING TIMES: Dirt and thrash that kids are reading,Bd.9,Februar 1955,S.48,New York 2763

CHANGING TIMES: Ads that exploit kids,Bd.15,Juni 1961,S.41-46,New York 2764

NEW YORK TIMES MAGAZINE: Presenting Ann,16.1.44,S.18,New York 2765

NEW YORK TIMES: Comic strip cookies,3.8.48,New York 2766

NEW YORK TIMES: Comic strip struggle,13.9.54,New York 2767

NEW YORK TIMES: Comics deride crime,22.11.57,New York 2768

NEW YORK TIMES: Comics to stir (sob!)memories at home,12.10.63, New York 2769

THE TIMES LITERARY SUPPLEMENT: The comic strip in American life: a British view,17.9.54,New York 2770

NEW YORK TIMES MAGAZINE: Moe has a moral,17.11.63,S.96,New York 2771

TOLEDO BLADE: Saunders considers the comic strip ´One of Best´ narrative art forms,21.7.57,S.1,Toledo 2772

Toole,Fred: ...one of the world´s best selling authors...,in:The Cartoonist,Februar 1967,S.11-13,Westport 2773

TOWN MEETING: What´s wrong with the comics?,Bulletin of "Town meeting of the Air",Bd.13,2.3.48,S.1-23,Philadelphia 2774

Trent, M.E.: Children's interest in comic-strips, in: Journal of educational research, Bd. 34, September 1940, S. 30-36, New York 2775

NEW YORK HERALD TRIBUNE: The comics, 12. 6.49, New York 2776

NEW YORK HERALD TRIBUNE: Penny's fall hats set a teen trend, 25.7.49, S. 17, New York 2777

NEW YORK HERALD TRIBUNE: Penny fashions planned for fall, 9.5.50, S. 25, New York 2778

NEW YORK HERALD TRIBUNE: About the horror comics, 27.9.54, New York 2779

CHICAGO SUNDAY TRIBUNE: Readership: a study of features and advertisements in the Sunday Comics, 1956, Chicago 2780

TAMPA MORNING TRIBUNE: Dick Tracy wrist radio developed by Signal Corps, 23.12.54, S. 3, Chicago 2781

Tyson, Patrick: The Canyon wave: Steve started it, in: New York Sunday Mirror, 6.4.47, S. 12, New York 2782

Updegraff, Marie: Don't be surprised. You must be next. Name-borrowing solves many a problem in creation of Joe Palooka catoons, in: The Cartoonist, Februar 1967, S. 17-18, Westport 2783

Van Buren, Reaburn: And without getting wet, in: The World of Comic Art, Bd. 1, No. 4, Frühling 1967, S. 23-32, Hawthorne 2784

OUR SUNDAY VISITOR: Looking at the comics, 2.1.44, Huntington, Indiana 2785

Vogel, Bertram: Fun in any language, in: Redbook, Februar 1948, S. 7, New York 2786

Vrsan, F.W.: Comics vs. good literature, in: Grade Teacher, Bd. 64, Oktober 1947, S. 14, Baltimore 2787

Wagner, G.: Superman and his sisters, in: New Republic, Bd. 132, 17.1.55, S. 17-19, New York 2788

Walker, Mort: Let's get down to Grawlixes, in: The Cartoonist, Januar 1968, S. 23-25, Westport 2789

Warshow, Robert: Woofed with dreams, in: Partisan Review, Bd. 13, No. 5, 1946, New York 2790

Warshow, Robert: Woofed with dreams, in: The Funnies: an American idiom, Hrsg. D. M. White, The free press of Glencoe, Boston, 1963, S. 142-146 2791

Way, Gregg: Meet Dr. Solar, in: Masquerader, No. 2, November-Dezember 1962, S. 9-10, Pontiac 2792

Weales, G.: Good grief, more Peanuts!, in: Reporter, Bd. 20, 30.4.59, S. 45-46, New York 2793

Wertham, Frederic: The Comics... very funny!, in: Saturday Review of Literature, Bd. 31, No. 22, 29.5.48, S. 6-7, 27-29, New York 2794

Wertham, Frederic: Comics, very funny!, in: Readers Digest, Bd. 53, August 1948, S. 15-18, Chicago 2795

Wertham, Frederic: Comics, very funny!, in: Saturday Review of Literature, Bd. 31, 19. 6.48, S. 24, New York 2796

Wertham, Frederic: The betrayal of childhood: comic books, Vortrag, Annual Conference of Correction, American

Prison Association,1948,New York 2797

Wertham,Frederic: Horror in the nursery,in:Colliers,27.3.48,New York 2798

Wertham,Frederic: What your children think of you,in:This Week,10.10.1948, New York 2799

Wertham,Frederic: What are comic books?(A study for parents),in:National Parent Teacher Magazine,März 1949, Chicago 2800

Wertham,Frederic: What parents don´t know about comic-books,in:Ladies Home Journal,Bd.70,November 1953, S.50-53,Chicago 2801

Wertham,Frederic: What parents don´t know about comic-books,in:Ladies Home Journal,Bd.71,Februar 1954,S.4, Chicago 2802

Wertham,Frederic: Reading for the innocent,in:Wilson Library Bulletin,Bd.29, No.8,April 1955,S.610-613,New York 2803

West,Dick: What happened to Disney´s comics?,in:Masquerader,No.6,Frühling 1964,S.26-28,Pontiac 2804

White,Blanchard: Beware of the comics, in:Alabama School Journal,Bd.65,November 1947,S.10,Alabama 2805

White,David M.: The funnies,an American idiom,The free press of Glencoe, Boston 1963 2806

White,David M.: Funnies:an American idiom,in:Newsweek,Bd.61,17.1.63,S. 92-93,New York 2807

White,David M.: Funnies:an American idiom,in:Saturday Review of Literature, Bd.46,19.10.63,S.35,New York 2808

White,David M.: How to read Li´l Abner intelligently,in:Mass Culture, Hrsg.Rosenberg und White,The free press of Glencoe,Boston 1957 2809

White,David M.: Who reads the funnies-and why?,in:The Funnies:an American idiom,Hrsg.D.M.White,The free press of Glencoe,Boston 1963, S.179-189, 2810

White,David M.: Age,education and economic status:factors in newspaper reading,in:Journalism Quarterly,Bd.26, 1949,S.149-166,Iowa City,(Mitautor:W.Schramm) 2811

Whitehill,C.K.: The Comics,in:Time Bd.63,24.5.54,S.10,New York 2812

Wiese,Ellen: Enter: the comics,Lincoln,University of Nebraska Press 1965 2813

Wiese,Ellen: Enter:the comics,in: Journal of Commerce,Bd.17,No.1, März 1967,S.67-68,New York 2814

Wigransky,David P.: The Comics,in: Saturday Review of Literature,Bd.31, 24.7.48,New York 2815

Wilkes,Paul: You may be laughing at yourself?,in:The Cartoonist,Oktober 1966,S.45-47,Westport 2816

Willard,F.: Moon Mullins and me,in: Colliers,Bd.123,7.5.49,S.68,New York 2817

Williams,Gweneira: They like it rough(In defense of comics),in:Library Journal,1.3.42,S.204-206,Chicago 2818

Williams,Gweneira:Why not give them what they want,in:Publisher Weekly, Bd.141,18.4.42,S.1490-1496, Chicago 2819

Williams,Gurney: I have nothing to say in:The Cartoonist,Sommer 1957,S.10, 22,New York 2820

Wilson,B.: Menace pays off,in:Americas,Bd.5,Juni 1953,S.7-9,Washington 2821

Wilson,Elda J.: Comic books in whose house?,in:Wilson Library Bulletin,Bd. 20,No.6,Februar 1946,S.432,New York 2822

Wilson,Frank T.: Reading interest of young children,in:Journal of genetic psychology,Bd.58,Juni 1941,S.363-389, Chicago 2823

Wilson,Frank T.: Children´s laughter, in:Journal of genetic psychology,1940, Chicago,(Mitautor:F.N.Brumbaugh) 2824

Witty,Paul A.: The compensatory function of the Sunday funny paper,in:Journal of applied psychology,Juni 1927,S. 202-211,Chicago,(Mitautor:H.C.Lehmann) 2825

Witty,Paul A.: Reading the comics-a comparative study,in:Journal of Experimental Education,Bd.10,Dezember 1941, S.105,Baltimore 2826

Witty,Paul A.: Reading the comics in grades 4,5, and 6,in:Journal of Experimental Education,Dezember 1941,Baltimore 2827

Witty,Paul A.: Reading the comics in grades 7 and 8,in:Journal of Educational psychology,Bd.33,März 1942,S.173-182,Baltimore,(Mitautoren:A.Commer und E.Smith) 2828

Witty,Paul A.: Reading the comics in grades 9 to 12,in:Educational Administration and Supervision;Bd.28,Mai 1942, S.344-353,Baltimore,(Mitautor:A.Commer) 2829

Witty,Paul A.: Children´s interest in reading the comics,in:Journal of Experimental Education,Bd.10,Dezember 1941,S.100-104,Baltimore 2830

Witty,Paul A.: Those troublesome comics,in:National Parent Teacher, Januar 1942,Chicago 2831

Witty,Paul A.: Some observations from the study of the comics,in: Books against comics,Bulletin of the Association for Arts in Childhood, 1942,S.1-6,New York 2832

Witty,Paul A.: Books versus comics, in:Bulletin of the Association for Arts in Childhood,1942,New York 2833

Witty,Paul A.: Interest in reading the comics among negro children,in:Journal of Educational Psychology,Bd.36, Mai 1945,S.303-308,Baltimore,(Mitautor:D.Moore) 2834

Wolf,Katherine: The children talk about comics,in:Communication-Research,Harper and Bros.,S.3-50,New York,1949 2835

Wolf,S.C.J.: Tribute to comic strip artists,in:Literacy Digest,Bd.117,7.4. 34,S.51,New York 2836

Wolfe,Burton H.: The Hippies,A Signet Book,208 S.,New York,1968 2837

Wolfson,Martin: The Comics,in:Saturday Review of Literature,Bd.31,19.6. 48,S.24,New York 2838

Wood,Auril: Jimmy reads the comics, in:Elementary School Journal,Bd.51, Oktober 1950,S.66-67,Baltimore 2839

Wood, Wallace: My strange move, or how I learned to stop working and joined the fans, in: The Cartoonist, Oktober 1966, S. 32-34, Westport 2840

NEW YORK WORLD TELEGRAM and SUN: Comics, Gal Tennis Hypo, 16.2.56, S. 34, New York 2841

THE WORLD of COMIC ART: Excerpts from the complete tribune prime: Eugene Field, Bd. 1, No. 1, 1966, S. 30-33, Hawthorne 2842

THE WORLD of COMIC ART: Peanuts, the thinking man´s diet, Bd. 1, No. 1, Juni 1966, S. 42-48, Hawthorne 2843

THE WORLD of COMIC ART: The other cruikshank, Bd. 1, No. 2, 1966, S. 24-25, Hawthorne 2844

THE WORLD of COMIC ART: The many faces of Uncle Sam, Bd. 1, No. 2, 1966, S. 36-39, Hawthorne 2845

Wright, Helen M.: Down to brass tacks on the comics, in: Library Journal, Bd. 59, 1.1.44, S. 2, Chicago 2846

Yoder, R. M.: Dick Tracy´s boss, in: Saturday Evening Post, Bd. 222, 17.12.49, S. 22-23, Chicago 2847

York, Cal: Batman, unmasked, in: Photoplay, April 1966, New York 2848

Youham, Roger: How sweet it was, Storecrest Inc., 1966, 448 S., New York, (Mitautor: A. Shulman) 2849

Zahniser: The Comics, in: Christian Century, Bd. 52, 8.5.36, S. 607, New York 2850

Zorbaugh, Harvey: Comics-there they stand, in: Journal of Educational Sociology, Bd. 18, No. 4, Dezember 1944, S. 196-203, Baltimore 2851

Zorbaugh, Harvey: What adults think of comics as reading for children, in: Journal of Educational Sociology, Bd. 23, Dezember 1949, S. 225-235, Baltimore 2852

Zorbaugh, Harvey: The Comics! Good influence or bad?, in: Read, September 1944, S. 83-85, Emmaus, Pa. 2853

Zorbaugh, Harvey: The Comics, in: Journal of Educational Sociology, Bd. 18, No. 4, Dezember 1944, S. 193-194, Baltimore 2854

Zorbaugh, Harvey: The Comics, in: Journal of Educational Sociology, Bd. 23, No. 4, Dezember 1949, S. 193-194, Baltimore 2855

Zorbaugh, Harvey: Our changing world of communication The Comics, mass medium of communication in: Rho Journal, April 1950, Chicago 2856

Die Wirkungen der Comics
The Effects of Comics

ARGENTINIEN:

Couste, Alberto: El triunfo de la literatura dibujada, in: Primera Plana, No. 303, 15.10.68, S. 44-49, Buenos Aires 2857

PANORAMA: Historietas: Amenaza de la mitologia moderna, No. 77, 15.10.68, Buenos Aires 2858

BELGIEN:

Feron, Michael: Bandes dessinées pour les jeunes, in: Vo n´polez nin comprind, No. 4-5, August-September 1967, Hannut 2859

Greg, Michael: La bande dessinée, phénomène social?, Vorwort zu "La bande dessinée belge",Brüssel 1968,S.14-17, 2860

Lacassin,Francis: Les bandes dessinées, produit d'une civilisation,Vortrag,Conference d'un congres international d'éditeurs de Comics du marché commune,April 1966,Brüssel 2861

BRASILIEN:

Augusto,Sergio: Uma cultura fechada, in:Jornal do Brasil,26.5.67,Rio de Janeiro 2862

Augusto,Sergio: A cultura horizontal,in: Jornal do Brasil,6.2.66,Rio de Janeiro 2863

Augusto,Sergio: A tentacao dos quadrinhos,in:Jornal do Brasil,13.1.67,Rio de Janeiro 2864

DEUTSCHLAND:

Bamberger,Richard: Zum literarischen Kleingut,in:Jugendliteratur,3.Jg., 1957,H.7,S.305-308 2865

Beer,Ulrich: Geheime Miterzieher der Jugend,Verl. Walter Rau,Düsseldorf,1961 2866

Bunk,H.: Einfluß der Comics auf Schulkinder,in:Jugendschriften-Warte, 1955,H.11 2867

Calmes,M.: Die Comics und das Kind.Verbildung durch Verbilderung, in:Kinderheim,München,34.Jg.,1956, H.2,S.64-68 2868

Certain,Friedrich: Verbrecher-Comics unter der Lupe,in:Blätter für Wohlfahrtspflege,Stuttgart,103.Jg.,1956,S. 104-109 2869

CONSTANZE: Mit gebrochenen Armen...,No.24,7.6.66 2870

Demisch,Heinz: Psychiatrie und Comic-books:eine amerikanische Untersuchung,in:Pegasus,Rothenkirchen (Oberfr.),1955,No.3,S.19-21 2871

Demisch,Heinz: Psychiatrie und Comic-books:eine amerikanische Untersuchung,in:Frankfurter Allgemeine Zeitung,21.6.55 2872

Demisch,Heinz: Auswirkungen der Comic-books,in:Erziehungskunst, Stuttgart,20.Jg.,1956,H.2,S.53-57 2873

Demisch,Heinz: Sind die Comics harmloser geworden?,in:Blätter für Wohlfartspflege,Stuttgart,103.Jg., 1956,S.105-107 2874

Gatzweiler,Richard: Verbrecher-Comics gefährden die Jugend,Verl.: Volkswartbund,Köln-Klettenberg,1954 2875

Giehrl,Hans E.: Comic-books-komische Bücher?,in:Welt der Schule, Göttingen,6.Jg.,1953,H.4,S.130-133 2876

Gong,W.: Muskelmann mordet aus Langeweile,in:Süddeutsche Zeitung, No.214,16.9.54 2877

Haviland,Virginia: Das Problem der Comics in den USA,in:Welt und Wort, 1955,H.11,S.382-383 2878

Haviland,Virginia: Das Problem der Comics in den USA,in:Jugendliteratur,1956,H.1,S.42-44 2879

Hensel,Georg: Bilderbogen und Bilderdrogen:Zum Problem der Comic-strips,in:Jugendschriften-Warte,8.Jg., 1956,No.4,S.25-26 2880

Hensel,Georg: Bilderbogen und Bilderdrogen:Zum Problem der Comic-strips,in:Schweizerisches kaufmännisches Zentralblatt,51.Jg.,1955,S. 291 2881

Herr, Giesela: Die Wirkungen der Comics auf Kinder, Hausarbeit für die 1. Staatsprüfung für das Lehramt an Volks-und Realschulen, Hamburg, 1957 2882

Hiepe, Richard: Comic-Strip-Wesen und Wirkung einer optischen Ware, in: Tendenzen, München, 1. Sonderheft, No. 53, August-September 1968, S. 159-160, 164, 166 2883

HYGIEIA: Gefährdung der Jugend durch Comics, 1950 2884

Jansen, Hans: Comics-Opium fürs Kind, in: Westdeutsche Allgemeine Zeitung, Pfingsten 1965 2885

JUGENDLITERATUR: Auch in England hält die Debatte um die Comics an, 1. Jg., No. 1, 1955, S. 43 2886

JUGENDLITERATUR: Das Problem der Comics in den Vereinigten Staaten, 1956, H. 1, S. 42-44 2887

JUGENDLITERATUR: Das Problem der Comics in Dänemark, 1956, H. 8, S. 393 2888

KIND, Unser: Comics-blöd und jugendgefährdend, Essen, 5. Jg., 1954, No. 11, S. 3 2889

Klug, Maria: Comics, eine sittliche Gefahr für unsere Jugend, in: Katholische Frauenbildung, 56. Jg., 1955, S. 195-198 2890

Köhlert, A.: Comics-Probleme, in: Börsenblatt für den deutschen Buchhandel, 13. Jg., 1957, No. 62, S. 1062-1063 2891

Kohlhaas: Sind Comics jugendgefährdend?, in: Unsere Jugend, München, 7. Jg., 1955, No. 10, S. 450-457 2892

Kühne, Paul: Verführung der Unschuldigen, in: Der Tagesspiegel, Berlin, 8. 7. 55, S. 3 2893

Lissner, Erich: Müssen wir die Kinder vor Comics schützen?, in: Frankfurter Rundschau, 18. 8. 55 2894

Merkelbach, H. J.: Mr. Babbitt und die Comics, in: Deutsche Zeitung und Wirtschaftszeitung, Stuttgart, 12. Jg., No. 73, 11. 9. 57, S. 20 2895

MORGENPOST, Hamburger: Donald Duck schlug die Wissenschaft, 2. 2. 66 2896

Mosse, Hilde L.: Die Bedeutung der Massenmedien für die Entstehung kindlicher Neurosen (Gefährliche Comics), Verl.: Volkswartbund, Köln-Klettenberg, 1955 2897

Mosse, Hilde L.: Die Bedeutung der Massenmedien für die Entstehung kindlicher Neurosen, in: Monatsschrift für Kinderheilkunde, Bd. 113, H. 2, S. 85-91 2898

Mosse, Hilde L.: Die Comics und die Kinder, in: Frankfurter Allgemeine Zeitung, 7. 1. 56 2899

Mühlen, Norbert: Comic-books als Sorgenkinder, ein Brief aus Amerika, in: Der Monat, 1. Jg., 1949, H. 7, S. 86-89 2900

Peus, Gunter: Bilderstreifen als Symbole der Masse, in: Christ und Welt, 14. Jg., No. 6, 10. 2. 61, S. 9 2901

Pol, Heinz: Jugendkriminalität durch Comics?, Neue Ruhr Zeitung, 27. 5. 55 2902

Rossa-Fischer, Doris: Das Problem der Comics in Dänemark, in: Jugendliteratur, 2. Jg., 1956, H. 8, S. 393 2903

RUNDSCHAU,Gewerkschaftliche für die Bergbau und Energiewirtschaft: Was macht die Comic-strips so populär?, Bochum,17.Jg.,1964,S.41-42 2904

Sarcander, Alice: Untersuchungen über die Wirkungen von Comics auf Kinder, Hausarbeit für das 1. Staatsexamen für das Lehramt an Volks-und Realschulen, Hamburg, 1955 2905

Schilling, Robert: Die Comics-Verbreitung, Horror-Comics und allgemein, Verl.:Luchterhand, Berlin-Darmstadt, 1959, (Heft:Literarischer Jugendschutz) 2906

Schückler, Georg: Jugendgefährdung durch Comics, Verl.:Volkswartbund, Köln-Klettenberg, 1955 2907

SONTAGSBLATT, Katholisches:Bildhefte-große Gefahr für die Jugend, 103.Jg.,1955,No.35,S.3f 2908

Tröger, Walter: Wie schädlich ist das Chaos?Comics und politisches Verhalten,in:Süddeutsche Zeitung,15.6.66 2909

VERLAGS-PRAXIS: Greuel-Comics, Darmstadt, 2.Jg., 1955, S. 31 2910

WELT und WORT: Das Problem der Comics in den USA, 1955, H. 11, S. 382-383 2911

Wertham, Frederic: Lektüre für die Unschuldigen, in:Jugendliteratur, 1956, H. 7, S. 325-328 2912

Wetterling, Horst: Sind die Comic-strips gefährlich?, in:Der Stern, No. 33, 13.8.67, S. 58-59 2913

Wichmann, Jürgen: Wie lange noch Jugendgefährdung durch Comics?, in: Die Neue Ordnung, Paderborn, 9.Jg., H.3,1955, S.172-175 2914

ZEITSCHRIFT für Jugendliteratur: Walt Disney und die bösen Folgen, 1.Jg.,1967,H.8,S.502-504 2915

ZEITSCHRIFT, Katholische für Kinder- und Jugendfürsorge: Jugendgefährdung durch Comics, Freiburg, 35.Jg., 1954, S.362-363 2916

ENGLAND:

Hollbrook, David: Inoffensive comics?, in:Journal of Education, Bd.88, No. 1045, August 1956, S. 348-352, London 2917

JOURNAL of EDUCATION: Inoffensive comics?, Bd. 88, Oktober 1956, S. 437, London 2918

Mc Glashan, Alan: Comic-strips:a new fantasia of the unconscious, in:Lancet, Bd. 264, No. 6753, 1953, S. 238, London 2919

Wertham, Frederic: The guide of the guilt, Dennis Dobson Ed., 211 S., London, 1953 2920

EQUADOR:

Guevaba, D.: Sicopatologia del cuento infantil, Casa de la cultura ecuatoriana, Quito 1955 2921

FRANKREICH:

Bourgeron, Jean-Pierre: Superman et la paraphrénie, in:Giff-Wiff, No. 22, Dezember 1966, Paris 2922

CINEMONDE: Batman:l´homme chauve souris est devenue l´idole no.1 des américains, No. 1647, 15.4.66, Paris 2923

Detowarnicki,Frederic:Mandrake psychoanalyste,in:L'Express,1.4.-7.4.68, Paris 2924

L'EXPRESS: Donald inquiete les specialistes,8.3.65,Paris 2925

ARTHEME FAYARD: Civilisation de l'image,Paris,1960 2926

Gaugeard,Jean: Une menace pour la culture,in:Les Lettres Francaises,No. 1138,30.6.-6.7.66,Paris 2927

Sullerot,Eveline: Les bandes dessinées, réservoir de la culture,in:Giff-Wiff,No. 15,1966,S.15,Paris 2928

Sullerot,Eveline: Bandes dessinées et culture,in:Opera Mundi,Mai 1966,S.56, Paris 2929

ITALIEN:

Beraldi,Franco:
Le ragazze di Parigi si vestano come Barbarella,in:Tempo,No.45,10.11.65, S.48-51,Mailand 2930

Bernardi,Luigi: Gli intellettuali alle prese con Topolino e Paperino,in:Il Telegrafo,30.6.67,Mailand 2931

Bertieri,Claudio: Attinge all'orrore la seduzione spettacolare,in:Il Lavoro Nuovo,17.4.65,Genua 2932

Bertieri,Claudio: Comics como specchio della società,in:Il Lavoro,9.3.65, Genua 2933

Bertieri,Claudio: I comics dei consumi, in:Il Lavoro,6.10.67,Genua 2934

Bertieri,Claudio: Un giallo psicologico, in:Il Lavoro,12.5.67,Genua 2935

Bertieri,Claudio: Una vera Batmania, in:Il Lavoro,24.2.67,Genua 2936

Biamonte,S.G.: I fumetti dell'inconscio,in:Il Giornale d'Italia,18.2.65, Mailand 2937

Bourgeron,Jean-Pierre: Superman et la paraphrénie,in:I Fumetti,No.9,Juni 1967,S.35-39,Rom 2938

Castelli,Alfredo: Il supermanismo, ovvero i miti della civiltà, delle macchine,in:Comics,1.4.66,Mailand 2939

Cecchi,Ottavio: Sì,Lucy è una fascista,in:L'Unità,24.1.65,Mailand 2940

Chiaromonte,N.: Fumetti e cultura,in: Il Mondo,11.8.64,Mailand 2941

Della Corte,Carlos: Fantascienza a strisce,in:Smack,No.3,April 1968,S.1-2,Mailand 2942

Eco,Umberto: Verso una civiltà dell'immagine,in:Televisione e cultura, Bompiani,Mailand,1961 2943

L'ESPRESSO: I fumetti intellettuali distrussero Mc Carthy?,10.5.59,Mailand .2944

Forte,Gioacchino: La persuasione a fumetti,in:Nord e Sud,April 1965, Mailand 2945

Garroni,Emilio: Fumetti e cultura di massa,in:Sapere,April 1965,Mailand 2946

Giammanco,Roberto: Alcuni osservazioni sui comics nella società americana,in:Quaderni di Communicazioni di Massa,No.1,1965,S.52-58,Rom 2947

Giordano,Alberto: Considerazioni psichologiche sulle stampa a fumetti come mezzo di communicazioni di massa, in: Quaderni di Communicazioni di Massa, No. 1, 1965, S. 35, Rom 2948

Mei, Francesco: Patologia del fumetto, in: Opera Aperta, No. 4, 1965, Rom 2949

Ossicini, A.: Primi rilievi su una inchiesta sull'influenza del cinema a dei fumetti, in: Rivista Psicopatologia e Neuropsicologia, Bd. 20, 1952, S. 33, Mailand 2950

Paderni, S.: I fumetti come fenomeno culturale, in: Gazzetta di Modena, 13.7.53, Modena 2951

Pierallini, Giulio: L'Odisea sadomasochista da Ercole a James Bond, in: Il Lavoro, 5.5.66, S. 3, Genua 2952

Radice, Lucio L.: Vigili e ipnotizzati, in: Riforma della Scuola, No. 5-6, Mai-Juni 1965, Rom 2953

LA STAMPA: I bimbi, i fumetti e la moda, 21.3.68, Mailand 2954

Sullerot, Eveline: Bandes dessinées et culture, in: Quaderni di Communicazioni di Massa, No. 1, 1965, S. 43-51, Rom 2955

Zanotto, Piero: Anche gli uomini di cultura sono influenzati dai fumetti, in: Il Gazzettino, 25.9.66, Venedig 2956

Zanotto, Piero: Cartoons e fantascienza, in: Fantascienza Minore, Sondernummer, 1967, S. 12-16, Mailand 2957

Zanotto, Piero: La fantascienza, in: I Radar, Serie 9, No. 13, 1967, 64 S., Editrice Radar, Padua 2958

Zanotto, Piero: La società americana specchiata nei fumetti, in: Tribuna del Mezzogiorno, 17.11.65, Messina 2959

Zorzoli, G. B.: Fantascienza minorenne, in: Linus, No. 2, 1965, Mailand 2960

SCHWEDEN:

Hegerfors, Sture: Lulu from modehuset, in: Expressen, 23.3.67, Stockholm 2961

Hegerfors, Sture: Seriemode balsam för var själ?, in: Idun-Veckojournalen, No. 27, 1966, Stockholm 2962

Leijonhielm, Christer: Har inte serierna nagra goda sidor?, in: Barn, No. 6, 1954, S. 2, Stockholm 2963

Wahlöö, Per: Visste ni detta om en väldsfrälst drömvärld?, in: Barn, 1957, S. 1, Stockholm 2964

SCHWEIZ:

Morris, Marcus: The problem of the comics, Vortrag, Internationaler Kongress für das Jugendbuch, 3.10.53, Zürich, unveröffentlichtes Manuskript 2965

Smith, Norman: Was macht die "comic-strips" so populär?, in: Die Tat, No. 105, 20.4.64, S. 11, Zürich 2966

Zulliger, H.: Sind die comic-strips eine Gefahr?, in: Schweizerische Lehrerzeitung, Bd. 26, 1962, S. 803-805, Zürich 2967

SPANIEN:

Alvarez Villar, Alfonso: Función formativa de los tebeos en las mentes infantiles, in: Hoja del Lunes, 20.9.65, Madrid 2968 a

Alvarez Villar, Alfonso: La literatura infantil en la luz de la psicologia, in: La Voz de España, Januar 1966, Madrid 2968

Alvarez Villar, Alfonso: Psicologia y cuentos de hadas, in: La Voz de España, 11.1.66, Madrid 2969

Mouerris, Alejandro G.: La literatura no es para mayores, in: La Estafeta literaria, 5.5.56, Madrid 2970

MUNDO CHRISTIANO: El problema de los tebeos, No. 30, 1958, S. 8, Madrid 2971

Perucho, Juan: El poder de los comics, in: Destino, No. 1497, 16.4.66, Barcelona 2972

Romero Marin, Anselmo: La psicologia infantil y juvenil en relación con la información, in: Curso de prensa infantil, Escuela Oficial de Periodismo, Madrid 1964 2973

Sarto, Maria M.: Caracter activo de la prensa infantil, in: Curso de prensa infantil, Escuela Oficial de Periodismo, 1964, S. 219, Madrid 2974

USA:

Abel, Robert H.: Comic-strips and American culture, in: The Funnies: an American idiom, Hrsg. D. M. White, The free press of Glencoe, Boston 1963, S. 1-35 2975

Abel, Robert H.: Al Capp vs. just about everybody, in: Cavalier, Bd. 17, No. 9, Juli 1967, S. 25-101, New York 3034

AMERICA: Comic-books and deliquency Bd. 91, 24.4.54, S. 86, New York 2976

AMERICA: Scary comics are scared, Bd. 91, 25.9.54, S. 606, New York 2977

GRAPHIC ARTS: The funnies as an American phenomenon and her influence, Januar 1964, Fitchberg, Mass. 2978

Bakwin, Ruth M.: Effect of comics on children, in: Modern Medicine, September 1953, S. 192-193, Minneapolis 2979

Banning, Evelyn I.: Social influence of children and youth, in: Review of Education Research, Bd. 25, 1955, S. 36-47, Chicago 2980

Bender, L.: The effect of comic-books on the ideology of children, in: American Journal of Orthopsychiatry, Bd. 11, Juli 1941, S. 540-550, Chicago, (Mitautor: R. S. Lourie) 2981

Bender, L.: The psychology of children´s readings and the comics, in: Journal of Educational Sociology, Bd. 18, No. 4, Dezember 1944, S. 223-231, Chicago 2982

Bent, Silas: Are comics bad for the children? Yes! No!, in: Rotarian, Bd. 56, März 1940, S. 18-19, Chicago 2983

Brennecke, Ernest: The real mission of the funny paper, in: Century, Bd. 107, März 1924, S. 665-675, New York 2984

Buzzatti, Dino: 1952: strips, tomb of infantile imagination, in: General Report on the literacy aspects of the periodical press for the young, Press, Cinema and Radio for the Young, 19.3.52, S. 3-5, New York 2985

CORONET: Are the comics harmful reading for children?, August 1944, S. 179, New York 2986

Darrow, B. H.: Who teaches our children in their spare time?, in:High School Teacher, Bd. 11, Juni 1935, S. 182-183, Baltimore 2987

Deverall, Richard L.-G.: American comic-books in Asia, in: America, 22.12.51 S. 333-335, New York • 2988

Deverall, Richard L.-G.: American comic-books in Asia, in: America, 26.2.52, S. 494, New York 2989

CONGRESSIONAL DIGEST: Juvenile deliquency: Crime Comics, Bd. 33, Dezember 1954, S. 293, Washington 2990

LITERACY DIGEST: Funny strips: cartoon drawing is big business, effects on children debated, Bd. 122, 12.12.36, S. 18-19, New York 2991

DIXIE TIMES: Comic books vs. cavities, 19.2.56, S. 15, Picayune States Roto Magazine, Picayune 2992

Drachman, J.S.: Prospectus for an American mythology, in: English Journal (High School Edition), Dezember 1930, S. 781-788, Chicago 2993

ESQUIRE: Can the rest of the century be salvaged?, Bd. 70, Oktober 1968, S. 135-139, New York 2994

Fischetti, John: New horizons, in: Newsletter, September 1965, S. 11-13, Westport 2995

Fischetti, John: New horizons, in: Newsletter, Oktober 1965, S. 12-15, Westport 2996

Fisher, Dorothy C.: What´s good for children?, in: Christian Herald, Mai 1944, S. 26-28, New York 2997

Foster, F. Marie: Why children read the comics, in: Book against Comics, Bulletin of the Association for Arts in Childhood, 1942, S. 7-14, Chicago 2998

Frank, Josette: Comics, TV, radio and movies-what do they offer to children?, in: Public Affairs Pamphlet, No. 48, New York 1955 2999

Gardiner, H. C.: Comic books: cultural threat?, in: America, Bd. 91, 19.6.54, S. 319-321, New York 3000

Gardiner, H. C.: Comic books: moral threat?, in: America, Bd. 91, 26.6.54, S. 340-342, New York 3001

Gruenberg, Sidonie M.: Comics: their power and worth, in: Teacher´s Digest, Bd. 5, März 1945, S. 51-54, Chicago 3002

Gruenberg, Sidonie M.: Comics as a social force, in: Journal of Educational Sociology, Bd. 18, No. 4, Dezember 1944, S. 204-213, Chicago 3003

Harms, Ernst: Comics for and by children, in: New York Times Magazine, 24.9.39, S. 12-13, New York 3004

Heisler, F. L.: A comparison of comic-book and non comic-book readers of the elementary school, in: Journal of Educational Research, Bd. 40, Februar 1947, S. 458-464, Chicago 3005

Hill, G. E.: Children´s interest in comic-strips, in: Journal of Educational Research, Bd. 34, September 1940, S. 3-36, Chicago 3006

Hill, G. E.: Children´s interest in comic-strips, in: Educational Trends, Bd. 1, 1939, S. 11-15, Baltimore 3007

Hill, G. E.: Relation of children´s interest in comic-strips to the vocabulary of these comics, in: Journal of Educational Psychology, Bd. 34, Januar 1943, S. 48-54, Chicago 3008

Hill,G.E.: How much of a menace are the comics?,in:School and Society,15. 11.41,S.436,Chicago 3009

Hoult,T.: Are comic-books a menace?, in:Today´s Health,Bd.28,Juni 1950,S. 20-21,New York 3010

Hoult,T.F.: Comic-books and juvenile deliquency,in:Sociology and Social Research,Bd.33,1949,S.279-284,Chicago 3011

PRINTER'S INK: More proof of comics power,10.9.48,S.20,New York 3012

Jenkins,A.: Comics characters and children,in:Literacy Digest,Bd.117,10.3.34, S.47,New York 3013

Kandel,I.L.: Threat to international cultural relations,in:School and Society, Bd.69,26.3.49,S.220,Chicago 3014

Kandel,I.L.: Fiddling during the emergency,are comic-books contributary factors to American culture?,in:School and Society,Bd.73,10.2.51,S.88-89, Chicago 3015

Lehman,H.C.: The compensatory function of the Sunday funny paper,in:Journal of Applied Psychology,11.6.27,S. 202-211,Chicago 3016

LIFE: On Sadie Hawkins day girls chase boys in 201 colleges,11.12.39,S.32-33, New York 3017

LIFE: U.S.becomes shmoo-struck,Li´l Abner,Bd.25,20.9.48,S.46,New York 3018

Lourie,Reginald: The effect of comic-books on the ideology of children,in: American Journal of Orthopsychiatry, Juli 1941,Bd.11,S.540-550,Chicago, (Mitautor:L.Bender) 3019

Marston,William M.: Why 100oooooo Americans read comics,in:The American Scholar,Bd.13,1943/44,S.35-44, Baltimore 3020

Mary Clare,Sister: Comics:a study of the effects of comic-books on children less than eleven years old,in: Our Sunday Visitor,1943,40 S.,Huntington,Indiana 3021

Mattingly,Ignatius G.: Some cultural aspects of serial cartoons,or:get a load of those funnies,in:Harper´s Magazine,Bd.211,Dezember 1955,S.34-39,New York 3022

SUPPLEMENTARY EDUCATIONAL MONOGRAPHS: The role of comic-strips and comic-books in child life,Dezember 1943,S.158-162,Baltimore 3023

NATIONAL EDUCATION ASSOCIATION JOURNAL: Attack on juvenile deliquency,Bd.37,Dezember 1948,S. 632,Chicago 3024

NEWSWEEK: Escapist paydirt:Comic-book influence friends and make plenty of money too,Bd.22,27.12.43,S. 57-58,New York 3025

NEWSWEEK: A wonderful world: Growing impact of the Disney art,18.4. 55,S.26,28-30,New York 3026

Pierce,P.: What´s not so funny about the funnies,in:Ebony,Bd.22,November 1966,S.48-50,New York 3027

Ramsey,B.: The effect of comics on children,in:American Journal of Psychology,1943,Chicago 3028

Read,A.Louis: The impact of the editorial cartoon,in:The Cartoonist,Januar 1968,S.34,Westport 3029

REPORT: Comic books and juvenile deliquency, Interim report of the Committee on the judiciary pursuant, Washington, 1955, Government Printing Office, No. 62 3030

SOCIAL RESEARCH INC.: The Sunday comics, a socio-psychological study of their function and character, prepared by Social Research Inc., für Metropolitan Sunday Newspaper, 1954, S. 1-11, Chicago 3031

SATURDAY REVIEW of LITERATURE: The comics-aha!, Bd. 31, No. 29, 17.7.48, S. 19, Chicago 3032

SATURDAY REVIEW of LITERATURE: Cain before comics, Bd. 31, No. 30, 24.7.48, S. 19-20, Chicago 3033

SATURDAY REVIEW of LITERATURE: The Comics-very funny, Bd. 31, No. 34, 21.8.48, Chicago 3034

SATURDAY REVIEW of LITERATURE: The Comics...very funny, Bd. 31, No. 39, 25.9.48, S. 22, Chicago 3035

Robinson, S. M.: Schools, mass media and deliquency, in: School and Society, Bd. 88, 27.2.60, S. 99-102, Chicago 3036

Rose, Arnold M.: Mental health attitudes of youth as influenced by a comic-strip, in: Journalism Quarterly, Bd. 35, No. 3, Sommer 1958, S. 342-353, Chicago 3037

Rose, Arnold M.: Mental health attitudes of youth as influenced by a comic-strip, in: The Funnies: an American idiom, Hrsg. D. M. White, The free press of Glencoe, Boston 1963, S. 247-260 3038

Sadler, A. W.: Love comics and American popular culture, in: American Quarterly, Bd. 16, Herbst 1964, S. 486-490, New York 3039

SCIENCE DIGEST: Real danger of some comics, Bd. 23, April 1948, S. 29, New York 3040

SCIENCE NEWSLETTERS: Cause of deliquency, Bd. 65, 1.5.54, S. 275, New York 3041

Schultz, G. D.: Comics, radio, movies: what are they doing to our children?, in: Better Homes and Gardens, Bd. 24, November 1945, S. 22-23, New York 3042

SPECTATOR: The boy who read horror comics, Bd. 194, 11.3.55, S. 304, New York 3043

Sperzel, E. Z.: Effect of comic-books on vocabulary growth and reading comprehension, in: Elementary English Review, Bd. 25, Februar 1948, S. 109-113 Chicago 3044

Thrasher, Frederic M.: The comics and deliquency-cause or scapegoat?, in: Journal of Educational Sociology, Bd. 23, Dezember 1949, S. 195-205, Chicago 3045

Thrasher, Frederic M.: Do the crime comic-books promote juvenile deliquency, in: Congressional Digest, Bd. 33, Dezember 1954, S. 302-305, Washington 3046

TIME: Sadie Hawkins at Yale, 11.11.40, S. 51, New York 3047

TRANS-ACTION: Authority in the comics, Dezember 1966, S. 22-26, New York 3048

Warshow, Robert: Paul, the horror comics and Dr. Wertham, in: Commentary,Bd.17,No.6,Juni 1954,S.596-604, New York 3049

Wertham,Frederic: The psychopathology of comic-books,in:American Journal of Psychotherapy,Juli 1948,Chicago 3050

Wertham,Frederic: Are comic-books harmful to children?,in:Friends Intelligencer,10.7.48,New York 3051

Wertham,Frederic: Seduction of the Innocent,Rinehart,New York 1954 3052

Wertham,Frederic: Comic-books,blueprints for deliquency,in:Reader's Digest,Bd.64,Mai 1954,S.24-29,Chicago 3053

Wertham,Frederic: It's still murder,in: Saturday Review of Literature,Bd.38, 9.4.55,S.11-12,Chicago 3054

Wertham,Frederic: The curse of the comic-books!The value patterns and effects of comic-books,in:Religious Education,Bd.49,1954,S.394-406,Chicago 3055

White,D.M.: Comics and the American image abroad,in:The Funnies:an American idiom,Hrsg.D.M.White,The free press of Glencoe,Boston 1963,S.73-80 3056

VENEZUELA:

Hauser,Olga: Batman,bueno o malo para los niños?,in:Momento,No.554,26.2.57,S.18-25,Caracas 3057

Die Verwendung von Comics zu erzieherischen Zwecken
The Use of Comics for Educational Purposes

ARGENTINIEN:

Bullande,José: El nuevo mundo de la imagen,la escuela en el tiempo,Eudeba,Buenos Aires 1965 3058

D'Adderio,Hugo: Realización de un dibujo al lavado,in:Dibujantes,No.2, Oktober 1953,S.10-13,33,Buenos Aires 3059

PRIMERA PLANA: Vietnam in tinta china,No.199,Oktober 1966,S.46, Buenos Aires 3060

BELGIEN:

RANTANPLAN: Les bandes dessinées à l'Université,No.2,April-Juni 1966, S.8,Brüssel 3060a

SPIROU: Schthroumpfage subversif,No. 1449,20.1.66,Brüssel 3061

BRASILIEN:

Carneiro,Heliodora:Um problema atual para os educadores,in:O Jornal, Supplemento literario,1967,Rio de Janeiro 3062

Lessa,Elsie: Biblia para aviosa a jacto in:O Globo,1967,Rio de Janeiro 3063

DEUTSCHLAND:

Blau,Arno: Comic-Books-und was sagt der Taubstummenlehrer dazu?, in:Neue Blätter für Taubstummenbildung,Heidelberg,9.Jg.,1955,No.3/4, S.101-103 3064

Börner,Elisabeth: Eine Bilderfibel als weltkundliches Unterrichtsmittel,Hausarbeit für das 1.Staatsexamen für das Lehramt an Volks-und Realschulen, Hamburg,1962 3065

Brawand,Leo: Wer niemals eine Schraube sah...,in:Der Spiegel,No.43,16.10. 67,S.118 3066

BRIGITTE: Sind Sie konsequent?,31.12. 68, H.1 für 1969,S.78-79 3067

Cordt,Willy K.: Neues von den Comics, in:Westermanns Pädagogische Beiträge, 7.Jg.,1955,H.9,S.462-469 3068

Gehring,Bernhard: Psychologisch-pädagogische Studie über das Comic-Lesen der Kinder,Hausarbeit für das 1.Staatsexamen für das Lehramt an Volks-und Realschulen,Hamburg,1962 3069

Geist,Hans-Friedrich: Inflation der Bilder. Eine Betrachtung zur Erziehungssituation der Gegenwart,in:Lebendige Erziehung,5.Jg.,1956,H.6,S.131,134 3070

Glaubitz,Joachim: Kommunistische Moralpredigten in Comic Books,in:Die Zeit,No.34,19.8.66,S.26 3071

Gonnermann,Elke: Versuch einer kritischen Auseinandersetzung mit Comicbooks im Unterricht einer 6.Klasse, Hausarbeit für das 1.Staatsexamen für das Lehramt an Volks-und Realschulen, Hamburg,1969 3072

Hafner,G.: Comic-strips,kunsterziehlich gesehen,in:Jugendliteratur,1957,H.9,S. 389-391 3073

Hennings,Hermann: Comics-Lesestoff für Gehörlose?,in:Jugendschutz,Darmstadt,7.Jg.,1962,H.4,S.200-202 3074

Köhlert,A.: Schule und Comics,in: Jugendschriften-Warte,1954,S.35-36 3075

Maier,Karl E.: Gute und schlechte Abenteuergeschichten,in:Der Deutschunterricht,Stuttgart,13.Jg.,1961,H.6, S.5-13 3076

MONATSHEFTE,Velhagen & Klasings: Fortschritt durch Comic-books,Bielefeld,61.Jg.,1953,No.10,S.895 3077

Schwebbach,Hella: Analyse des Comic Books "Astérix" hinsichtlich seiner pädagogischen Bedeutung für Kinder und Jugendliche,Hausarbeit für das 1.Staatsexamen für das Lehramt an Volks-und Realschulen,Hamburg, 1967 3078

Siegert,Babette: Die Bildreihe im Erstaufsatzunterricht,Hausarbeit für das 1.Staatsexamen für das Lehramt an Volks-und Realschulen,Hamburg 1966 3079

Sulzbach,Peter: Politische Bildung für die Kleinen,in:PARDON,No.6,Juni 1965 3080

Stelly,Gisela: Tick,Trick und Track geben Anti-Unterricht,in:DIE ZEIT, No.17,25.4.69,S.68 3081

Wasem,Erich: Presse,Rundfunk,Fernsehen,Reklame,pädagogisch gesehen, München 1959 3082

Wasem,Erich: Der audio-visuelle Wohlstand,Didaktik und Interpretationsmedien,München 1968 3083

Weber,Erich: Die pädagogische Auseinandersetzung der Eltern und Lehrer mit den geheimen Miterziehern,in: Welt der Schule,19.Jg.,1966,H.10, S.433-439 3084

Wenz,Gustav: Die Kunst des Lesens

und die Comics,in:Unsere Volksschule, 12.Jg.,1961,H.8,S.385-388 3085

Willeke,O.: Über audio-visuellen Unterricht;methodische Hinweise,Verl.: Didier,Paris,1965 3086

ENGLAND:

Disney,Walt: Animated cartoons,in:The Health Education Journal,Bd.13,No.1, 1956,London,(Visual Education Number) 3087

Fleming,G.: The didactic organization of pictorial reality in the new language teaching media,in:Praxis,April 1967 S.163-166,London 3088

Griffith,Walter D.: An adventure in pedagogy,in:Journal of Adult Education, Bd.6,No.4,Part 1,1964,S.404-407,London 3089

FRANKREICH:

Bordes,G.: La politique dessinée,in:La Nation Européenne,September 1967,S. 30-31,Paris 3090

De Segonzac,A.: Les Americains font vaincre au Vietnam les héros de leurs bandes dessinées,in:France-Soir,1967, Paris 3091

Guichard-Meili,Jean: La figuration narrative est-elle le dictionnaire de quotidien?,in: Arts,6.10.65,S.30-31,Paris 3092

Lacassin,Francis: Lucky Luke a l'Université,in: Giff-Wiff,No.16,Dezember 1965,S.3,Paris 3093

LA NATION EUROPEENNE: La politique dessinée,Oktober 1967,S.42-44, Paris 3094

Spiraux,Alain: Petit playdoyer illustré (d'exemples) pour l'utilisation des bandes dessinées dans l'enseignement, in:Giff-Wiff,No.22,Dezember 1966, Paris 3095

Zand,Nicole: Quand les bandes dessinées veulent entrer à l'Université, in:Le Monde,8.10.66,S.10,Paris 3096

ITALIEN:

Bertieri,Claudio: Il sucessi di Tintin, dal cinema alle edicole,in:Il Lavoro, 23.11.65,Genua 3097

Bertieri,Claudio: La storia dell'America in strisce,in:Il Lavoro,28.4.66, Genua 3098

Bertin,Giovanni M.: Stampa,spettacolo ed educazione,Marzorati,Mailand 1956 3099

Biamonte,Salvatore G.: I disidattati nei fumetti,in:Il Giornale d'Italia,9. 9.65,Mailand 3100

Bocca,Giorgio: La bibbia a fumetti, in:L'Europeo,No.689,1.3.59,Mailand 3101

Carpi,Piero: Il fumetto a scuola?, 1967,Mailand,(Mitautor:M.Gazzarri) 3102

Chiappuno,N.: Di un uso didattico dei fumetti,in:Cultura Popolare,Februar 1954,Mailand 3103

Del Buono,Oreste: All'Università: Mandrake e Paperino,in:Settimana Incom,1964,Mailand 3104

Donizetti,Pino: Diagnostica medica e fumetto,in:Quaderni di Communicazioni di Massa,No.6,1965,Rom 3105

Foresti,Renato: I giornali a fumetti a le letture educative per la gioventù,in: Puer,Oktober-November 1951,Siena 3106

Franchini,Rolando: Fumetti e didattica nella scuola moderna,in:Quaderni di Communicazioni di Massa,No.6,1965, Rom 3107

Gazzarri,Michele: Il fumetto a scuola?, 1967,Mailand,(Mitautor: P.Carpi) 3107a

Genovesi,Giovanni: Limiti e valore del fumetto,in:I Problemi della Pedagogia, No.5-6,1965,Rom 3108

Ghirotti,Gigi: Pedagoghi e filosofi reuniti a Bordighera per discutere su Paperino e Mandrake,in:La Stampa,23.2. 65,Genua 3109

LINUS: La scuola inglese,No.14,1966, S.1,Mailand 3110

Listri,Francesco: Facciamo entrare i fumetti a scuola,in:La Nazione,2.7.67, Florenz 3111

Ossicini,A.: Cinema,letture e rendimento scolastico,in:Inf. Anorm.,Bd.14, 1953,S.473,Mailand 3112

Quadrio,Assunto: La letteratura dei "comics" quale fattore di integrazione nella pre-adoleszenza,in:I Fumetti,Juni 1967,No.9,S.11-18,Rom 3113

Quadrio,Assunto: I fumetti nella cultura del preadolescente,in:Ikom,No.61, 1967,Mailand 3114

Scotti,Pietro: Fumetti e catechesi,in: Quaderni di Communicazioni di Massa,No.6,1965,Rom 3115

SERGENTE KIRK: Processo alla terra, experimental comics,No.11-12,Mai-Juni 1968,S.97,Mailand 3116

Toti,Gianni: Mandrake all'università e Steve nel Vietnam,in:Vie nuove, 1964,Mailand 3117

Valentini,E.: I Fumetti,Archivio Didattivo,Serie 2,No.20,1964,Rom 3118

Volpi,Domenico: La ricerca dei valori educativi nei "comics",in:I Fumetti,Juni 1967,No.9,S.5-9,Rom 3119

Volpicelli,Luigi: Aspetto psico-pedagogico della stampa periodica per ragazzi,Vortrag,Congresso Internationale sulla Stampa Periodica,la Cinematografia a la Radio per Ragazzi, Mailand 1952,unveröffentlicht 3120

PORTUGAL:

Granja,Vasco: A banda desenhada na Universidade,in:A Capital,28.November 1968,Lissabon 3121

Quintas Alves,Emma: Escollia de livros para criancas,in:Sera Nova,No. 1466,Dezember 1967,S.381-384,Lissabon 3122

SCHWEDEN:

Fransson,Evald: Serielitteraturen-ett uppfostringsproblem,in:Folkskolan,Bd. 9,1953,S.198-208,Stockholm 3123

Hammarström,Nils: Serier och politik,in:Clarté,1964,S.2,Stockholm 3124

Hegerfors,Sture: Seriehäfte god hjälp att na pres-identpost,in:Göteborgs-Posten,15.5.60,Göteborg 3125

Hegerfors,Sture: Serieläsning berikar vart sprak,in:Tidnings-Nylt,1968,No.1, Stockholm 3126

Hegerfors,Sture: Serierna var tids folklitteratur,in:Göteborg-Tidningen,11.4.66,Göteborg 3127

Hegerfors,Sture: Visste ni att Dennis slass i Vietnam nu?,in:Göteborgs-Tidningen,Söndags-Extra,17.12.67,Göteborg 3128

Hegerfors,Sture: Universitetet och lumpen skapade den trötte Wilmer,in:GT Söndags-Extra,21.1.68,Göteborg 3129

Hegerfors,Sture: Var tids folklitteratur!, in:Borlänge Tidningen,5.8.66,Göteborg 3130

Larson,Lorentz: Ungdom läser,Stockholm 1947 3131

Lindberger,Örjan: Bibeln i bubblor, Stockholm 1955 3132

Stenberg,Ingvar: Att läsa serier,in:Perspektiv,1952,S.256-267,Stockholm 3133

SPANIEN:

Beneyto,Juan: Publicaciones infantiles y juveniles en el cuadro de las communicaciones sociales,in:Curso de prensa infantil,Escuela Oficial de Periodismo, Madrid 1964 3134

Gil Roesset,C.: La pedagogía en la prensa infantil,in:Escuela Social,Madrid 1947 3135

Maillo,Adolfo: Aspectos educativos de la prensa infantil,in:Curso de prensa infantil,Escuela Oficial de Periodismo,Madrid 1964 3136

USA:

Andrews,Mildred B.: Comic books are serious aids to community education,in:Textile World,Mai 1953, S.145,222,New York 3137

Andrews,S.M.: So this is education!, in:Teacher´s Digest,Bd.6,Mai 1946, S.52-53,Chicago 3138

NATIONAL SOCIAL WELFARE ASSEMBLY: How the National Social Welfare Assembly uses comics to bring socially constructive messages to American youth,Report,1956,S.8,New York 3139

Bakjian,M.J.: Kern Avenue junior high uses comics as a bridge,in:Library Journal,Bd.70,1.4.45,S.291-292,New York 3140

Balthazar,Edward J.: Air Force awards multiple honors to Milton Caniff,in: The Magazine of Sigma Chi,Februar 1957,S.14,New York 3141

Barcus,Francis E.: Education and the educator as seen in comic strips, Chicago 1956 3142

Bingham,Barry: Advice from the comics for unquiet Americans,in:The Courier-Journal,25.5.58,Washington 3143

Birls,Louis P.: How comic booklets are used in advertising and public relations,in:Printer´s Ink,13.8.48,S.224-241,New York 3144

Bishop,M.: From comic to classic,in: Wilson Library Bulletin,Bd.28,April 1954,S.696,New York 3145

Bloeth,William: Comics do help Investors Fund,in:New York World Telegram,11.10.48,New York 3146

Brackman,Walter: Cartoons in the English class,in:Clearing House,Januar 1956, S.268-270,New York 3147

Bromley,Dorothy D.: U.S. tells Asia of China reds in comic books,in:New York Herald Tribune,28.11.50,New York 3148

Brown,J.M.: Knock,knock,knock!Comic-book edition of Macbeth,in:Saturday Review of Literature,Bd.33,29.7.50,S.22-24,New York 3149

Brown,J.M.: Comic-book edition of Macbeth,in:Saturday Review of Literature,Bd.33,2.9.50,S.26,New York 3150

Brumbaugh,Florence N.: Comics and children´s vocabularies,in:Elementary English Review,Bd.16,Februar 1939,S.63-64,No.2,Detroit 3151

BUSINESS WEEK: Business takes comics seriously,9.10.48,S.56,New York 3152

BUSINESS WEEK: Getting employees to read rules at Alabama dry-dock and shipbuilding Co.,6.11.48,S.104-105, New York 3153

BUSINESS WEEK: Even economics can be fun,16.12.50,S.41-42,New York 3154

Caniff,Milton: Detour guide for an armchair Marco Polo,Eigenbericht des King Features Syndicate,1955,New York 3155

Cerf,B.: Trade winds:operation book swap,in:Saturday Review,Bd.37,18.12.54,S.5,New York 3156

Cianfarra,C.M.: Comics work for the ECA in Italy,in:New York Times Magazine,21.8.49,S.20,New York 3157

Cooper,Faye: Use comic magazines as a learning tool,in:School Management,Bd.16,März 1947,S.21,New York 3158

Couper,Robert C.: Cartoons in the classroom,in:The World of Comic Art, Bd.1,No.4,1967,S.42-43,Hawthorne 3159

Dale,Edgar: Audio-visual methods in teaching,Dryden,330 S.,New York 1954 3160

Dias,E.J.: Comic books-a challenge to the English teacher,in:English Journal,Bd.35,März 1946,S.142-145,New York 3161

Dolbier,Maurice: An new historian of America:Comic art,in:New York Herald Tribune Book Review,29.11.59, S.2,New York 3162

Dorlaque,Joseph: Doctors endorse this comic strip,in:Popular Science,Bd.169, No.3,September 1956,S.172-175,280, 282,284,New York 3163

Downes,Harold: The Superman Workbook,Juvenile Group Foundation,New York 1946 3164

Dube,S.C.: Some problems of communication in rural community development,in:Economic Development and Cultural Change,Bd.5,No.2,Januar 1957,S.129-146,New York 3165

BERKSHIRE EAGLE: Li´l Abner helps Navy recruiter,10.8.59,S.3,Pittsfield 3166

EDITOR and PUBLISHER: Speedy Set to spur sales of new cars,8.6.56,S.22, Chicago 3167

EDITOR and PUBLISHER: Comic strips ads hold high readership score,11.8.56, S.31,Chicago 3168

EDITOR and PUBLISHER: Government seeks artist for strips,27.10.56,S.50, Chicago 3169

Edwards,N.: Comics lend a hand in remedial reading,in:Elementary School Journal,Bd.51,Oktober 1950,S.66,Chicago 3170

Entin,J.W.: Using cartoons in the classroom,in:Social Education,Mai 1958,S. 109,Washington 3171

ESQUIRE: Superman goes to college, Bd.62,September 1964,S.106-107,New York 3172

Ferenczi,D.S.: Sex in psychoanalysis, R.G.Badger,Boston 1916 3173

Fine,Benjamin: Grammar with jive to it,in:The New York Times Magazine, 2.1.44,S.10-11,New York 3174

Fiske and Wolfe: Children talk about comics,in:Communications-Research, Harper and Bros.,New York 1949 3175

FOOD MARKETING: Food companies use comics-but not for laughs,August 1953,S.19,Philadelphia 3176

Gay,R.C.: A teacher reads the comics, in:Harvard Educational Review,Bd.7, März 1937,S.198-209,Cambridge,Mass. 3177

Geist,Lee: Kid's comics,TV and movie heroes are out to conquer food field, in:Wall Street Journal,27.8.51,S.1, New York 3178

Green,Iwan: The comics can do it better,in:Nation's School,Bd.40,September 1947,S.30,Baltimore 3179

Griffith,A.: Irritable?Advertising comic-strips,in:Atlantic Monthly,Bd.186, Juli 1950,S.95-96,New York 3180

Griffith,Walter D.: An adventure in pedagogy,in:Journal of Adult Education,Bd.6,No.4,Part 1,1964,S.404-407,Chicago 3181

H.,E.W.: Comics to classics,in:The Journal of Education,Bd.88,Dezember 1956,S.511-512,New York 3182

Hadsel,Fred L.: Propaganda in the funnies,in:Current History,Bd.1,Dezember 1941,S.365-368,New York 3183

Haggard,E.A.: A projective technique using comic book characters,in: Character and Personality,Bd.10,1942, S.289-293,New York 3184

Harrison,E.: Comics on crusade,in: New York Times Magazine,1.11.59, S.68-69,New York 3185

Henne,Frances: Comics in Graduate Library School of The University of Chicago,in:Elementary School Journal,April 1950,Chicago 3186

Hodgins,A.: How I teach during the first week of schooling drugstore cowboys,in:Senior Scholastic,Bd.67,22.9. 55,S.13T-14T,Baltimore 3187

Houle,C.D.: Safety in comic strips, in:Elementary School Journal,Bd.49, Oktober 1948,S.67-68,Chicago 3188

HUBER NEWS: Comics...a force for

good,Juli-August 1950,S.3-6,New York 3189

Hulse,J.: His cartoons save pilot´s lives,in:Popular Science,Bd.170,Februar 1957,S.156-159,New York 3190

Hurd,Jud: Advertising.The Cartoonist and Madison Avenue,in:Cartoon Market Report,No.1,1965,7 S.,Westport 3191

Hutchens,John K.: Tracy,Superman,et al,got to war,in:New York Times Magazine,21.11.43,S.14,42-43,New York 3192

Hutchinson,Katherine H.: An experiment in the use of comics as instructional material,in:Journal of Educational Sociology,Bd.23,Dezember 1949, S.236-245,Chicago 3193

Hutchinson,Katherine H.: Comics in the classroom,in:Puck,1947,University of Pittsburgh,Pittsburgh 3194

PRINTER'S INK: Comic books for workers do a job of employer house organ,13.11.42,S.56,New York 3195

AMERICAN JOURNAL of PUBLIC HEALTH: Mental hygiene takes to the comics,Bd.41,Januar 1951,S.102,New York 3196

LIBRARY JOURNAL: Magazines for soldiers,Bd.70,15.2.45,S.149-150,New York 3197

ELEMENTARY SCHOOL JOURNAL:Safety in comic strips,Bd.47,Oktober 1948,S. 67-68,Chicago 3198

Kandel,I.L.: Comics to the rescue of education,in:School and Society,Bd.71, 20.5.50,S.314-315,Lancester,Pa. 3199

Kenney,H.C.: Comics for education, in:The Christian Science Monitor,8. 10.52,Boston 3200

Knisley,William H.: Let´s use presty cartoons more,in:Ohio Schools,Dezember 1962,S.23,Columbus,Ohio 3201

Latona,Robert: The pride of the Navy, in:Vanguard,No.1,1966,S.4-24,New York 3202

LIFE: Navy airmen learn from Dilbert,17.5.43,S.8-9,New York 3203

LIFE: Speaking of pictures,football rules,Bd.27,19.9.49,S.22-24,New York 3204

LIFE: Speaking of pictures,the Democrats make U.S. political history and rewrite it with comic books,Bd. 29,25.9.50,S.14-16,New York 3205

Longgodd,William: Ike´s and Adlai´s story being told by cartoons,in:New York World Telegram and Sun,6.9. 52,S.3,New York 3206

Mc Gurn,Barrett: Hi Yo Silver Reds put comics to work,in:New York Herald Tribune,23.11.50,S.11,New York 3207

Meadows,George C.: Let´s modernize graph teaching,in:The arithmetic Teacher,Mai 1963,S.286-287,Boston 3208

Monchak,Stephen J.: Readers expected to turn to comics humor for war relief,in:Editor and Publisher,30.9.39, S.1,23,Chicago 3209

Musical,J.W.: Edu-graphs:new vitamins for the schools,comic cartoon as a new communication form,in: Education,Bd.70,Dezember 1949,S.

228-233,New York 3210

Nadig,H.D.: Comics as an mpr medium:can they do a job for your city?, in:American City,Bd.65,November 1950, S.118-120,New York 3211

NATION'S BUSINESS: Teaching by comic technique,Bd.40,August 1952,S.77-79,New York 3212

NATION'S BUSINESS: Teaching by comic technique,März 1967,S.27,New York 3213

Newcomb,Robert: A comic booklet tackles inflation,in:Advertising Age,17.9.51,S.75,New York,(Mitautor:M.Simmons) 3214

NEWSLETTER: Funny panel guides girl chatterers,März 1965,S.13,Greenwich 3215

NEWSWEEK: New Navy recruiting formula,28.7.41,S.46-47,New York 3216

NEWSWEEK: Biblical comic books,Bd. 20,3.8.42,S.55-56,New York 3217

NEWSWEEK: Old testament in comics, 3.8.42,New York 3218

NEWSWEEK: Flying made easy,8.5.44, New York 3219

NEWSWEEK: Comic-coated history,Bd. 28,5.8.46,S.89,New York 3220

NEWSWEEK: Cartoons vs. communism, Bd.30,17.11.47,S.31,New York 3221

NEWSWEEK: Cartoons for Chirst,2.2.53, S.33, New York 3222

NEWSWEEK: Forward in Africa,23.11. 53,S.45,New York 3223

NEWSWEEK: Shame on teacher,Bd.45, 14.3.55,S.94,New York 3224

NEWSWEEK: Creator of Pogo composes a gay carol,26.12.55,S.38-39, New York 3225

NEWSWEEK: Clergyman as hero,Bd. 47,12.3.56,S.49,New York 3226

NEWSWEEK: Athelstan´s world:nononsense science strip,Bd.61,18.2.63, S.38,New York 3227

NEWSWEEK: Pop goes the war:Vietnam story,Bd.68,12.9.66,S.66,New York 3228

Palmateer,George A.: Cartoons,an international language bring joys to Vietnamese at castle point,in:Newsletter,Juni 1966,S.45,Westport 3229

PUBLISHER'S WEEKLY: Classic comics sell a hundred million,Bd.149,23.3.46,S.1736,Chicago 3230

PUCK,the COMIC WEEKLY: The Sunday comics:some advertising implications,Januar 1956,Chicago 3231

PUCK,the COMIC WEEKLY: Simple as ABC-reporting on the use of Puck characters by the Atomic Energy Commision to unlock the mysteries of atomic energy for the layman, 1948,Chicago 3232

DES MOINES SUNDAY REGISTRER: Comic strip explains atomic energy, 24.10.48,Des Moines 3233

Rose,Charles R.: Safety posters ride the bus,in:The Instructor,September 1964,S.123,Chicago 3234

Ross,C.S.: Comic book in reading instruction,in:Journal of Education,Bd,

129,April 1946,S.121-122,New York 3235

Sands,Lester B.: Audio-visual procedures in teaching,New York 1956 3236

SCHOLASTIC: What makes you think so? Propaganda in the Comic Strips, Bd. 36, 20. 5. 40., S. 34, Chicago 3237

SCIENCE NEWSLETTER: Comic cartoon used to study mentally ill,28.7. 56,S.56,New York 3238

POPULAR SCIENCE: Dagwood splits the atom,Bd.153,September 1948,S.146-149,New York 3239

Short,R.: Peanuts and the Bible,in: Americas,Bd.16,April 1964,S.16-20, Washington 3240

Sievert,Charles M.: Comic books used, by admen to tell story of industry to youth,in:New York World Telegram, 14.11.47,New York 3241

Simmon,Mary: A comic booklet tackles inflation,in:Advertising Age,17.9. 51,S.75,New York,(Mitautor:R.Newcomb) 3242

Smith,Elmer R.: Comic-strips "sell" school library books,in:Clearing House, Bd.12,September 1937,S.11,New York 3243

Smith,L.C.: Comics as literature, Greeley,Colorado State College of Education, Colorado, 1938 3244

Sones,W.W.D.: Comic books are going to school,in:Progressive Education,Bd. 24,April 1947,S.208-209,Baltimore 3245

Sones,W.W.D.: Comic books as teaching aids,in:The Instructor,April 1942, S.14,55,Dansville 3246

Sones,W.W.D.: Comics and instructional method,in:Journal of Educational Sociology,Bd.18,No.4,Dezember 1944,S.232-240,Baltimore 3247

Sones,W.W.D.: Comics in the classroom,in:The School Executive,Bd.61, Oktober 1943,S.31-32,82,Orange 3248

Southard,Ruth: Superman grabs chance to teach grammar,in:America,Bd.73, 9.6.45,S.196-197,New York 3249

Sparks,Andrew: Teaching Sunday school with the comics,in:The Atlantic Journal Magazine,9.2.47,S.10, New York 3250

Starch,Daniel: How to use comic strip ads successfully,in:Advertising Agency,Bd.49,1956,S.66-69,New York 3251

Staunton,Helen: Comic-characters invade the classroom,in:Editor and Publisher,6.3.48,Chicago 3252

Stickney,Benjamin R.: An U.S.I.A. man writes a letter,in:Newsletter, 1965,New York 3253

NEW YORK SUN: Comics used in cold war,19.12.49,New York 3254

SUNDAY NEWS: Truman´s life in comic-book,10.10.48,New York 3255

SUNDAY NEWS: Comics help,Army finds,19.11.50,New York 3256

Taylor,Millicent J.: Comics go to school,in:Christian Science Monitor Weekly Magazine Section,14.10.44, S.8-9,Chicago 3257

Thomas,Margarete K.: Superman teaches school in Lynn, Mass., in:Magazine Digest, April 1944, S. 5-7, New York 3258

TIDE: Comics advertising, new advertisers increase the trend toward the medium, 26.9.47, S.52, New York 3259

TIDE: Public relations comics, 5.12.47, S.58, New York 3260

TIME: Winnie on a bus, 20.2.39, S.48, New York 3261

TIME: Moppet in politics, 30.8.43, S. 47-48, New York 3262

TIME: Operation on the doctor Rex Morgan, M.D., Bd.56, 25.12.1950, S.34-35, New York 3263

TIME: Rex Morgan revealed, Bd.63, 25.1.54, S.39-40, New York 3264

TIME: Comic cleric: Rev. David Crane, Bd.67, No.11, 12.3.56, S.90,92, New York 3265

TIME: Report on the comic-strip "Visit to America", Bd.79, No.11, 16.3.62, S.15, New York 3266

TIME: Politics is funny, Bd.79, 25.5.62, S.54, New York 3267

NEW YORK TIMES: Federal agency turns to comics to tell its story, 27.4.56, New York 3268

NEW YORK TIMES: Comic book tells Check´s story, 1.10.58, New York 3269

INTERNATIONAL HERALD TRIBUNE: Now Yugoslavs will be reading classic comics, 18.8.67, New York 3270

NEW YORK HERALD TRIBUNE: Cartoon book tells U.S. story for Far East, 21.12.1949, New York 3271

NEW YORK HERALD TRIBUNE: Armv says comics boost R.O.T.C. rolls, 19.11.50, S.16, New York 3272

NEW YORK HERALD TRIBUNE: Sad Sack booklet destroyed by Army, 21.9.51, New York 3273

NEW YORK HERALD TRIBUNE: Comic book tells company´s story, 6.6.49, New York 3274

Tuckner, Howard M.: Unfunny comic-books win friends for tennis, in: New York Times, 21.10.56, New York 3275

Tuttle, F.P.: Educative value of the comic strip, in: American Childhood, März 1938, S.14-15, Springfield, Mass. 3276

Vacca, Carlo: Comic books as a teaching tool, in: Hispania, Bd.42, 1959, S.291-292, Stanford, Cal. 3277

Waller, Elinor R.: The place of the comics in the reading program, in: Washington Educational Journal, Bd.24, Mai 1945, S.179-180, Seattle 3278

AMERICAN WEEKLY: Education by the comic strip, 11.6.44, S.20, New York 3279

Witty, Paul A.: The use of visual aids in Special Training Units in the Army in: Journal of Educational Psychology, Februar 1944, S.82-90, Chicago 3280

Witty, Paul A.: Some uses of visual aids in the Army, in: The Journal of Educational Sociology, Bd.18, No.4, Dezember 1944, S.241-249, Chicago 3281

NEW YORK WORLD TELEGRAM and SUN: Comic books boosted as mental health aid!,10.4.56,New York 3282

Wright,Ethel C.: A public library experiments with the comics,in:The Library Journal,15.10.43,S.832-835, New York 3283

Die Verwendung der Comics in verwandten Aussageformen
The Use of Comics in Related Forms of Expression

ARGENTINIEN:

Columba,Ramón: Qué es la caricatura?, Editorial Columba,Colleción Esquemas, No.40,80 S.,Buenos Aires 1959 3284

CRONICA: Bienal de la historieta,21.1.68,Buenos Aires 3285

De Palos,Dante: El cine necesita del dibujo,in:Dibujantes,No.1,September 1953,S.4-5,33, Buenos Aires 3286

Dell'Acqua,Amako: La caricatura politica argentina,in:Editorial Universitaria de Buenos Aires,150 S.,Buenos Aires 1960 3287

Dowbley,Guillermo R.: La pintura y la historieta,in:Dibujantes,No.6,Mai 1954, S.28-29,Buenos Aires 3288

Martinéz,Marcos: Vieytes:un espiritu moderno al servicio del arte,in:Dibujantes,No.13,Mai 1955,S.18-21,Buenos Aires 3289

Masotta,Oscar: Arte pop y semantica, Centro des Artes Visuales del Instituto Torcuato Di Tella,2.edition,64 S., Buenos Aires, 1966 3290

Masotta,Oscar: El pop-art,Editorial Columba,120 S.,Buenos Aires 1967 3291

BELGIEN:

AMIS du FILM et de la TELEVISION: Bande dessinée et cinéma,No.127, Dezember 1966,S.7-13,Brüssel 3292

Chevron,Alain:Bande dessinée et cinéma,in:Amis du film et de la télévision,No.144-145,Mai-Juni 1968, Brüssel 3293

De Seraulx,Micheline: TV:l'enfant jaune où la bande dessinée,in:Vo n'polez nin comprind,No.2,Mai 1967, Hannut 3294

Gassiot-Talabot,Gerald: La figuration narrative dans l'art contemporain,in: Quadrun,1967,Palais des Beaux-Arts, Brüssel 3295

Godin,Noel: Bandes dessinées et cinéma,in: Amis du film et de la télévision,No.127,Dezember 1966,Brüssel 3296

Morris: 9e Art musée de la bande dessinée,in:Spirou,1967,(Mitautor:P. Vankeer)Charlerois 3297

Oreche,J.: Les bandes dessinées qui inspirent le cinéma,in:Cine-Révue,20.10.66,Brüssel 3298

Vankeer,Pierre: 9e Art musée de la bande dessinée,in:Spirou,1967,(Mitautor:Morris)Charlerois 3299

Van Pussen,Alain: Petit écho sur le cinéma et la bande dessinée,in:Rantanplan,No.4,November-Dezember 1966 - Januar 1967,S.16,Brüssel 3300

BRASILIEN:

Augusto,Sergio: LBJ vai de super,in: Jornal do Brasil,22.11.67,Rio de Janeiro 3301

O ESTADO de SAO PAULO:A bienal val exibir historia em quadrinhos,29.9.65,Sao Paulo 3302

Vieira,José G.: Fola de Sao Paulo,in: O Estado de Sao Paulo,30.4.65,Sao Paulo 3303

DEUTSCHLAND:

Abendecho,Hamburger: POP hält Frauen in Atem,30.4.66 3304

Abendecho,Hamburger: Verliebt in die tödliche Lady,18.3.66 3305

B.,W.: "Julius Caesar" und "Hamlet" in Bildern,in:Deutsche Schule,5.Jg., 1953,H.14/15,S.223 3306

Bézard,Clemens: Mainzelmännchens Drehbuch,in:Funk-Uhr,No.35,1967 3307

Bollinger,Mike: Der Fledermausmann hat Geburtstag,in:Abendzeitung,München,11./12.2.67 3308

Bongard,Willi: Pop,Op et cetera und die Folgen,in:DIE ZEIT,No.52/1,26.12.69/2.1.70,S.28-29 3309

Br.: Wortblasen,in:Die Welt,27.1.66 3310

Braune,Heinrich: Mandra als Film, in:Hamburger Morgenpost,19.7.65 3311

Brüggemann,H.A.: Mainzelmännchen dürfen nicht durch Schweizer Käse kriechen,in:Westdeutsche Allgemeine Zeitung,24.12.65 3312

Caen,Michael: Fellini und die Comics,in:film,No.2/66,Februar 1966 3313

Comic Strips: Geschichte,Struktur, Wirkung und Verbreitung der Bildgeschichten,Ausstellungskatalog der Berliner Akademie der Künste,13.12.69-25.1.70 3314

CONSTANZE: Nach James Bond nun das Superweib(Modesty Blaise), No.8, 15.2.66, 3315

ER: Barbarella als Film,No.1,5.12.67,S.33-38 3316

Frank,Tom: ZONK! Die Comic-Kunst ist da,in:Hamburger Abendecho 21.5.66,S.16 3317

FUNK-UHR: "Batman" Amerikas Fledermausmensch fliegt manchmal auch aus dem Programm, in:Funk-Uhr, No. 8,Februar 1967 3318

FUNK-UHR: Batgirl kommt, No. 38, 1967, S. 31, 3319

Geisler, Jürgen: Der Löwe Leo mit dem sanften Blick, in: Abendzeitung, München, 12./13.11.66 3320

Göpfert, Peter H.: Tarzan in der Akademie. Berliner Ausstellung zeigt Comic-Strips, in: Westdeutsche Allgemeine Zeitung, No. 299, 27.12.69, S.4 3321

Grossmann, Johannes; F.: Übermensch/ Untermensch, in: Die Welt, Februar 1966 3322

Hartung, Rudolf: Mit Rauchwölkchen... Bibel in "Comic-strips", in: Neue deutsche Hefte, Bielefeld, 1959, H.56, S.1125 3323

Herms, Uwe: Schneller, leichter, mehr verbieten, in: Konkret, No. 16, 28.7.69, S. 46-47 3324

Herr, Alfred: Robinson in Comic-Sicht, in: Jugendschriften-Warte, 1956, H.7-8, S.52f 3325

Herr, Giesela: Shakespeares Hamlet-als Comic zerstümmelt, in: Jugendliteratur, 1957, H.2, S.86-87 3326

HÖR ZU: Comics, No. 25, 27.6.69 3327

HÖR ZU: Evarella 68, 1968 3328

HÖR ZU: Micky Maus stiftete viele Preise, No. 39, 27.9.69, S.143 3329

HÖR ZU: Mainzelmännchen, No. 7, 15.2. 69, S.8 3330

HÖR ZU: Perry Rhodan, No. 12, 20.3.69 3331

HÖR ZU: Comic Strips, No. 5, Februar 1969, S.22 3332

HÖR ZU: Die komischen Streifen, No. 11, 15.3.69 3333

HÖR ZU: Evarella 68, No. 52, 1968, S. 12 3334

HÖR ZU: Wiedersehen mit "Familie Feuerstein", No. 38, 20.9.69, S.147 3335

Höhn, Hans: Im Jahre 40000 liebt man anders, in: Westdeutsche Allgemeine Zeitung, No. 204, 2.9.67 3336

Jessen, Wolf: Donald Duck in der Akademie. Eine Ausstellung von Comic Strips in Berlin, in: Die Zeit, No. 2, 9.1. 70, S.12 3337

JUGEND, Deutsche: "Eine neue Jugendzeitschrift"...oder Till Eulenspiegels "Comic-Streiche", 1.Jg., 1953, H.3, S. 41 3338

JUGENDSCHRIFTEN-WARTE: Die Bibel als Comic, 8.Jg., 1956, No. 4, S.63 3339

K., C.: Cryptogam, der kühle Bräutigam, in: Hamburger Abendblatt, No. 184, 9.8.68, S.13 3340

K., W.: Modesty Blaise-optischer Zirkus, in: film, No. 11, 1966, S.38 3341

Kempkes, Wolfgang: Comics und Film: Ein Vergleich, in: Comic Strips: Geschichte, Struktur, Wirkung und Verbreitung der Bildergeschichten, Ausstellungskatalog der Berliner Akademie der Künste, 13.12.69-25.1.70, S.32-35 3342

Kirstein, J.: Comics und Abenteuerliteratur, in: Der Bibliothekar, Leipzig, 13.Jg., 1959, H.5, S.562-564 3343

Kniewel, Liane: Bardot-Entdecker zaubert nun Barbarella, in: Hamburger Abendblatt, No. 198, 26./27.8.67, S.11 3344

KRISTALL: Pino Zac will die Bibel als Comic herausbringen, No. 10, 2.

Vierteljahr 1966 3345

Lä.: Wie Butter an der Sonne,in:Süddeutsche Zeitung,No.295,11.12.67,S. 14 3346

Leier,Manfred: Grober Raster Wirklichkeit,in:Die Welt,3./4.4.69,S.31 3347

Leipziger Walter: Die Comics und die Märchen,in:Freundliches Begegnen,6. Jg.,1956,No.5,S.7 3348

Mai,Karl F.: Weltreise des Seepferdchens,in:Hamburger Abendecho, 21.3.66 3349

MORGENPOST, Hamburger: Die leibhaftige Helene, 6.8.65 3350

MORGENPOST, Hamburger: Peng-Batman kommt, 1.2.67 3351

MORGENPOST, Hamburger: Neue Fernsehsprache 1967:Batman, 29.12.66 3352

MORGENPOST, Hamburger: Modernes Leben:Comic Strips vom Minister, No.260,7.11.67,S.6 3353

Müller-Egert,G.: Keine Frau für Mainzelmänner(Sind Mainzel-Mädchen unmoralisch?),in:BILD,23.3.68 3354

Nicoletti,Manfredi: Flash Gordon und die Utopie des 20.Jahrhunderts,in:Bauen und Wohnen,Bd.22,1967,Chronik,S.V, 4,6,8 3355

Nöhbauer,Hans F.: Comic-strip und Literatur,in:EPOCA,No.9,September 1966 3356

Piwitt,Hermann: Pop-Mariners,Plastik-Nacken,in:KONKRET,No.18,25.8.69, S.40-41 3357

QUICK: Super-Batman kommt,No.40,2. 10.66 3358

Rehder,Mathes: Jenseits der vierten Milchstraße. In Hamburg entsteht: Grassmanns Comic-strip-Film "Evarella",in:Hamburger Abendblatt,No. 173,27./28.7.68,S.21 3359

Rhode,Werner: Mickey Mouse wird aufgepumpt zur Kunst. Bilderbogen und Blasensprache:Die Berliner Akademie der Künste zeigt Comic-Strips,in:Kölner Stadtanzeiger,No.299,27./28.12. 69,S.6 3360

Rosenblum,Robert: Lichtenstein-Roy Lichtenstein,in:DISKUS, Frankfurt,1963, No.7,S.10 3361

S.-R.,I.: Comic strip als Farbholzschnitt,in:Frankfurter Allgemeine Zeitung,No.226,30.9.69,S.2 3362

Schmalenbach,Werner: Die Kunst vom Montag ist am Dienstag vergessen,in: Der Spiegel,November 1967,S.202, 204 3363

Schober,Siegfried:Ein Versuch in Multi-Media,Heinz v.Cramer auf der POP-Welle,in:Die Zeit,No.48,29.11.68 3364

Schöler,Franz: Männer,die zusammenhalten. Ein Comics-Held im Film. Zur Aufführung von "Batman" in Deutschland,in:film,4.Jg.,November 1966,H.11, S.6-10 3365

SCHRIFTSTELLER,Der: Comic-Blasen,eine "Abfallgrube" und die Dichterseele, Hamburg,9.Jg.,1956,S.81-82 3366

Schröder,Peter H.: Unsere Welt im Zerrspiegel,in:Die Welt,16./17.6.67 3367

SPIEGEL,Der: Comic Strip-Nackt im All,No.33,11.8.65,S.80 3368

SPIEGEL, Der: Nächtlicher Diskurs-Die fröhliche Wissenschaft, No. 28, 7.7.69, S.117 3369

SPIEGEL, Der: Mit Einfällchen, No. 30, 21.7.69, S.111 3370

SPIEGEL, Der: Mit Gebrabbel, No. 30, 21.7.69, S.111 3371

SPIEGEL, Der: Abenteuer-Serie: Die Fledermaus geht um, No. 16, 11.4.66, S.148 3372

SPIEGEL, Der: Oh Gegenwelt, No. 18, 28.4.69, S.183 3373

SPIEGEL, Der: HB gegen BH, No. 39, 19.9.66, S.173 3374

SPIEGEL, Der: Schatz für den Scheich, No. 44, 24.10.66, S.184 3375

SPIEGEL, Der: Gebremster Schaum, No. 24, 5.6.67 3376

SPIEGEL, Der: Die komischen Streifen, No. 12, 17.3.69, S.190 3377

SPIEGEL, Der: Lichtenstein-Mythos von Mickey, No. 51, 11.12.67 3378

SPIEGEL, Der: Gestiefelter Mythos, No. 52, 23.12.68, S.145-146 3379

SPIEGEL, Der: Barbarella-Pille zur Hand, No. 44, 28.10.68, S.202 3380

SPIEGEL, Der: Hockney: Comic mit Gretchen, No. 47, 18.11.68, S.188 3381

SPIEGEL, Der: Averty-Verdrehtes Gehirn, No. 48, 25.11.68 3382

SPIEGEL, Der: Stern am Brüstchen(Evarella), No. 49, 2.12.68 3383

SPIEGEL, Der: Wer lacht da?, No. 39.23.9.68, S.190-191 3384

SPIEGEL, Der: Musik: Erstmals Wai, No. 42, 14.10.68, S.188 3385

SPIEGEL, Der: Gefährliche Spur, No.53, 29.12.69, S.83 3386

Spies, Werner: Auf den Strip gekommen... Comics im Louvre, in: Frankfurter Allgemeine Zeitung, No. 134, 13.6.67, S.18 3387

STERN, Der: Die fromme Helene, No. 39, 26.9.65 3388

STERN, Der: Viel Blut um Schiller, No. 18, 1.5.66 3389

STERN, Der: New York spielt verrückt, No. 38, 18.9.66 3390

STERN, Der: Monica Vitti-diese Frau lebt gefährlich, No. 43, 23.10.66 3391

STERN, Der: James Bond ist tot-es lebe Modesty Blaise, No. 44, 30.10.66 3392

STERN, Der: Liebe auf der Milchstraße, No. 34, 20.8.67 3393

STERN, Der: P. Salinger spielt in "Batman", No. 50, 10.12.67 3394

T.: Klassische Comics, in: Börsenblatt für den deutschen Buchhandel, Frankfurt, 12. Jg., 1956, No. 94, S. 1732-1733 3395

UNESCO-Dienst: UNESCO-Diapositive über moderne Architektur und angewandte Graphik, 2. Dez.-Ausgabe, 16. Jg., 1969, No. 24, S. 1-2 3396

VERTRIEB, Der neue: Abenteuer der Weltgeschichte in Bildern, 5. Jg., No. 112, 20.12.53, S. 519 3397

VERTRIEB, Der neue: Romanheft mit Bilderserie, 5. Jg., H. 100, 20.6.53, S. 235 3398

Wagner, Friedrich A.: Comic-Strip als Filmschau; Roger Vadims "Barbarella" in: Frankfurter Allgemeine Zeitung, No. 240, 15.10.68, S. 22 3399

Weber, Gerhard W.: Malerei im Rohzustand. Comic-Strips und Werke von Geisteskranken, in: Die Welt, 21.4.67 3400

WEG und WAHRHEIT: Warnung vor biblischen Comic-strips, Frankfurt, 28.3.54 3401

WELT, Die: Wo Helden noch Helden sind. "Superman" und "Phantom": Comic-Strips beeinflussen italienische Filme, 17.7.65 3402

WELT am Sonntag: Batman schlägt James Bond, No. 7, 12.2.67 3403

WELT, Die: Radio-Strip, 15.3.67 3404

WELT der Literatur: Barbarella, 4. Jg., No. 9, 27.4.67 3405

WELT am Sonntag: Eine Mode voller Abenteuer, 23.4.67 3406

WELT am Sonntag: Barbarellas Start ins Weltraumabenteuer, 15.7.67 3407

WELT am Sonntag: Evarella darf nie mehr als drei Worte sagen..., No. 28, 14.7.68, S. 34 3408

ZEITUNG, Frankfurter Allgemeine: Ein Roman wird verschrottet, 29.1.66 3409

ZEITUNG, Frankfurter Allgemeine: Bremer Inszenierung mit Comics, 12.3.66 3410

ZEITUNG, Frankfurter Allgemeine: Balzac und Puschkin, 16./17.11.66 3411

Zitzewitz, Monika von: Carmen, das Gammlerliebchen, in: Die Welt, No. 33, 8.2.67 3412

ENGLAND:

CONTINENTAL: Vadim in space, Dezember 1967, London 3417

EPIC: Tarzan comes to TV, Lion Sommer Spectacular, 1957, London 3418

Hildick, E. W.: Arts and mass communications. Satirizing the comics, in: The Journal of Education, Bd. 88, No. 1045, Januar 1956, S. 18-19, London 3419

Moorcock, Michael: Barbarella and the anxious frenchman, in: New Worlds, No. 179, Februar 1968, S. 13-25, London, (Mitautor: Ch. Platt) 3420

ILLUSTRATED LONDON NEWS: Comics-Fair in London, 20.11.54, London 3421

Platt, Charles: Barbarella and the anxious frenchman, in: New Worlds, No. 179, Februar 1968, S. 13-25, London, (Mitautor: M. Moorcock) 3421 a

FRANKREICH:

ARTS: La caméra fait des bulles, No.21,Februar 1966,S.7,Paris 3422

Benayoun,Robert: Comics et cinéma, in:La Méthode,No.10,Februar 1963,S. 2-4,Paris 3423

Benayoun,Robert: Filmographie des comics,in:St. Cinéma des Press,No.2, 1950,Paris 3424

Caen,Michel: Fellini et les fumetti, in:Cahiers du Cinéma,No.172,November 1965,Paris,(Mitautor:Fr. Lacassin) 3425

Caen,Michel: Notre musée permanent de la bande dessinée,in:Plexus,1967, Paris 3426

Caen,Michel: Comic-strip et celluloid,in:Les Lettres Francaises,No.1138, 30.6.-6.7.68,Paris 3427

CANCANS de PARIS: Jane Fonda:Je serais Barbarella,1967,S.15-16,Paris 3428

Chateau,René: Filmographie des comics,in:La Méthode,No.10,Februar 1963,S.23-53,Paris 3429

Conquet,André: Comics,cinéma et télévision aux Etats-Unis,in:Educateurs,Oktober 1954,S.399-407,Paris 3430

De Towarnicki,Fréderic:Saga,l'héroine de l'univers pop,in:L'Express, No.862,25.12.-31.12.67,S.44,Paris 3431

Gassiot-Talabot,Gerald: La figuration narrative dans l'art contemporaine, Katalog der Gallerie Creuze,Salle Balzac,1966,Paris 3432

Horn,Maurice: Les héros des bandes dessinées à la télévision américaine, in:Giff-Wiff,No.10,1965,S.27,Paris 3433

Lacassin,Francis: Fellini et les fumetti,in:Cahiers du Cinéma,No.172, November 1965,Paris,(Mitautor:M. Caen) 3434

Lacassin,Francis: Alain Resnais et les bandes dessinées,in:L'Avant Scène du Cinéma,No. 61-62,Juli-September 1966, S.51-57,Paris 3435

Lacassin,Francis: Neuvième Art,au deux,in:Giff-Wiff,No.2,Dezember 1965,Paris 3436

Laclos,Michel: Tarzan au musée,in: Paris-Jour,8.4.67,Paris 3437

Lichtenstein,Roy: Pop art et comic books,in:Giff-Wiff,No.20,1966,S.6, Paris 3438

Lob Jacques: Mickey parodies,in: Giff-Wiff,No.19,April 1966,S.19-20, Paris 3439

Lob,Jacques: Popeye parodies où Popeye,Poopeye Poopik et Cie,in:Giff-Wiff No.17,Januar 1966,S.23, Paris 3440

PARIS-MATCH: Pour le noel des Gaulois,Astérix et Obelix ont conquis les cinémas,No.976,23.12.67,Paris 3441

PILOTE: De livre à l'écran:quand le cinéma fait appel aux bandes dessinées,No.283,1967,S.6-7,Paris 3442

Poncet, Marie-Therèse: Dessin animé, art mondial, Le Cercle du Livre, 413 S., 1956, Paris 3443

Quinson, René: Un cinéma des bandes dessinées, in: Bulletin Unifrance Film, No. 281, 22. 1. 65, Paris 3444

Rolin, Gabrielle: Bandes dessinées et romans-photos, in: Le Monde, 19. 4. 67, Paris 3445

Romer, Jean-Claude: Popeye à l´écran, in: Giff-Wiff, No. 17, Januar 1966, S. 13-14, Paris 3446

Romer, Jean-Claude: Les Mickey Mouse Cartoons, in: Giff-Wiff, No. 19, April 1966, S. 15-16, Paris 3447

Romer, Jean-Claude: Li´l Abner à l´écran, in: Giff-Wiff, No. 23, März 1967, S. 15, Paris 3448

Romer, Jean-Claude: Dick Tracy à l écran, in: Giff-Wiff, No. 21, 1966, Paris 3449

Sadoul, Georges: Le cinéma et les bandes dessinées, in: Les Lettres Francaises, No. 1138, 30. 6. -6. 7. 66, Paris 3450

ITALIEN:

Alessi-Conte, Andrea: Filmografia (fantascienza nei comics), in: Fantascienza Minore, Sondernummer, 1967, S. 63-65, Mailand 3451

Bertieri, Claudio: Comics, fotoromanzi e cinema alla sbarra, in: Il Lavoro Nuovo, 15. 4. 64, Genua 3452

Bertieri, Claudio: Cinema e comics, in: Il Lavoro, 2. 3. 65, Genua 3453

Bertieri, Claudio: Comics e video, in: Linus, No. 25, April 1966, S. 29-32, Mailand 3454

Bertieri, Claudio: Da Louis Fortan a Jean-Luc Godard, in: Cinema e Teatro, No. 2, 1968, Genua 3455

Bertieri, Claudio: Dagli anni trenta alle sale del Louvre, in: Il Lavoro, 30. 6. 67, Genua 3456

Bertieri, Claudio: I promessi sposi della TV, in: Il Lavoro, 17. 3. 67, Genua 3457

Bertieri, Claudio: Tin-Tin: cinema o fumetto, in: Il Lavoro, 23. 11. 65, Genua 3458

Bertieri, Claudio: Tom e Jerry, in: Il Lavoro, 9. 3. 68, Genua 3459

Bertieri, Claudio: Tutto James Bond e quelcosa di più, in: Il Lavoro, 12. 5. 66, Genua 3460

Caen, Michel: L´esperienza di Federico Fellini, in: Comics, Archivio italiano dell stampa a fumetti, No. 1, September 1966, Rom, (Mitautor: Fr.: Lacassin) 3461

Carpi, P.: Dice no al cinema il vacchio Tex, in: Il Giorno, 29. 9. 66, Genua, (Mitautor: M. Gazzarri) 3462

Carpi, P.: Il fumetto in teatro, 1967, Mailand, (Mitautor: M. Gazzarri) 3463

Castelli, Alfredo: La produzione cinematografica (Mickey Mouse), in: Guida a Topolino,November 1966,S.2-10, Mailand,(Mitautor:P.Sala) 3464

Cavallina,P.: Como si è arrivati all' attuale boom dei comics e dei fotoromanzi,in:Gazzetta del popolo,18. 10.64,Mailand 3465

Del Buono,Oreste: Copi:il teatro a fumetti,in:Linus,No.27,Juni 1967,S. 1-5,Mailand 3466

Della Corte,Carlo: Si mordano la coda fumetto e cinema,in:Cinema,16.5.56, Mailand 3467

L'EUROPEO: Dal fumetto alla pittura, 10.2.66,Rom 3468

Fossati,Franco: Dai fumetti al cinema, in:Fantascienza Minore,Sondernummer, 1967,S.3-7,Mailand 3469

Fossati,Franco: Filmografia (fantascienza nei comics),in:Fantascienza Minore,Sondernummer,1967,S.63-65, Mailand,(Mitautor:A. Alessi-Conte)3470

Gazzarri,Michele: Il fumetto in teatro,1967,Mailand,(Mitautor:P. Carpi) 3471

Gazzarri,Michele: Dice no al cinema il vecchio Tex,in:Il Giorno,29.9.66, Genua,(Mitautor:P. Carpi) 3472

Josca, Guiseppe: In un teatro di Broadway. Dai fumetti alla ribalta, l'eroe americano Superman, 30.3.67, Mailand 3473

Lacassin,Francis: L'Esperienza di Federico Fellini,in:Comics,Archivio italiano della stampa a fumetti,No.1, September 1966,S.22-25,Rom,(Mitautor:M. Caen) 3474

Navire,Louis: Horreur sur l'écran:Kriminal,in:Wampir,edition Francés,No.1, November 1967,S.189-194,Mailand 3475

Prosperi,Piero: Componenti S.F. nei film di James Bond,in:Oltre il Cielo, No.140,1967,S.211,Rom 3476

Prosperi,Pierfrancesco:Wow! The Batmobile,in:Sgt.Kirk,No.5,November 1967,S.58-61,Genua 3477

Rossi,Annabella: Coi fotoromanzi dei santi a cacchia di anime perdute,in: Paese Sera,25.1.68,Mailand 3478

Sala,Paolo: La produzione cinematografica (Mickey Mouse),in:Guida a Topolino,November 1966,S.2-10, Mailand,(Mitautor:A. Castelli) 3479

Strinati,Pierre: Bandes dessinées et surréalisme,in:Quaderni di Communicazioni di Massa,No.6,1965,Rom 3480

Surchi,Sergio: Roger Vadim gira il film sul futuro,in:La Nazione,30.6.67, S.10,Florenz 3481

Tornabuoni,Lietta: Diabolik protesta: Finalment si fa il film sull'eroe dei fumetti neri,in:L'Europeo,13.7.67,S.56-61,Rom 3482

Tosi,Franco: Fumetti e cinema preavvisano la liberazione della donna?, August 1966,Mailand 3483

Traini,Rinaldo: L'America ride (amaro) di 007,in:Il Travaso,22.5.65, Mailand,(Mitautor:S.Trinchero) 3484

Trinchero,Sergio: L'America ride (amaro) di 007,in:Il Travaso,22.5.65, Mailand,(Mitautor:R.Traini) 3485

Trinchero,Sergio: Cinema e comics, in:Sgt. Kirk, No. 7, Januar 1968, Genua 3486

Zanotto,Piero: I Beatles a Locarno,in: Linus,No.44,November 1968,S.46-47, Mailand 3487

Zanotto,Piero: Costerà quanto La Bibbia,il film dedicato a Barbarella,in: Il Gazzettino,9.3.67,Venedig 3488

Zanotto,Piero: Fumetti e cinema,in: Le Bienale,No.57-58,September 1965, Venedig 3489

Zanotto,Piero: Fumetto e cinema si mordono la coda,in:Il Gazzettino,14. 11.65,Venedig 3490

Zanotto,Piero: Mandrake in Film,in: Il Gazzettino,21.4.65,Venedig 3491

Zanotto,Piero: Les Pieds Nickeles ritornano in un film,in:Il Gazzettino, 10.11.64,Venedig 3492

Zanotto,Piero: René Clair e la storia dei fumetti,in:Nazione Sera,28.2.63, Florenz 3493

Zanotto,Piero: Ritorna Zazie camuffata da comics,in:Nazione Sera,24.12. 66,Florenz 3494

Zanotto,Piero: Ritorna Zazie camuffata da comics,in:Il Piccolo,6.1.67, Triest 3495

Zanotto,Piero: Vita rigogliosa dei fotoromanzi,in:Il Paese,23.5.58,Rom 3496

MEXICO:

Jodorowsky,Alexandro: Critica de la razón pop;The Flash contra Gurdjieff, in:El Heraldo Cultural,1967,Mexico-City 3497

PORTUGAL:

Gassiot-Talabot,Gerald: Pintura e banda desenhada,in:A Semana,Supplemento do "A Capital",11.10.68,6-8,Lissabon 3498

Granja,Vasco: Alain Resnais e a banda desenhada,in:A Capital,11.10.68,S.6, Lissabon 3499

Lacassin,Francis: Alain Resnais e as bandas desenhadas,in:Republica,18.1. 67,S.3,Lissabon 3500

Moreira,Julio: Roy Lichtenstein. Una arte conceptual,in:Journal do Fundao, Supplemento do " E Etc.",No.12,28. 1.68,Lissabon 3501

Sadoul,Georges: A band desenhado e o cinema,in:Republica,5.4.67,S.3-4, Lissabon 3502

SCHWEDEN:

Hegerfors,Sture: Seriernas kongress, in:Kvällsposten,Malmö,16.7.67 3503

Hegerfors,Sture: Alfred beskyddar ironisk Mad Show,in:Göteborgs-Tidningen 11.3.66,Göteborg 3504

Hegerfors,Sture: Jättesatsning pa Broadway;Stalmannen som musical,in:Göteborgs-Tidningen,18.3.66,Göteborg 3505

Hegerfors,Sture: Jetson-tecknarna började med sadistika kortfilmer,in:Göteborgs-Posten,17.7.64,Göteborg 3506

Hegerfors,Sture: Mandrake lärde nup Resnais,in:Expressen,10.1.66,Stockholm 3507

Hegerfors,Sture: Roligaste serien:serieparodin,in:Göteborgs-Posten,22.11.1959,Göteborg 3508

Hegerfors,Sture: Seriemagasinet Karlsson,Ausstellungskatalog,11.12.65,Göteborg 3509

Hegerfors,Sture: TV renässans för tecknad film,Raske Rudolf och Hacke Hackspett ateruppstar,in:Göteborgs-Tidningen,21.10.64,Göteborg 3510

Hegerfors,Sture: Uppstanden Stalman ater pa filmdukarna,in:Idom-Veckojournalen,11.2.66,Stockholm 3511

SCHWEIZ:

Cendre,Anne: La bande dessinée entre au Louvre,in:La Tribune de Genève, 21.4.67,S.5,Genf 3512

ROY LICHTENSTEIN: Bericht über Roy Lichtenstein,Ausstellungsprospekt,Berner Kunsthalle,8.7.-10.9.67,S.10, Bern 3513

Sch.,F.: James Bond und die Comic Strips,in: Neue Zürcher Zeitung,26.6. 65,Filmseite,Zürich 3514

Zanotto,Piero: A proposito di un film su Barbarella,in:Corriere del Ticino, 20.11.65,Lugano 3515

SPANIEN:

Baquedano,José J.: Supermanismo en el cine,in:Cuto,No.2-3,Oktober 1967, S.65-67,San Sebastian 3516

Bertieri,Claudio: Sobre la relación cine y comics,in:Cuto,No.4-6,Oktober 1968,S.35-47,San Sebastian 3517

Caen,Michel: Los comics y Federico Fellini,in:Cuto,No.4-6,Oktober 1968, S.5-9,San Sebastian,(Mitautor:Fr. Lacassin) 3518

Del Pozo,Mariano: El comic y las peliculas,in:La Actualidad Española, No.882,28.11.68,Madrid 3519

Gasca,Luis: Elogio del tebeo,in:Véteres,1.12.62,Madrid 3520

Gasca,Luis: Los comics en la pantilla, Vortrag,Festival International del Cine, San Sebastian 1965,Davon:Buch gleichen Titels,San Sebastian 1965 3521

Gasca,Luis: Cuando el cine se inspira en el comic,Vortrag,Festival International del Cine,San Sebastian,4.6. 65 3522

Gasca,Luis: Cine y comic hablan el mismo lenguaje,in:Film Ideal,No.175, 1.9.65,San Sebastian 3523

Jodorowsky,Alexandro: The Flash contra Gurdjieff,in:Nueva Dimension,No. 4,Juli-August 1968,S.145-146,Barcelona 3524

Lacassin,Francis: Los comics y Federico Fellini,in:Cuto,No.4-6,Oktober 1968,S.5-9,San Sebastian,(Mitautor: M.Caen) 3525

Lacassin,Francis: De Marienbad a Diego. Resnais dibuja comics con la camera, in:Cuto, No. 4-6, Oktober 1968, S. 25-31, San Sebastian 3526

LIFE en ESPAÑOL: Con Jane Fonda hacia el cielo. Un cuento de hadas para el año 40000, Bd. 31, No. 10, 20. 5. 68, S. 35-45, Madrid 3527

Moix, Ramón: A la busqueda de un pop-cinema, in:Film Ideal, No. 167, 1. 5. 65, S. 295-299, San Sebastian 3528

Resnais, Alain: A. Resnais entrevista al padre del Hombre Enmascerado, in: Cout, No. 4-6, Okt. 1968, S. 12-19, San Sebastian 3529

SP: Los comics, cine dibujado, 13. 2. 66, Madrid 3530

SP: Los comics vietnik(Estudia sobre las parodias politicas realizadas en Notre-América a base de los superhombres), 25. 9. 66, Madrid 3531

Tuduri, José L.: Del 6 a 20 de Junio, la exposición mundial del comics en el cine y la TV, in:Diario Vasco, 1965, San Sebastian 3532

USA:

ADVERTISING AGENCY: Comics technique-an expanding medium, Dezember 1954, New York 3533

Barclay, D.: Comic books and TV, in: New York Times Magazine, 5. 3. 50, S.43, New York 3534

Barcus, Francis E.: Advertising in Sunday comics, in:Journalism Quarterly, Bd. 39, No. 2, Frühling 1962, S. 196-202, Chicago 3535

Bloom, M. T.: Harvest reaped in comics, Reselling used newspapers, in: Nation Business, Bd. 37, Juni 1949, S. 86, New York 3536

Buhrman, Margaret: John Duncan to have his first One-Mao Show, in:The Cartoonist, August 1967, S. 32-33, Westport 3537

Buxton, Frank: Radio's golden age, Easton Valley Press, New York, 1966 3538

THE CARTOONIST: The voice of Pluto and Goofy, Januar 1968, S. 44-45, Westport 3539

CASTLE of FRANKENSTEIN: Behind the scenes with Fu Manchu, No. 8, 1966, S. 12-13, New York 3540

Chase, John: The TV editorial cartoon, in:The Cartoonist, Januar 1968, S. 28-32, Westport 3541

COMMONWEAL: Pogo problem:Khrushchev-Castro satire, Bd. 76, 8. 6. 62, S. 267-268, New York 3542

Connor, Edward: Oriental detectives on the screen, in:Screen Facts, No. 8, 1964, S. 30-39, Kew Gardens 3543

Dixon, Ken: The screen Tarzan, in: Oparian, Bd. 1, No. 1, September 1965, S. 54-58, Saratoga 3544

Edgerton, Lane: The actor who lives in fear of Batman, in:Silver Screen, Juni 1966, Hollywood 3545

Eisenberg, Azriel L.: Children and radio programs, Columbia University

Press,81 S., New York, 1936 3546

THE CINCINNATTY ESQUIRER: L.D. Warren cartoons placed in public library, The Cartoonist, August 1967, S. 31, Westport 3547

Erust, Morris L.: Cartoonists and taxes, in: The Cartoonist, Herbst 1957, S. 2, 30-31, 36, New York, (Mitautor: R. M. Adler) 3548

Erwin, Ray: Newspaper comics in pop art show, in: Editor and Publisher, 8.5. 65, Chicago 3549

Erwin, Ray: Husband-wife team draws funny oldsters, in: Newsletter, Mai 1965, S. 20, Greenwich 3550

Erwin, Ray: Hilarious Housewife writes-draws panel, in: Newsletter, März 1965, S. 13, Greenwich 3551

ESQUIRE: James Bond and Comics, Mitte 1965, New York 3552

Fisher, H.: Joe Palooka and me, in: Colliers, Bd. 122, 16.10.48, S. 28, New York 3553

Fisher, Raimond: Roger Armstrong: Triple threat artist, in: The World of Comic Art, Bd. 1, No. 3, 1966/67, S. 22-27, Hawthorne, (Mitautor: J. Barnard) 3554

FLYING: Steve Canyon, new TV star, Bd. 63, September 1958, S. 46, New York 3555

Fortess, Karl E.: The comics as non art, in: The Funnies: an American idiom, Hrsg. D. M. White, The free press of Glencoe, Boston 1963, S. 111-112 3556

Francis, Terry: Batman Adam West says: I´m only half a man, in: TV Radio Mirror, Juni 1966, Hollywood 3557

Frank, Josette: Chills and thrills in radio, movie and comics: some psychiatric opinion, in: Child Study, Bd. 2, No. 25, Februar 1948, S. 42-46, New York 3558

Frank, Josette: Comic, radio, movies and children, in: Public Affairs Pamphlet, No. 148, New York 1949 3559

BOSTON GLOBE: Globe cartoon Dennis comes to live on TV, 4.10.59, S. 65, Boston 3560

BOSTON GLOBE: Globe´s our new age creators answer battery of quizmasters 10.12.59, S. 18, Boston 3561

Gregory, James: Batman´s mad for Mia Farrow, in: Screenland, Juni 1966, Hollywood 3562

Harmon, Jim: Shadow strikes back, in: Fantastic Monsters of the Films, Bd. 1, No. 6, 1967, S. 47-48, Los Angeles 3563

Ivie, Larry: Jonny Sheffield, Filmland´s son of Tarzan, in: Monsters and Heroes No. 1, 1967, S. 40-49, New York 3564

Ivie, Larry: Heroes of radio, in: Monsters and Heroes, No. 1, 1967, S. 18-21, New York 3565

Ivie, Larry: From comic to film, in: Monsters and Heroes, No. 1, 1967, S. 22-27, New York 3566

Ivie, Larry: The controversy of Frankenstein, in: Monsters and Heroes, No. 1, 1967, S. 8-11, New York 3567

LIBRARY JOURNAL: New York State library covers centuries in comics display, Bd. 74, Juli 1949, S. 1001, New York 3568

Kessel, Lawrence: Kids prefer real heroes on the air, in:Variety, 1.1.44, S. 23, New York 3569

Key, Theodore: Hazel and TV, in:The Cartoonist, März 1968, S. 9-11, Westport 3570

Kilgore, Al: What! No Mickey Mouse?, in:Screen Facts, No. 5, 1967, S. 28-35, Kew Gardens 3571

Kligfeld, Stanley: Superman's kin, other cartoon heroes pop up as supersellers for business, politicos, in:The Wall Street Journal, 20. 5. 52, S. 1, New York 3572

Lahue, Kalton C.: E. R. B.:and the silent screen, in:E. R. B. Dom, No. 20, Mai 1967, S. 3-16, Westminster 3573

Lahue, Kalton C.: E. R. B. and the silent screen, in:E. R. B. Dom, No. 21, Juli 1967, S. 2-17, Westminster 3574

LIFE: Terry and the Pirates invade New York Gallery, Bd. 10, 6. 1. 44, S. 34-37, New York 3575

LIFE: A sudden superbatmad looniness, 16. 5. 66, New York 3576

LIFE: Which man would you pick as the new... James Bond, 28. 10. 68, S. 74-78, New York 3577

Love, Philip: Kerry Drake is on stage artist model, in:The Cartoonist, Januar 1968, S. 59, Westport 3578

Mc Grath, Ron: A marvelous TV season, in:The World of Comic Art, Bd. 1, No. 3, 1966/67, S. 18-21, Hawthorne 3579

NEWSLETTER: New panel dolly shows modern miss, Mai 1965, S. 20, Greenwich 3580

NEWSLETTER: A cartoon museum, November 1965, S. 3, Westport 3581

METROPOLITAN SUNDAY NEWSPAPER INC.: Comics art goes Pop!, Ausstellungskatalog der Pop Art Exhibition, 18. 5. -29. 5. 65, New York 3582

NEWSWEEK: Terry and the Pirates storm art gallery in new adventure, 16. 12. 40, S. 48, New York 3583

NEWSWEEK: Peter Pan:Real Disney magic, real animals also make money, 16. 2. 53, S. 48-50, New York 3584

NEWSWEEK: Pop! goes the poster, pop-art portraits of comic-book favorites, Bd. 65, 29. 3. 65, S. 72, New York 3585

NEWSWEEK: The return of Batman, 20. 12. 65, New York 3586

NEWSWEEK: The story of POP-what it is and how it came to be, 25. 4. 66, New York 3587

Owen, Bill: Radio's golden age, Easton Valley Press, New York 1966, (Mitautor:F. Buxton) 3588

Pascal, David: Comics at the Louvre, in:The Cartoonist, August 1967, S. 10-11, Westport 3589

Pascal, David: Comics exhibit at the Louvre, Paris, in:The World of Comic Art, Bd. 1, No. 4, Frühling 1967, S. 56, Hawthorne 3590

Pascal, David: Our man in Italy, in: Newsletter, Mai 1965, S. 16, Greenwich 3591

Pascal,David: Our man in Paris,in: Newsletter,November 1964,Greenwich 3592

PHOTOPLAY: Batman:craziest,whackiest send-up of them all,Februar 1967, New York 3593

PUBLISHER'S WEEKLY: Book into films, movies based on characters out of the funnies,Bd.151,31.5.47,S.2718,Chicago 3594

THE IOWA QUEST: Comic strips in drift to soap opera,August 1959,S.5, Iowa City 3595

Reed,Leslie: Robin the Boy Wonder, on and off screen,in:Hit Parade,Juli 1966,Hollywood 3596

Rosenberg,Bernard: Mass culture,The popular arts in America,The free press of Glencoe,Glencoe,Ill.1957 3597

Saunders,A.: No pictorial clichés, library in a comic strip,in:Library Journal,Bd.79,No.2,15.1.54,S.97-102,New York 3598

Schultz,C.M.: Linus gets a library card,in:Wilson Library Bulletin,Bd.35, Dezember 1960,S.312-313,New York 3599

Schwartz,Howard: Bat-matography,or capturing Batman on film,in:Americas Cinematographer,Juni 1966,S.384-387,419,Los Angeles 3600

SCREEN THRILLS ILLUSTRATED:Batman and Robin from comic strip to movie screen,No.4,April 1963,S.10-15,Philadelphia 3601

SCREEN THRILLS ILLUSTRATED: Batman and Robin,part two,No.5,Juli 1963,S.12-16,Philadelphia 3602

SCREEN THRILLS ILLUSTRATED: A king of the comics became a king of the serial,No.6,Oktober 1963, Philadelphia 3603

SCREEN THRILLS ILLUSTRATED: James Bond,the amazing secret agent 007,No.10,Februar 1965,S.34-39, Philadelphia 3604

Sheehy,Gail: Pop portraits,in:Newsletter,Mai 1965,S.14,Greenwich 3605

Simons,Jeannie: Mrs.Bee and Mrs. Baughner,cartoon has real life counter part,in:The Cartoonist,August 1967, S.30,Westport 3606

Skow,John: Has TV gone batty?,in: Post,7.5.66,New York 3607

Stanley,Donald: The new 007:Lucky Jim Bond,in:Life,22.7.68,New York 3608

Stevens,Bill: Batman as he really is, in:Screen Parade,Oktober 1966,Hollywood 3609

Stewart,Bob: Horror on the air,in: Castle of Frankenstein,No.6,1965,S. 44-48,New York 3610

Sylvester,David: Art in a college climate or:Pop Art:way out or way in: Sunday Times Magazine,26.1.64, New York 3611

TIME: Comics and TV,26.11.43,New York 3612

TIME: Father Goose,Bd.64,No.26,27.12.54,S.42-46,New York 3613

TIME: The modern Mona Lisa-international exhibiton of comic strips, Bd. 85,5.3.65, S.41, New York 3614

TIME: The Batboom, 11.3.66, New York 3615

TIME: Walt Disney: Images of Innocence, Bd. 88, No. 26, 23.12.66, S.47, New York 3616

TIME: New magic in animation, 27.12.68, S.42,47, New York 3617

NEW YORK TIMES: Cartoonist will assist USO at Pop Art show, 16.5.65, New York 3618

VANGUARD: The film-flam man!, No.2, Februar 1968, S.11, New York 3619

Wagenknecht, Edward: The movies in the age of innocence, University of Oklahoma, Press, 280 S., Oklahoma 1962 3620

Weiss, William: Terrytoons, in: The Cartoonist, Februar 1967, S.51-56, Westport 3621

Witty, Paul A.: Comics and TV, in: Todays Health, Bd. 30, Oktober 1952, S. 18-19, New York 3622

Witty, Paul A.: Your child and radio, TV, comics and movies, Science Research Associates Inc., 48 S., Chicago 1953 3623

Witty, Paul A.: Comic, TV and our children, in: Todays Health, Bd. 33, Februar 1955, S. 18-21, Chicago 3624

Witty, Paul A.: Comic, TV and our children, in: Science Digest, Bd. 37, Juni 1955, S. 33, Chicago 3625

Wolf, A. M. W.: TV, movies, comics, boon or bane to children?, in: Parents Magazine, Bd. 36, April 1961, S. 46-48, Chicago 3626

NEW YORK WORLD TELEGRAM: Comic strip art to benefit USO, 11.5.65, New York 3627

THE WORLD of COMIC ART: Buster Brown, Merchandisings oldest comic trademark, Bd. 1, No. 1, Juni 1966, S. 41, Hawthorne 3628

Juristische und sonstige einschränkende Maßnahmen gegen die Comics
Judicial and Other Limiting Measures Against Comics

ARGENTINIEN:

ANALISIS: Conversiones del ilustre Tarzán, No. 396, 16.10.68, S.66, Buenos Aires 3629

BRASILIEN:

Augusto, Sergio: O protesta de Al Capp, in: Jornal do Brasil, 27.1.67, Rio de Janeiro 3630

Rabello, Silvio: Campanha da boa leitura, in: Diario de Noticia, 1967, Porto Alegre 3631

DEUTSCHLAND:

ARBEIT, Soziale: Kioske gegen Comics?, Berlin, 4. Jg., 1955, S. 309-310 3632

Backus, Dana: Comics, in: Jugendschriften-Warte, 1959, H. 10, S. 60-62 3633

Bamberger, Richard: Jugendlektüre, Verlag für Jugend und Volk, Wien, 1955 3634

Bamberger, Richard: Erfolge im Kampfe gegen die Comics, in: Jugendliteratur, 4. Jg., 1958, H. 1, S. 43-44 3635

Barclay, Dorothy: Zur Frage der Comic-books, in: Jugendliteratur, 1955, H. 6, S. 280-282 3636

Bauer, Hans: Die moderne Schule im Kampf gegen Schmöker, Plund und Schund, Verl.: E. C. Baumann, Kulmbach 1957 3637

BEGEGNEN, Freundliches: Der Kampf gegen die Comic-strips, Düsseldorf, 6. Jg., 1956, No. 5, S. 13-15 3638

BLÄTTER, Kommunalpolitische: Was ist gegen die Jugendgefährdung durch die Comic-books zu tun?, Recklinghausen, 7. Jg., 1955, S. 84-86 3639

BÖRSENBLATT für den deutschen Buchhandel: Selbstzensur für Comics, 11. Jg., 1955, No. 12, S. 90 3640

CARITAS: Der Kampf gegen die Comics in den USA und England, Freiburg, 56. Jg., 1955, S. 58-59 3641

Coulter, Leonard: Freiwillige Selbstzensur, in: Englische Rundschau, Köln, 4. Jg., 1954, S. 611 3642

Cummings, A. J.: Horror Comics verbieten, in: Englische Rundschau, Köln, 4. Jg., 5. 11. 54, S. 611 3643

Dipa-Information: England und die Horror-Comics, Frankfurt, 1955, H. 13, S, 12-18 3644

ELTERNSCHAFT, Die evangelische: Verbot der Comic-strips gefordert, Bethel, No. 2, Februar 1956 3645

Hesse, Kurt W.: Die freiwillige Selbstkontrolle für Serienbilder, in: Der neue Vertrieb, Flensburg, 7. Jg., 1955, S. 618-619 3646

Hübner, Gerd: Gute Heftreihen-eine Hilfe im Kampf gegen jugendgefährdende Schriften, Verl.: Volkswartbund, Köln-Klettenberg, 1957 3647

ILLUSTRIERTE, Münchner: Comics sind nicht komisch, England wehrt sich gegen die Invasion der amerikanischen Bildstreifen, München, 1955 3648

JUGENDSCHRIFTEN-WARTE: Umtausch von Schundheften?, 8. Jg., Neue Folge, 1956, Nr. 7/8 3649

JUGENDSCHRIFTEN-WARTE: Sucht den Kindern die Comics aus!, 6. Jg., Neue Folge, 1954, No. 11, S. 79 3650

JUGENDSCHRIFTEN-WARTE: Heftumtausch in Regensburg, 8. Jg., 1956, H. 4, S. 63 3651

Keller, Hans: Mickey-Mouse Heftchen und Schundliteratur-Umtauschaktionen, in: Jugendliteratur, 2. Jg., 1956, S. 595-596 3652

Köhl,R.: Förderung guter Jugendhefte durch eine Umtauschaktion,in:Börsenblatt für den deutschen Buchhandel, 1956,S.290-295 3653

Köhlert,A.: Hefte gegen Hefte,in: Jugendschriften-Warte,8.Jg.,Neue Folge,1956,No.7/8 3654

Langfeldt,J.: Die ausländischen Gesetze zur Bekämpfung von Schmutz und Schund,in:Bücherei und Bildung, 8.Jg.,1956,S.199-208 3655

Luxemburger: Gutachten über Bildstreifenhefte,in:Mitteilungen der Bundesprüfstelle für jugendgefährdende Schriften,No.3,August 1954 3656

MAIN-ECHO: Selbstkontrolle für Comicstrips,Aschaffenburg,30.10.54 3657

Mehlhorn,H.: Freiwillige Selbstkontrolle für Comics in USA,in:Der neue Vertrieb,7.Jg.,5.1.55,No.137,S.17-19 3658

Mühlen,Norbert: Säuberung und Selbstkontrolle der Comic-Books,in:Die Neue Zeitung,München,1955,H.4,S. 4,6.1.55 3659

Ropohl,Hanna: Made in USA,wider die Invasion der Comic-strips,in:Die Kommenden,Freiburg,14.Jg.,1960,No. 4,S.7 3660

RUNDSCHAU,Frankfurter: New York wehrt sich gegen Comic-Serien,2.7.55 3661

Schilling,Robert: Literarischer Jugendschutz,Verl.:Luchterhand,Berlin,1959 3662

Schilling,Robert: Der Bundesgerichtshof über Comics,händlerische Prüfungspflicht und andere einschlägige Fragen,in:Der neue Vertrieb,7.Jg.,1955, No.153,S.482-493 3663

Schilling,Robert: Zum Jahresbericht der Bundesprüfstelle für jugendgefährdende Schriften,in:Recht der Jugend, 1955,H.20 3664

Schilling,Robert: Aus der Arbeit der Bundesprüfstelle für jugendgefährdende Schriften,in:Recht der Jugend,1956, H.12,S.59 3665

Schückler,Georg: Verbrecher-Comics jugendgefährdend. Eine bedeutsame Entdeckung des Bundesgerichtshofs,in: Ruf ins Volk,1955,H.10 3666

Söhlmann,Fritz: Welche Situation findet das Gesetz über die Verbreitung jugendgefährdender Schriften vor?,in: Recht der Jugend,1.Jg.,1953,H.4, S.57-58 3667

SPIEGEL,Der: Comic-strip. Sieg Heil, No.1-2,3.1.66,S.74 3668

Stoss,Irma: Vom Kampf gegen die "Comics",in:Mädchenbildung und Frauenschaffen,Hamburg,5.Jg.,1955, H.7,S.331-333 3669

Uexküll,G.v.: Opium fürs Kind. USA und England im Kampf gegen Greuelserien,in:Die Zeit,10.Jg.,1955,No.9, S.1 3670

Ulshöfer,Robert: Bekämpfung der Comics,in:Der Deutschunterricht,13.Jg., 1961,H.6,S.31-41 3671

WELT der ARBEIT: Schauer-Comics in England und Indien verboten,5.8.55 3672

Wirsing, Giselher: Geschäft mit dem Schrecken. Man muß den Comics zu Leibe gehen. Wir sind alle angeklagt, in:Christ und Welt, 8. Jg., 3. 3. 55, No. 9, S. 3 3673

ZEITUNG, Herner: Schmökergrabaktion gegen Comics, 16. 5. 56 3674

Zitzewitz, Monika von: Einspruch gegen Sex und Horror, in:Die Welt, 17. 1. 67 3675

ENGLAND:

Edelman, M.: American style comics and the law, in:Publishers Circular and Booksellers Report, Bd. 166, No. 4493, 1952, S. 1150-1151, London 3676

Edelman, M.: More complaints about comics, in:Publishers Circular and Booksellers Report, Bd. 166, No. 4511, 1952, S. 1680, London 3677

BRITISH MEDICAL JOURNAL: "Horror-Comics", action of the Home Secretary, No. 4895, 1954, S. 1038-1042, London 3678

LANCELOT: Horror comics in parliament, Bd. 1, No. 10, 1955, S. 493, 505, London 3679

OBSERVER SUNDAY: Comics-the "Horrors" and the "Harmless", 14. 11. 54, London 3680

FRANKREICH:

EDUCATEURS: Contre la presse de l'horreur, No. 56, März-April 1955, S. 144-145, Paris 3681

Horn, Maurice: Défense et illustration de la pin-up dans la bande dessinée, in:V-magazine, No. 580, Oktober 1965, Paris 3682

Le Gallo, Claude: La grande menace, in:Phénix, No. 4, 3. Trimester 1967, S. 18-20, Paris 3683

Limagne, Pierre: Des dangers nouveaux pour la jeunesse et l'adolescence in:La Croix, 1. 6. 67, Paris 3684

Ormezzano, Gianpaolo: L'Italie a le mal du sexe, in:Plexus, No. 14, Mai 1968, S. 140-144, Paris 3685

ITALIEN:

Albertarelli, Rino: La questione del fumetto, in:Uomini e Idea, No. 2, März-April 1966, Mailand 3686

Alessi-Conte, Andrea: I fumetti neri e la legge, in:Fantascienza Minore, Sondernummer, 1967, S. 57-60, Mailand 3687

Colella, D.: Orrori assortiti per fumetti neri, in:Nuovi Orizzonti, No. 9, August 1966, Mailand 3688

Conte, Francesco P.: Si o no alla censura sui fumetti?, in:I Fumetti, No. 9, Juni 1967, S. 19-26, Rom 3689

CORRIERE DELLA SERA: Fumetti neri, Herbst 1966, Mailand 3690

Cosimini, Eliana: Piu forte di ercole nei fumetti une scanzonato nipote di Maciste, in:Gazzetta del Popolo del Lunedi, 22. 2. 65, Genua 3691

Della Corte, Carlo: I fumetti in purgatorio, in: Ulisse, Juli 1961, Rom 3692

EPOCA: La stampa periodica vuole difendere la sua independenza, No. 891, 22.10.67, S. 35, Mailand 3693

EPOCA: Il governo e andato nello spazio, 22.5.66, Mailand 3694

L'ESPRESSO: Ma cos'è la pornografia?, No. 33, 19.11.67, Mailand 3695

Franciosa, Massimo: Le nuvole sotto controllo, in: Lavoro Illustrato, März 1952, Genua 3696

Gazzarri, Michele: Liberta di fumetto, Mailand 1967 3697

Grimaldi, Patricia: Considerazioni su un campione di ragazzi dichiaratisi non lettori di "comics", in: I Fumetti, No. 9, Juni 1967, S. 81-86, Rom 3698

Maraini, Dacia: Una falsa spregiudicatezza al servizio della morale, corente: non sempre erotismo significa libertà, in: Paese Sera, 16.12.67, Mailand 3699

Pellegrini, Guiseppe: Il processo ai fumetti dell'orrore, in: Tribuna Illustrata, Bd. 76, No. 40, 2.10.66, S. 10-13, Rom 3700

Piccoli, Giuliano: La colpa non e di Pecos Bill, in: Cronache, 5.10.54, Mailand 3701

Rodari, Gianni: Il processo ai fumetti dell'orrore, in: Tribuna Illustrata, Bd. 76, No. 40, 2.10.66, S. 10-13, Rom, (Mitautor: G. Pellegrini) 3702

Sansoni, Gino: C'è nero e nero, in: Fumetti, No. 9, Juni 1967, S. 27-34, Rom 3703

Torrisi, Maurizio: L'antibarbarella di Madam de Gaulle, in: Settimana Incom No. 45, 7.11.65, S. 30-39, Mailand 3704

VITA: Fumetti neri, Herbst 1966, Rom 3705

Zanotto, Piero: In Mr. Spaghetti o difetti degli italiani, in: Il Gazzettino, 11.1.66, Venedig 3706

Zanotto, Piero: Involume le proteste del mezzemaniche Bristow, in: La Nuova Sardegna, 3.8.67, Sassari 3707

Zanotto, Piero: In volume le proteste del mezzemaniche Bristow, in: Il Piccolo, 20.8.67, Triest 3708

ÖSTERREICH:

Trost, Erwin: Ein Gesetz gegen Micky Maus?, in: Wiener Kurier, 20.11.56, Wien 3709

SCHWEIZ:

Hill, Roland: Horror-Comics in England, in: Katholische Orientierung, Bd. 19, 1955, S. 70-71, Zürich 3710

INTERNATIONAL PRESS INSTITUTE: Pressure at the press, 1955, S. 55, Zürich 3711

SCHWEIZER ZEITSCHRIFT FÜR PSYCHOLOGIE UND IHRE ANWENDUNGEN: Die comics vor dem Strafrichter, Bd. 8, No. 15, 1956, S. 597-598, Bern 3712

SPANIEN:

Alvarez Villar, Alfonso: Superman prohibido en España, in: Cuto, No. 2, Oktober 1967, S. 41-48, San Sebastian 3713

USA:

ALBION: The comics discussion, Michigan Record, 13. 1. 51, S. 2, Michigan 3714

Allport, T. A.: Comic book control can be a success, in: American City, Bd. 64, Januar 1949, S. 100, New York 3715

AMERICA: Comic-book czar and code, Bd. 92, 2. 10. 54, S. 2-3, New York 3716

AMERICA: Progress in comic-book clean-up, Bd. 92, 30. 10. 54, S. 114, New York 3717

AMERICA: Progress in comic-book clean-up, Bd. 92, 13. 11. 54, S. 196, 308, New York 3718

AMERICA: Progress in comic-book clean-up, Bd. 93, 11. 12. 54, S. 56, New York 3719

AMERICA: Comic-book cease-fire?, Bd. 92, 5. 3. 55, S. 580, New York 3720

AMERICA: Comic-book czar resigns, Bd. 95, 23. 6. 56, S. 295-296, New York 3721

AMERICA: Unfinished comic crusade, Bd. 109, 14. 12. 63, S. 759, New York 3722

Anttonen, E. J.: On behalf of dragons: need to combat the comics, in: Wilson Library Bulletin, Bd. 15, März 1941, S. 567, 595, New York 3723

COMICS MAGAZINE ASSOCIATION OF AMERICA INC.: Facts about code-approved comic magazines, 31 S., 1963, New York 3724

Baer, M. F.: Fight on bad comic-books in: Personell and Guidance Journal, Bd. 33, Dezember 1954, S. 192, Washington 3725

Barclay, Dorothy: That comic book question, in: New York Times Magazine, 20. 3. 55, S. 48, New York 3726

Berenberg, S. R.: Horrors a dime can buy, in: American Home, Bd. 42, Juni 1949, S. 56-57, New York 3727

Brown, John M.: The case against the comics, in: Saturday Review of Literature, Bd. 31, 20. 3. 48, S. 31-32, Chicago 3728

BULLETIN OF THE NEWSPAPERS COMICS COUNCIL: Full report ASNE comics panel discussion. What about your comics?, September 1955, S. 6-11, New York 3729

PHILADELPHIA BULLETIN: Ham Fisher defends comic strips, 27. 3. 49, S. 3, Philadelphia 3730

BUSINESS WEEK: Comic for morale, 21. 11. 42, S. 45, New York 3731

Caplin, E. A.: Horrors a dime can buy, in: American Home, Bd. 42, November 1949, S. 26, New York 3732

Capp,Al: The case for the comics, in:Saturday Review of Literature,Bd. 31,März 1948,S. 32-33,Chicago 3733

Cary,J.: Horror Comics,in:Spectator, Bd.194,18.2.55,S.177,New York 3734

CHRISTIAN CENTURY: Better than censorship,Bd. 65,28.7.48,S.750,New York 3735

CHRISTIAN CENTURY: What comic-books past muster?Report on the St. Paul and Cincinnati investigations,Bd. 66,28.12.49,S.1540-1541,New York 3736

CHRISTIAN CENTURY: Comic book publishers promise reforms,Bd.71,10. 11.54,S.1357,New York 3737

AMERICAN CITY: Municipal control of comic books,Bd. 63,Dezember 1948, S.153,New York 3738

Collings,James L.: Al and Mel convinced a sceptical editor,in:Editor and Publisher,3.12.55,S. 62,Chicago 3739

U. S. CONFERENCE of MAYORS: Municipal control of objectionable comic books,1949,Washington 3740

UNESCO-Courier: Case against and for comic books,Bd. 2,Februar 1949,S. 12, New York 3741

Deland,Paul S.: Battling the crime comic to protect youth,in:Federal Probation,Bd. 19,1955,S. 26-30,New York 3742

ECONOMIST: Horror comics for the Lords,Bd.174,19.2.55,S. 515,New York 3743

EDITOR AND PUBLISHER: Testimoning in comic printing case ends,Bd.100, No.31,29.7.67,S.48,Chicago 3744

Foster,F. Marie: Books of fun and adventure as substitutes for comics,in: Books against comics, Bulletin of the Association for Arts in Childhood, 1942,S.15-16,New York 3745

Freidman,I.R.: Toward bigger and better comic-"Mags",in:Clearing House Bd.16,November 1941,S.166-168, New York 3746

THE MANCHESTER GUARDIAN: Horror comic code,10.12.54,Manchester 3747

THE MANCHESTER GUARDIAN: France and horror comics,20.1.55, S.5,Manchester 3748

THE MANCHESTER GUARDIAN: Proposed ban on crime comics,1.1.55, Manchester 3749

THE MANCHESTER GUARDIAN: Teachers urged to combat "horror" comics,12.11.54,Manchester 3750

Harker,Jean G.: Youth´s librarians can defeat comics,in:Library Journal, Bd.73,No.21,1.12.48,S.1705-1707, New York 3751

Hill,Louise D.: The case for the comics,in:School Executive,Bd. 64,Dezember 1944,S.42-44,Chicago 3752

Johnston,W.: Curing the comic supplement, in:Good Housekeeping,Bd.51, Juli 1910,S.81,New York 3753

LIBRARY JOURNAL: Librarian named on comics advisory committee,Bd.74, 1.1.49,S.37,New York 3754

LIBRARY JOURNAL: What is the solution for control of the comics?,Bd. 74,No. 3,1.2.49,S.180,New York 3755

LIBRARY JOURNAL: Comic-book industry organizes to enforce ehtical standarts,Bd.79,15.10.54,S.1967,New York 3756

LIBRARY JOURNAL: Code seal of approval appears on comic books,Bd.80, No.4,1955,New York 3757

LADIES HOME JOURNAL: Mothers enforce cleanup of comics,Bd.74,Januar 1957,S.19-20,New York 3758

Littledale,C.S.: What to do about comics,in:Parents Magazine,Bd.16, März 1941,S.27-67,Baltimore 3759

M.,F.G.: Senate committee holds hearing on the comics,in:Publishers Weekly,Bd.165,No.18,1954,S.1906, Chicago 3760

Machen,J.F.: De-composing the Classics:the case against the comic books, in:Alabama School Journal,Bd.62, März 1945,S.9-10,Alabama 3761

HARPER`S MAGAZINE: Personal and otherwise:Senate crime investigator's report on comic-books,Bd.203,Juli 1951,S.6-8,New York 3762

HARPER`S MAGAZINE: Senate crime investigator's report on comic-books, Bd.204,September 1951,S.16,New York 3763

Mc Guire,D.: Another view of comic-book control,in:American City, Bd.64,Januar 1949,S.101,New York 3764

Melcher,F.G.: Comics under fire,in: Publishers Weekly,Bd.154,18.12.48, S.2413,Chicago 3765

Motter,A.M.: How to improve the comics,in:Christian Century,Bd.66,12. 10.49,S.1199-1200,New York 3766

Murphy,T.E.: Progress in cleaning up the comics,in:Reader's Digest,Bd.35, Februar 1956,S.105-108,New York 3767

Murrell,J.L.: Cincinnati rates the comic books,in:Parents Magazine,Bd. 25,Februar 1950,S.38-39,Chicago 3768

Murrell,J.L.: Cincinnati rates the comic books,in:Publishers Weekly,Bd. 157,4.3.50,S.1204,Chicago 3769

Murrell,J.L.: Cincinnati again rates the comics,in:Parents Magazine,Bd. 25,Oktober 1950,S.44-45,Chicago 3770

Murrell,J.L.: Annual rating of comic magazines,in:Parents Magazine,Bd.27, November 1952,S.48-49,Chicago 3771

Murrell,J.L.: Annual rating of comic magazines,in:Parents Magazine,Bd.28, Oktober 1953,S.54-55,Chicago 3772

Murrell,J.L.: Annual rating of comic magazines,in:Parents Magazine,Bd.29, August 1949,S.48-49,Chicago 3773

Nardell,R.: Superman revised,in:Atlantic,Bd.217,Bd.217,Januar 1966,S.104-105,New York 3774

NEWSWEEK: Trials of Little Abner, 26.2.40,S.40,New York 3775

NEWSWEEK: Comics and editors:back from the grave;Orphan Annie,Bd.26, 6.8.45,S.67-68,New York 3776

NEWSWEEK: Reconverting Palooka,Bd. 26,3.9.45,S.68,New York 3777

NEWSWEEK: How about the comics? Town meeting tackles the comics, Bd. 31,15.3.48,S.56,New York 3778

NEWSWEEK: Purified comics:Association of comic magazine publishers standarts,Bd.32,12.7.48,S.56,New York 3779

NEWSWEEK: Fighting gunfire with fire, Bd. 32,20.12.48,S.54,New York 3780

NEWSWEEK: Canada´s comics ban,Bd. 34,14.11.49,S.62,New York 3781

NEWSWEEK: Orphan in a storm,Bd.47, 19.3.56,S.80,New York 3782

O´Brien,Dan: And the chairman has the final word,in:Newsletter,The newspaper comics council,1965,New York 3783

PARENTS MAGAZINE: Annual rating of comic magazines,Bd.30, August 1955, S.48-50,Chicago 3784

PARENTS MAGAZINE: Annual rating of comic magazines,Bd.31,Juli 1956, S.48-49,Chicago 3785

PUBLISHERS WEEKLY: Comic publishers organize to improve standarts, Bd.151,14.6.47,S.2941,Chicago 3786

PUBLISHER WEEKLY: New York officials recommend code for comic publishers,Bd.155,19.2.49,S.977-978, Chicago 3787

PUBLISHERS WEEKLY: Comics censorship bill passes New York Senate,Bd. 155,5.3.49,S.1160,Chicago 3788

PUBLISHERS WEEKLY: State laws to censor comics,protested by publishers, Bd.155,12.3.49,S.1243-1244,Chicago 3789

PUBLISHERS WEEKLY: Comics censorship bills killed in two states,Bd.155, 30.4.49,S.1805,Chicago 3790

PUBLISHERS WEEKLY: New Canadian law declares crime comics illegal,Bd. 157,7.1.50,S.45,Chicago 3791

PUBLISHERS WEEKLY: Dewey vetoes objectionable comic book ban measure,Bd.161,26.4.52,S.1766,Chicago 3792

PUBLISHERS WEEKLY: Senate sub-committee holds hearing on the comics, Bd.165,No.18,1954,S.1903,Chicago 3793

PUBLISHERS WEEKLY: Publishers of comics take on a czar for the industry,Bd.166,No.13,1954,S.1389,Chicago 3794

PUBLISHERS WEEKLY: Comics publishers institute code,appoint "czar", Bd.166,No.13,1954,S.1386,Chicago 3795

PUBLISHERS WEEKLY: Comics publishers release terms of self-censoring code,Bd.166,No.20,1954,Chicago 3796

PUBLISHERS WEEKLY: Santa Barbara School fight comics with paperbounds, Bd.166,No.25,1954,S.3231,Chicago 3797

PUBLISHERS WEEKLY: First "Seal of Approval",comics out of this month, Bd.167,No.3,1955,S.211,Chicago 3798

PUBLISHERS WEEKLY: Anti-comics law proposed in New York,industry code debated,Bd.167,No.10,1955,S.1388, Chicago 3799

PUBLISHERS WEEKLY: ABPC memo urges veto of Fitzpatrick "Comics" bill,Bd.167,No.16,1955,S.1860,Chicago 3800

Ray,Erwin: Custer,indian fights again in new cartoon,in:Editor and Publisher,Bd.100,No.34,26.8.67,S.43, Chicago 3801

THE SIGHT-SAVING REVIEW: The legibility in comic-books,1942,New York 3802

ROTARIAN: Comic books and your children:the debate-of-the-month,Bd. 84,Februar 1954,S.26-27,New York 3803

ROTARIAN: Comic-books and your children,Bd.85,August 1954,S.53, New York 3804

SENIOR SCHOLASTIC: To burn or not to burn?,Bd.54,2.2.49,S.5,Chicago 3805

SENIOR SCHOLASTIC: Comic-book clean-up,Bd.66,16.3.55,S.22-23, Chicago 3806

SCHOOL LIFE: Code for Comics, Bd. 31, November 1948, S. 12, Baltimore 3807

SCHOOL REVIEW: Opposition to the comics:report prepared for U.S. conference of mayors,Bd.57,März 1949, S.133-134,Baltimore 3808

Schultz,Henry E.: Censorship or self-regulation?,in:Journal of Educational Sociology,Bd.23,Dezember 1949,S. 215-224,Chicago 3809

SCIENCE: Funnies on Capitol Hill, Bd.155,No.3767,10.3.67,S.1222,New York 3810

Sheerin,J.B.: Crime comics must go, in:Catholic World,Bd.179,No.1071, Juni 1954,S.161-165,New York 3811

Sisk,J.P.: Sound and fury,signifying something,attempts to control comic book publishers,in:America,Bd.94,10. 3.56,S.637-638,New York 3812

Smith,R.E.: Publishers improve comic books,in:Library Journal,Bd.73,No.20, 15.11.48,S.1649-1653,Chicago 3813

Southard,R.S.J.: Parents must control the comics,in:St. Antony Messenger, Mai 1944,S.3-5,Baltimore 3814

NEW STATESMAN: Code for comics, Bd.39,No.31,8.1.55,New York 3815

TIME: Ban of the week,21.11.38,S. 52,New York 3816

TIME: Such language:London Daily Express trial run of Steve Canyon,Bd. 50,25.8.47,S.54,New York 3817

TIME: Bane of the bassinet:radio debate in Town Hall,Bd.51,15.2.48, S.70,New York 3818

TIME: Code for the comics,comic-book publishers cleanup campaign, Bd.52,12.7.48,S.62,New York 3819

TIME: Outlawed in Canada,Bd.54,19. 12.49,S.33,New York 3820

TIME: Why Bertie! Chicago Tribune evicted the Gumps,Bd.56,17.7.50, S.62,New York 3821

TIME: Code for Comics,Bd.64,No.19, 8.11.54,S.60,New York 3822

TIME: The (Dior) horror look.The new voluntary comic-book code,Bd.65,No. 2,10.1.55,S.27,New York 3823

TIME: Crime and punishment,Bd.75, No.1,4.1.60,S.43-44,New York 3824

LOS ANGELES TIMES: Distributors promise comic-book cleanup, November 1954,Los Angeles 3825

LOS ANGELES TIMES: Comic book publishers sign cleanup code,1954,Los Angeles 3826

NEW YORK HERALD TRIBUNE: "Czar" says comic books have been 70% purged,29.12.54,New York 3827

Walker,R.J.: Cleaning up the comics, in:Hobbies,Bd.59,Februar 1955,S.57, New York 3828

Weisinger,M.: How they're cleaning up the comic-books,in:Better Homes and Gardens,Bd.33,März 1955,S.58-59,New York 3829

Yuill,L.D.: Case for the comics,in: School Executive,Bd.64,Dezember 1944,S.42-44,Chicago 3830

Zimmermann,T.L.: What to do about comics,in:Library Journal,Bd.79,No. 16,15.9.54,S.1605-1607,New York 3831

Autorenregister
Index of Authors

Stichwortregister – Comics-Serien, Comics-Figuren, ihre Zeichner und Verfasser
Index of Comic Series, Comic Figures, and their Creators

Bildanhang / Pictorial Appendix

Auswahl und Bearbeitung: Wolfgang Kempkes und Gudrun B.-Kloster

Wilhelm Busch

Max und Moritz

Eine Bubengeschichte in sieben Streichen

Vorwort

Ach was muß man oft von bösen
Kindern hören oder lesen!
Wie zum Beispiel hier von diesen,
Welche Max und Moritz hießen.
Die, anstatt durch weise Lehren
Sich zum Guten zu bekehren,
Oftmals noch darüber lachten
Und sich heimlich lustig machten. –

– Ja, zur Übeltätigkeit,
Ja, dazu ist man bereit! –
– Menschen necken, Tiere quälen,
Äpfel, Birnen, Zwetschen stehlen –
Das ist freilich angenehmer
Und dazu auch viel bequemer,
Als in Kirche oder Schule
Festzusitzen auf dem Stuhle. –
– Aber wehe, wehe, wehe,
Wenn ich auf das Ende sehe!! –
Ach, das war ein schlimmes Ding,
Wie es Max und Moritz ging.
– Drum ist hier, was sie getrieben,
Abgemalt und aufgeschrieben.

Letzter Streich

Rabs! in seinen großen Sack
Schaufelt er das Lumpenpack.

„Her damit!" und in den Trichter
Schüttelt er die Bösewichter. –

Max und Moritz wird es schwüle;
Denn nun geht es nach der Mühle. –

Rickeracke! rickeracke!
Geht die Mühle mit Geknacke.

„Meister Müller, he, heran!
Mahl Er das, so schnell Er kann!"

Hier kann man sie noch erblicken
Fein geschroten und in Stücken.

WHAT THEY DID TO THE DOG-CATCHER IN HOGAN'S ALLEY.

Richard F. Outcault
Yellow Kid

SUPERMAN

Tief im All. Eine einsame Gestalt entschwebt einem Raumschiff...

Selbst SUPERMAN stockt der Atem, als er sieht, was da auf die Erde zukommt...

Ein Stoß Hitzeblick und der Satellit verglüht, ehe er aufschlägt! Und eine Welle kalter Superpuste bewahrt das Registriergerät vor Schaden!

Lee Falk and Wilson McCoy, Phantom

BATMAN
Bald darauf rast das BAT-Mobil durch die Nacht. Plötzlich...
BATMAN, der BAT-Tektor gibt Signal!
Prüfe die Richtung und Art des Geräuschs! Könnte wichtig sein!
Und BATMAN ist nun ganz groß in Fahrt...
Ich bedaure die Unhöflichkeit, Freundchen, aber ich muß mich rasch um deinen schießwütigen Kumpel kümmern!
PLUPP!
BONG!
Und 'ne kleine Kinnmassage?
Doch da sieht BATMAN...
ROBIN — da huscht einer der Bande ins Haus — will Versteck spielen! Ihm nach!

Walt Disneys

Donald Duck

Die flinken Schwimmer

Tick! Triick! Traaack! 'raufkommen!
Zeit zum Klavierüben!

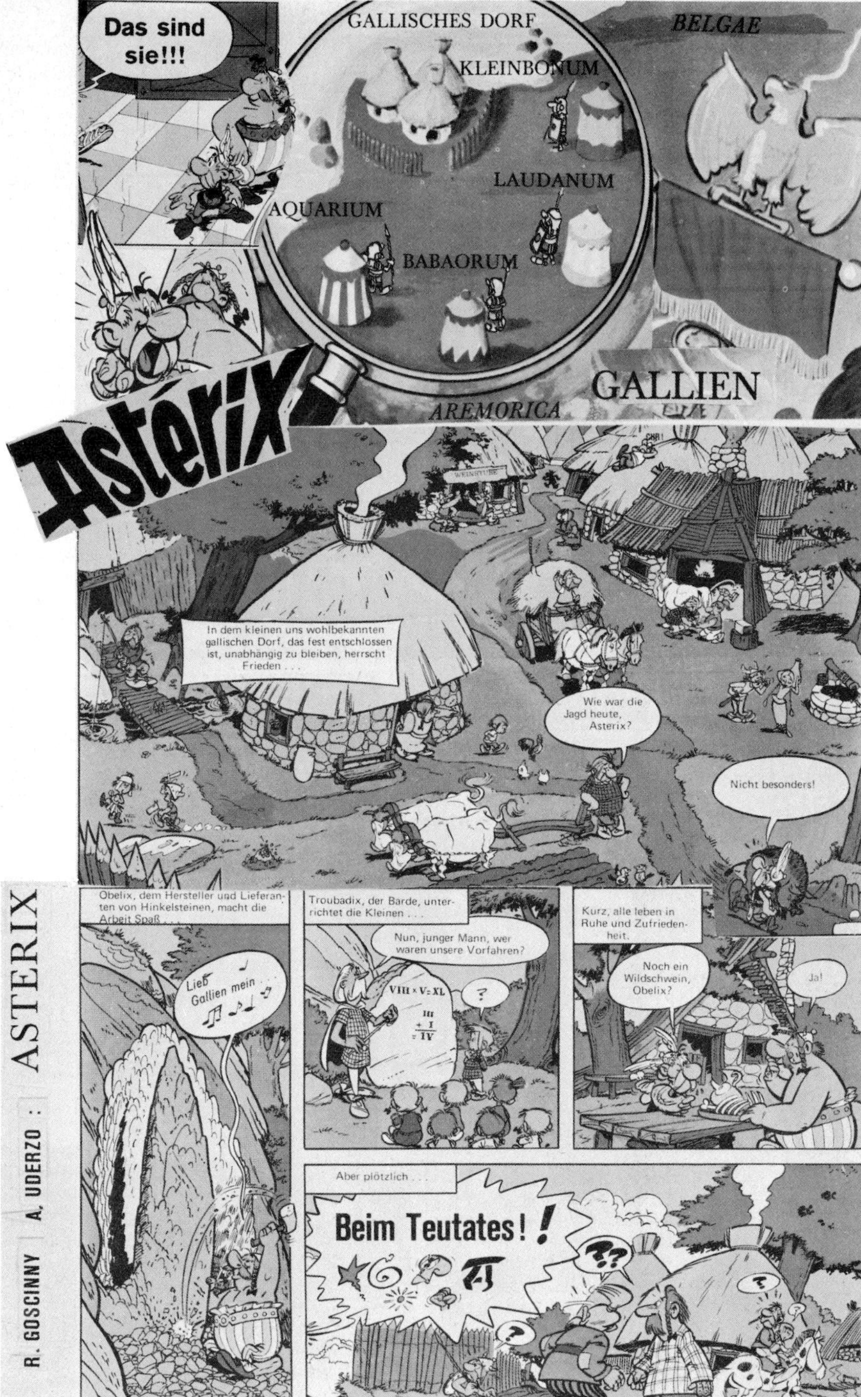

Das sind sie!!!
GALLISCHES DORF
KLEINBONUM
BELGAE
LAUDANUM
AQUARIUM
BABAORUM
Astérix
GALLIEN
AREMORICA
WEINSTUBE
In dem kleinen uns wohlbekannten gallischen Dorf, das fest entschlossen ist, unabhängig zu bleiben, herrscht Frieden . . .
Wie war die Jagd heute, Asterix?
Nicht besonders!
R. GOSCINNY A. UDERZO : ASTERIX
Obelix, dem Hersteller und Lieferanten von Hinkelsteinen, macht die Arbeit Spaß . . .
Lieb Gallien mein . . .
Troubadix, der Barde, unterrichtet die Kleinen . . .
Nun, junger Mann, wer waren unsere Vorfahren?
VIII × V = XL
?
Kurz, alle leben in Ruhe und Zufriedenheit.
Noch ein Wildschwein, Obelix?
Ja!
Aber plötzlich . . .
Beim Teutates! !

Die Peanuts

Charles M. Schulz

EDGAR RICE BURROUGHS TARZAN

DIE FANTASTISCHEN VIER

Du hast recht, Ben! Das werden wir gleich haben!
Ohne dich sind wir wohl alle hilflos, was?
Ach nein!
Ben!!! Wohin gehst du?

Er starrt mich an, als wäre ich ein Monster!

TWEEEEEEE
He, Taxi! Komm rüber!
Beeil dich, Junge!

Ich hab's zuerst gesehen!
Du? Ich dachte, du wärst bei Sue!
Ich muß te schnell gehen!
Wir brauchen dich!
Nein !!!

Ich will zu Alicia!
Und dahin gehe ich auch!
Ben! Es geht um Leben und Tod!
Es droht eine Invasion !!!!!

Was ist mit dem richtigen Reed Richards???
Ben müßte da sein!
Was ist, Alicia?
Hast du nichts von Ben gehört?
Nein....du brauchst dir keine Sorgen zu machen!
Wir dachten, er käme im Pogo-Flugzeug!

Stan Lee and Jack Kirby, The Fantastic Four

Kempkes, Wolfgang.
International bibliography of comics literature. Bibliographie der internationalen Literatur über Comics. New York, R. R. Bowker Co., 1971.

213 p. illus. 22 cm.

English and German.

1. Comic books, strips, etc.—Bibliography. I. Title. II. Title: Bibliographie der internationalen Literatur über Comics.

Z5956.C6K45 016.7415 72–177701
ISBN 3-7940-3393-0 MARC

Library of Congress 72 [4]